위대한 기업들의
브랜드 전쟁

로널드 알솝 지음 | 이문석 옮김

한국경제신문

옮 | 긴 | 이 | 의 | 말

백번 싸워 백번 승리하는 것이 최선이 아니라, 전쟁을 하지 않고도 적을 굴복시키는
것이 최선이다.

– 〈손자병법(孫子兵法)〉 모공(謀攻) 편

기업 활동을 전쟁에 비유하는 경우가 많다. 그만큼 치열하고 생사가
달려 있는 절박한 상황이기 때문이다. 누구나 전쟁에서 승리하고 싶
어하는 것은 당연한 일이다. 그러나 항상 전쟁은 아군이나 적군 모두에게
피해를 주게 마련이다. 그렇기 때문에 전쟁을 통한 승리는 '최후의 수단'이
며 '최선의 수단'은 전쟁을 하지 않고도 승리하는 것이다.

기업도 마찬가지다. 시장에서 개별 제품 간의 전쟁에 의거한 '최후의 승
리'도 중요하지만, 그 전쟁을 하지 않고도 승리할 수 있다면 가장 효과적인
기업 활동이 될 것이다. 이 책은 기업들이 첨예한 시장쟁탈전에서 기업 이
미지라는 간접적인 전쟁을 통해 어떻게 하면 '최선의 승리'를 할 수 있는지
에 대한 훌륭한 지침과 사례들을 소개하고 있다.

최근 기업이 브랜드 이미지뿐만 아니라 기업 이미지 때문에 경영 활동에
영향을 받는 일들이 점점 증가하고 있다. 따라서 기업 이미지에 대한 관심
이 증대됐고 그것을 관리하는 일이 중요해졌다. 그러나 기업 이미지에 대

한 관심과 중요성에 대한 인식만이 모든 것을 해결해 주지는 않는다. 특히 경영환경이 복잡하고 예측하기 어려운 요즘과 같은 상황에서는 '훌륭한 기업 이미지를 만들고 유지하기 위해 어떤 노력들이 필요하고, 만약 기업 이미지의 개선이 필요하다면 어떻게 해야 할 것인가?'에 대한 매우 전략적이고 체계적인 접근이 필요하다.

왜냐하면 기업 이미지는 장기적으로 누적되어 나타나고, 아무리 좋은 기업 이미지라도 지속적으로 유지·강화해 나가기 위해서는 시간과 비용 등의 많은 경영자원을 필요로 하며, 기업 이미지를 아무리 잘 관리해 왔다고 할지라도 무너지는 것은 아주 짧은 순간의 일이기 때문이다. 특히 제품결함, 노사문제, 적대적 M&A, 경영층의 스캔들 등 예측하기 어렵고 관리하기 힘든 상황들에 따라 기업의 보이지 않는 자산이 순식간에 사라질 수도 있다. 이는 기업 이미지 자체의 문제뿐만 아니라, 실질적인 재무적 손실로 이어지고 기업의 생존문제에까지로 연결될 수 있다.

〈월스트리트저널(Wall Street Journal)〉의 마케팅 칼럼니스트와 편집장으로서 브랜딩과 기업 이미지관리 분야에서 20년 이상 다양하고 훌륭한 경험을 가지고 있는 로널드 알솝(Ronald J. Alsop)은 이 책에서 기업이 좋은 이미지를 쌓고(establishing), 좋은 이미지를 지속적으로 유지하며(keeping), 손상된 기업 이미지를 회복해(repairing) 위험을 예방할 수 있도록 자신의 경험을 바탕으로 기업 이미지를 관리하는 3개의 큰 틀과 18개의 법칙을 제시하고 있다.

특히 페덱스, 엔론, 포드, GE, IBM, 암웨이, 뒤퐁, 맥도널드, 제록스, 알트리아, 존슨&존슨, 월마트, 캘빈 클라인, 다임러 크라이슬러, P&G, 3M, 마이크로소프트, 코카콜라, 버거킹, 질레트, 화이저, 스테이플스, 나이키, PwC, 리바이스, 팀버랜드, 에이번, 홈 디포, 머크, 도요타, 버라이존, BP, 월트 디즈니, 델, 웬디스, 타임 워너, 소니, 할리 데이비슨, BMW, 구디즈, JP 모건, AT&T, GM, 스타벅스, 네슬레, 글락소스미스클라인, 벤&제리즈, 다우케미컬, 토미 힐피거, 던킨 도넛, 레고, 베네통, 타이코, K마트, 엑슨모빌, 유니레버, 메릴린치, 인텔, 레브론, 폴라로이드 등 위대한 기업의 2000년 이후 최근 사례를 다루고 있으며, 해리스 인터랙티브(Harris Interactive) 같이 공신력 있는 통계자료와 각 기업 이미지 관리 담당자들을 직접 인터뷰해서 정리한 내용을 담고 있기 때문에 기업 이미지에 대한 최근의 사례를 이해하고 실무에 적용하는 데 매우 유용할 것이다.

알솝이 이 책에서 제기하는 기업 이미지에 대한 메시지는 "좋은 기업 이미지는 만들어지는 것이 아니라 만드는 것이다. 좋은 기업 이미지는 만드는 것보다 유지하는 일이 더 중요하다. 손상된 기업 이미지는 가능한 한 빨리 회복시켜야 한다"는 것이다. 당연하고 쉬운 것 같지만, 대단히 어렵고 힘든 일이다.

여기서 제시한 18개의 법칙을 근거로 기업 이미지를 진단하고, 효과적으로 적용해야 할 법칙을 찾아서 활용한다면, 더 좋은 기업 이미지를 만들어가는 데 훌륭한 지침서가 될 것이라 믿는다. 이를 통해 치열한 브랜드 전쟁에서 '최선의 승자'가 될 수 있을 것이다.

이 문 석

머 | 리 | 말

자신의 이미지를 소중하게 생각한다면 훌륭한 성품을 가진 사람들과 사귀어라.
나쁜 친구들을 사귀기보다는 차라리 혼자 지내는 것이 낫다.

―조지 워싱턴

오늘날에는 좋은 기업 이미지를 갖춘 기업의 경영자들이 오히려 외로
움을 느껴야 하는 실정이다. 많은 경영자가 단기간의 이익과 주가
의 시세에 사로잡혀, 가장 가치 있고 장기적인 자산인 기업 이미지에 대한
관심을 잃어버리면서, 수많은 스캔들이 많은 기업을 타락·변색시켰다. 그
들은 당장 살아남기 위해 기업 이미지를 파괴해 버린 것이다.

기업의 모든 불법행위는 기업 이미지가 얼마나 귀하고 또 쉽게 변할 수
있는지를 보여줄 뿐 아니라, 한 기업의 그릇된 행동이 전체 산업, 나아가
모든 기업을 해칠 수 있음도 깨닫게 해준다. 이러한 기업의 스캔들과 정부
의 부주의는 기업 이미지를 지키기 위해 특별한 주의를 살펴야 하는 경영
환경을 만든다. 훌륭한 기업 이미지를 갖고 있는 일부 기업이 안타깝게도
불법행위를 한 기업들과 함께 치부돼 버리는 경우도 있다. 그 예로, 푸에르
토리코에 있는 존슨&존슨(Johnson & Johnson)의 제약공장 건설 조사에 관
한 뉴스는 존슨&존슨을 분식회계를 일삼는 악덕회사로 만들어버렸다. 불

이익을 당한 이 기업은 이에 대해 취소를 요청했다.

스테이플스(Staples)의 CEO 론 사전트가 보스턴 교외에 자리한 어느 고등학교를 방문했을 때의 얘기다. 그는 한 학생으로부터 이런 질문을 받았다. "얼마만큼 돈을 버세요?" 또 다른 학생은 타이코 인터내셔널(Tyco International)의 전 CEO 데니스 코츨로프스키가 회사공금으로 지나치게 사치스런 소비를 했던 사건과 관련된 질문을 던졌다. "당신도 6,000달러짜리 샤워 커튼이 있나요?" 순간 론 사전트는 간담이 서늘해졌다고 한다. 그러나 불행히도 실제 많은 기업의 경영자가 분식회계나 사적인 탐욕으로 가득 차 있다.

점점 더 치열해지는 비즈니스 세계를 헤쳐나가기란 결코 쉬운 일이 아니다. 의심과 감시의 차가운 눈초리 속에서 좋은 기업 이미지는 어느 때보다 중요하며, 이는 기업이 믿고 기댈 수 있는 몇 안 되는 안전망 중 하나다.

이 책은 좋은 기업 이미지를 창출하고 향상시킬 수 있도록 하기 위해 씌어진 책이다. 이 책을 정리하는 데에는, 기업 이미지와 브랜딩에 대한 지식과, 〈월스트리트저널〉에서 마케팅 칼럼니스트와 편집장으로서 일한 20년 경험이 큰 바탕이 되었다. 그리고 2년 동안 필자가 직접 기업 경영진, 시장조사 전문가, 커뮤니케이션 전문가, 교수들과 인터뷰한 내용 등을 참고로 했다.

필자가 기업 이미지에 대한 책을 쓴다는 사실이 알려지자, 사람들은 엔론의 파산과 기업 스캔들에 대해 반응하는 것이라고 여겼다. 물론 그렇게 생각할 수도 있겠지만, 사실 나는 그 스캔들이 나오기 한참 전인 2001년 여름부터 집필을 계획하고 있었다. 그러나 2001년 9·11 세계무역센터 테러 때문에 그 계획은 잠시 늦춰졌다. 그 당시 세계무역센터에 있던 〈월스트리트저널〉의 직원들은 근처 세계금융센터로 대피했고 기업 이미지에 대한 자료들은 뿌연 먼지와 재로 뒤덮였다. 하지만 다행히도 집필작업에 필요한 자료들은 복구되었고, 엔론이 파산보호신청을 하기 전에 책에 대한 제안서는 이미 완성·승인되었다.

기업들은 스캔들이 터지기 오래 전부터 기업 이미지에 대한 중요성을 알고 있었지만 이를 무시했다. 〈월스트리트저널〉에 기업 이미지에 대한 기사를 쓸 때마다 나는 이 부분과 관련해 구체적인 정보를 원하는 사람들로부터 전화와 이메일을 받았는데, 대부분은 기업 이미지를 향상시킬 수 있는 방법론에 대한 질문이었다. 그들은 기업 이미지를 어떻게 정의·평가하고, 또 (가장 중요한 문제인) 어떻게 관리하는지 모르고 있었다. PNC 금융서비스 그룹의 부사장이자 기업 커뮤니케이션 디렉터는 "오늘 기업 이미지에 대한 당신의 기사는 매우 훌륭했습니다. 홍보 및 광고 분야 동료들과 함께 기업 이미지에 영향을 주는 요소와, 기업 이미지를 위해 무엇을 해야 하는지에 대해 의논하고 있습니다"라고 이메일을 보내오기도 했다.

기업 이미지를 관리·유지하는 일은 결코 쉬운 일이 아니다. 그러나 이미지 제고를 위한 18가지 불변의 법칙을 구성하는 분명한 원리는 존재한다. 세 부분으로 구성된 이 책은 당신의 제일 소중한 자산 이익을 극대화하는 일종의 길잡이라 할 수 있다. 각 사례를 통해 좋은 기업 이미지의 효용과 나쁜 기업 이미지의 결과, 그리고 좋은 기업 이미지를 지키고 나쁜 기업 이미지를 극복하는 방법들을 낱낱이 제시하고자 한다. 모든 기업은 자신들의 이미지를 평가하는 방법을 배워야 하고, 기업 이미지를 키워나갈 경영진을 포진하고 있어야 하며, 누가 기업 이미지에 적합한지 아닌지를 분명하게 파악해야만 한다. 그런 맥락에서 도덕성, 기업 시민주의, 인터넷 등과 같이 기업 이미지에 큰 영향을 주는 최근의 관심 분야들도 빼놓지 않고 다루었다.

또한 최고와 최악의 기업 이미지 순위도 포함했다. 기업 이미지를 회복하기 위해 메릴 린치(Merrill Lynch)가 어떤 노력을 하고 있는지, 마사 스튜어트(Martha Stewart)가 자사에 미친 악영향으로부터 배운 교훈은 무엇인지 등 신문의 머릿기사를 장식했던 내용들도 설명했다. 각종 기업 스캔들은 기업 이미지에 대해 경계해야 할 이야기를 제공하지만, 이 책은 기업의 부정한 행위와 관련없는 대다수의 기업을 위해 집필되었다. 기업 이미지에 높은 가치를 두고 오랫동안 이를 지켜온 기업으로부터 배울 수 있는 점이 더 많기 때문이다. 어떻게 존슨&존슨이 전세계 직원에게 성실과 청렴함을 심어줬는지, 또 뒤퐁(Dupont)이 200년 동안 어떻게 기업 이미지를 지켜왔는지, IBM이 어떻게 일관된 기업 이미지를 보여주는지, 팀버랜드(Timberland)와 리바이스(Levi's)가 어떻게 사회적 책임을 기업 문화로 만들었는지 등 기업 이미지 관리에 대한 가치를 적절하게 조망한다.

또한 좋지 않은 기업 이미지를 갖고 있는 필립 모리스(Philip Morris)에 대해서도 자세히 설명했다. 이는 그 기업의 부정적 이미지 때문이 아니라, 이를 개선하고 극복하기 위해 이름을 바꾸고 새 윤리강령을 만드는 등 나름대로 적극성을 보이는 노력 때문이다. 현재 알트리아 그룹(Altria Group)으로 바뀐 필립 모리스는 기업 이미지가 나아졌다는 평가를 받기에 충분하다. 이 기업은 책임감 있는 태도로 상품을 판매하는 독특하고 매력적인 사업성을 선보이고 있다.

이 책의 내용이 담고 있는 교훈들은 비영리든 아니든, 누구에게나 참고가 될 수 있다. 그릇된 이미지를 갖게 되는 것이 단지 기업에만 국한되는 일이 아니기 때문이다. 최근 이미지에 손상을 입은 로마 가톨릭교회와 미국 프로야구, 보이스카우트의 경우에서도 이런 사실을 알 수 있다. 이 책에서 제시한 '방어는 최선의 공격'이라는 법칙을 어긴 로마 가톨릭교회는 소아성애병자인 신부에 대해 공개적이며 정직하게 문제를 해결하는 대신 수세적인 모습을 보였다. '여러 타깃을 겨냥한 공략법 제시'라는 법칙을 어긴 미국 보이스카우트는 반동성애자에 대한 회원 규정으로 많은 후원자의 감정을 상하게 하여 그들이 재정적 후원을 취소하도록 만들었다. 구단주와 선수 간의 노동투쟁 때문에 이미지 손상을 입은 미국 프로야구는, '회사에 자부심을 갖는 직원 문화 창출'과 '초기 위기 극복이 중요'라는 법칙을 통해 문제 해결의 실마리를 찾을 수 있었으나 그렇게 하지 못했다.

이 책에서 제시하는 18가지 불변의 법칙을 읽고 활용하여 가장 귀중한 자산을 관리하는 자신만의 가이드북을 만들어보자.

PART 1   위대한 기업들의 브랜드 구축 법칙

PART 2   위대한 기업들의 브랜드 유지 법칙

위대한 기업들의 브랜드 회복 법칙

Establishing

기다리지 않는다 | 적극적으로 행동한다

위대한 기업들의 브랜드 구축 법칙

1. 가장 강한 자산의 극대화

2. 자신에 대한 객관적이고 냉정한 평가

3. 여러 타깃을 겨냥한 공략

4. 고유한 가치관과 도덕관 수립

5. 모범적인 기업시민으로서의 역할 실천

6. 주목할 만한 기업의 비전 제시

7. 감성적인 매력 창출

이 세상에서 가장 소중하고 깨끗한 보물은 흠 하나 없는 이미지다.

-윌리엄 셰익스피어

위대한 기업들의 브랜드 구축 법칙 1

가장 강한 자산의 극대화

 페덱스는 이렇게 브랜드 구축에 성공했다!

빌 마가리티스는 점심시간 후 페덱스(FedEx) 본사로 가는 길에 속이 영 좋
지 않았다. 점심으로 먹은 매운 오징어 때문이 아니었다. 세인트루이스 근
처의 고속도로에서 페덱스 화물 트럭 한 대가 전복해 화염에 휩싸였다는
전화를 받았기 때문이다. 불타는 트럭에 새겨진 페덱스의 선명한 로고는
삽시간에 TV 뉴스를 장식하고 있었다. 게다가 일부 뉴스 프로그램에서는
운전기사가 졸음운전을 했다거나 테러 공격을 받았다는 등의 루머를 흘리
고 있었다.

이런 뉴스들은 천신만고 끝에 쌓아올린 기업 이미지에 좋은 영향을 줄 리
가 없었다. 마가리티스는 서둘러 본사 회의실로 들어가 회사의 이미지 손
실에 대한 대책을 세워야만 했다. 전세계의 커뮤니케이션과 IR 부문 부사
장인 그는 여러 통신기구와 컴퓨터가 완비된 회의실에서 변호사, 안전담

당자, 언론담당자들과 합류했다. 그러는 동안, 페덱스의 피츠버그 육상물류본부 담당자들은 이 사고의 결과와 사고가 기업에 미친 손실이 얼마인지 파악하느라 정신이 없었다. 가장 먼저 알아내야 할 사실은 폭발물 설치나 트럭 화물칸에 혹시라도 위험물질이 있었는지의 여부였다. 사고 장소에 도착한 직원들은 스티커를 붙이고 오렌지색 페인트를 뿌려 트럭에 새겨진 회사 로고를 가리고 있었다. 기업 이미지를 고려할 때 회사 로고의 노출은 최대한 줄여야 했기 때문이다.

사고대책팀이 이 사고에 대해 테러와 아무 연관이 없다는 걸 확인하자마자 홍보팀 직원들은 〈CNN〉과 〈폭스 뉴스(Fox News)〉 등 여러 방송국에 재빨리 전화를 걸었다. 뉴스는 다시 정정되어 보도되었다.

"페덱스 화물 트럭은 세인트루이스 근처에서 고속도로 표지판과 충돌해 연료 탱크가 파열되어 화재가 일어났다."

페덱스는 미주리의 주지사 사무실에 연락해 화물칸의 위험물질과 졸음운전자에 대한 소문을 없애기 위한 제3자의 객관적인 도움을 요청했다. 마가리티스와 그의 팀원들은 정부 규제기관과 회사의 고객 상담원들에게 이 소식을 바로 알렸다. 그러고는 전직원에게 이 사고의 경위를 상세히 설명한 이메일을 보냈다.

마가리티스는 뉴스와 인터넷을 통해 퍼져나간 그릇된 보도를 정정하기가 쉽지 않다는 사실을 잘 알고 있었다. "우리가 추측성 오보를 재빨리 진화하자 보도량은 바로 줄었다. 뿐만 아니라 저녁시간대 간판 뉴스와 유력 일간지에서도 이 사고가 보도되지 않도록 조치했다"라고 그는 말했다. 마가리티스와 동료들의 임무가 비로소 끝난 것이다.

기업 이미지 관리에 탁월한 능력을 보여준 마가리티스에게 화물 트럭 화재사건은 기업 이미지 관리에 대한 훌륭한 사례가 되었다. 그는 좋은 기업 이미지를 쌓아올리는 것을 넘어서 여러 학술지에 기업 이미지 관리에 관한 기사를 쓰고, 리서치 단체인 이미지협회(Reputation Institute)의 회원이 되었다.

화물 트럭 화재사건의 적절한 조치는 후에 페덱스의 가상위기훈련과 우발 사고방지 계획에 많은 도움이 되었다고 한다. 페덱스는 지진과 눈보라, 테러와 인터넷 공격 등등, 배송 서비스에 영향을 미칠 수 있는 거의 모든 비상 사태에 대한 대처방안을 준비하고 있다. 마가리티스는 "기업 이미지 관리 과정은 마치 여러 부분을 모아놓은 모자이크와 같다. 일관된 계획 아래 IR, 직원과의 커뮤니케이션, 그리고 홍보가 하나로 움직일 수 있어야 하기 때문이다"라고 말한다. 모자이크가 잘 맞춰지듯 내부와 외부 메시지의 일관성을 지키기 위해 모든 팀원이 마가리티스에게 보고하는 것을 매우 중요하게 생각한다. 직원들이 사내 방송인 FX-TV를 통해 보는 내용과 페덱스의 설립자이며 CEO인 프레더릭 스미스가 CNBC 방송국에 인터뷰한 내용은 같아야 한다. 회사에서 마가리티스의 권한은 분명하다. 그러나 필요하다면 언제든지 CEO인 스미스에게도 보고한다. 마가리티스가 기업 이미지에 대한 직접적인 중역이라면, 스미스 역시 페덱스의 성공적인 기업 이미지를 구축한 책임 있는 이미지 관리자다. CEO인 스미스가 기업 이미지를 충분히 이해하고 이에 높은 가치를 두는 것이 페덱스 이미지 구축이 성공한 또 다른 이유이기도 하다. 그는 '세계적으로 믿음이 가고 확실한 서비스를 하는 기업'이라는 기업 이미지가 페덱스의 제일 귀한 자산이라고 생각한다.

스미스와 마가리티스는 기업 이미지의 중요성에 대해 널리 알렸다. 그 결과 모든 페덱스 경영진과 관리자는 자신의 업무를 기업 이미지와 연관해 생각한다. 이는 관리자들에게 쉽고 단순한 일이 결코 아니다. 페덱스는 전 직원을 홍보사절로 만들기 위해 노력한다. 기업 이미지는 고객, 투자자, 정부관리자까지 포함한 모든 관계자가 만들어나가는 것임을 잘 알기 때문이다. 기업홍보 관리자인 존 룰라는 "진열대에 놓여 있거나 자판기에서 음료를 살 때처럼 그 회사의 직원을 볼 수 없는 경우와는 달리, 페덱스 고객은 항상 종업원의 얼굴을 보기 때문에 모든 종업원이 우리 회사를 대표한다"라고 말한다.

페덱스의 충실한 직원들은, 자신들의 몸엔 회사를 상징하는 로고의 색인

'보라색 피'가 흐른다고 말할 정도다. 페덱스는 직원들의 사기와 기업 이미지를 높이기 위해 자신의 임무보다 한발 더 나아가는 직원들에게 보상을 하기도 한다. 예를 들면, 미니애폴리스 지점의 총 책임자 대런 도커티는 페덱스 시스템에서 분실한 심장투석기를 응급수술 시간에 맞추기 위해 직접 세 시간 반 동안 운전해 배달을 마쳤다. 페덱스는 그에게 황금매상을 수여했다. 이러한 경험은 페덱스 브랜드와 대중을 더욱 가깝게 이어주는 중요한 연결고리가 된다. 뿐만 아니라 종업원들의 사기를 높이고 더 잘하고자 하는 동기를 심어주게 된다. 1만여 명의 종업원은 공항 페덱스 물류센터에서 밤늦도록 짐을 옮기며, 그들의 영웅적인 얘기와 스미스의 격려 어린 말을 화제로 주고받는다. 스미스는 "우리는 가장 높은 질의 서비스를 제공해야만 한다. 격려와 자극을 받은 직원들 없이는 그와 같은 서비스를 제공할 수 없다. 이 두 가지 목표를 달성한다면, 좋은 기업 이미지는 자연스럽게 뒤따르는 것이다"라고 말한다.

페덱스는 고객의 요구를 충족시키기 위해 종업원들의 단정함과 상냥함을 끊임없이 강조한다. 만약 고객이 자신의 물건이 제시간에 도착할지 걱정한다면, 페덱스 직원은 고객의 배달 서류를 복사해 다음날 고객에게 배달 확인 전화를 하도록 되어 있다. 만약 고객이 페덱스 대리점에서 오랫동안 줄을 서서 기다리거나 배달이 늦어지면, 펜과 연필 세트 등의 선물을 고객에게 나누어주기도 한다. 쾌적한 사무실 역시 페덱스의 일면을 잘 보여주고 있는데, 영업전략의 부사장 글렌 세슨은 "직원들은 항상 프로다운 분위기와 깨끗하고 청결한 환경을 유지해야 한다. 사무실에서 음식냄새 등이 나는 것을 절대 원하지 않는다"라고 말한다. 페덱스의 직원용 교육 비디오에는 '고객이 당신의 미소마저 들을 수 있게 하라', '고객이 불렀을 땐 에너지가 들끓는 자세로 서비스를 제공하라'고 가르친다. 직원들이 이러한 자세와 마음가짐으로 고객을 대할 때에야 비로소 자신의 친구나 가족, 동료들에게 페덱스에 대한 좋은 이미지를 전달하기 때문이다. 페덱스는 직원들의 서비스 품질평가 시스템을 개발하여, 높은 점수를 얻은 직원에게는 상여금을 주고, 반대로 배달할 물품을 잃어버렸을 경우에는 50점, 배달물이 늦게 도착했을 경우엔 10점의 벌점을 부과한다.

정보 수집은 기업 이미지를 극대화하기 위한 첫번째 단계이며, 페덱스는 고객들의 의견과 기업 이미지에 영향을 미치는 미디어의 영향력에 특히 많은 관심을 두고 있다. 여러 가지 요소를 평가해 회사의 단점을 찾아내는 것이다. 페덱스의 경우, 최상의 서비스와 감성적인 부분에서는 높은 점수를 받았지만, 기업의 비전, 리더십, 사회적인 책임 부분에서는 낮은 점수를 받았다. 이 세 가지 문제점에 대해 페덱스는 자신들의 홈페이지에 박애주의 활동과 기업의 비전에 대한 정보를 추가했다.

또한 기업 이미지 관리는 전세계적 관점에서 보아야 한다. 그러므로 이미지 전략은 각기 다른 문화의 그 특징에 맞춰 세워야 한다. 페덱스측은, 유럽에서는 사회적인 책임이, 일본에서는 재정적인 활동과 리더십이 기업 이미지에 많은 영향을 미친다는 것을 미리 파악했다. 그러고는 관리 지역을 미주·독일, 그리고 중국 등 해외 지역, 필리핀과 인디애나폴리스 등 지역 업무가 많은 곳으로 세 가지로 나눈 뒤, 시장이 성숙해 있는지 아니면 성장 단계인지에 따라 다른 전략을 수립했다. 오래 된 시장을 갖고 있는 영국의 경우에는 차별적이고 새로운 서비스에 신경을 쓰고, 신규시장인 중국 같은 경우에는 브랜드 인지도와 좋은 기업 이미지를 만드는 데 각별한 관심을 둔다.

훌륭한 기업 시민의 이미지를 잘 알고 있는 페덱스는, 엘살바도르의 지진 피해자들에게 각계에서 기부한 옷과 필수품을 배달하고, 중국의 팬더곰을 미국 워싱턴의 국립동물원까지 옮기는 일도 마다치 않는다. 이렇듯 다양한 정부 관계의 일은 국제적으로 사업을 확장하기 위한 밑거름인 동시에, 기업 홍보에도 큰 영향을 미친다는 사실을 페덱스는 충분히 숙지하고 있다.

페덱스는 이미지 관리에 미디어를 십분 이용하고자 많은 노력을 기울인다. 페덱스의 경영진은 완벽한 배달 서비스에 대한 전략을 홍보하기 위해 각종 매스미디어의 편집장들과 자주 만난다. 이를 통해 자사가 위기에 처했을 때 PR 담당자들은 미디어의 관심을 긍정적인 쪽으로 유도한다. 1998년 페덱스의 비행기 조종사들이 동맹파업을 선언하자, 마가리티스가 이끄는 홍보팀은 페덱스의 테크놀로지와 전문적인 관리체계, 직원들의 높은 사기와 회사를 믿어주는 고객들에 대한 얘기를 전면으로 내세웠다.

페덱스는 기업 이미지에 대한 위협을 항상 보호하고 있다. 2001년 말, 페덱스의 회계법인인 아서 앤더슨(Arthur Anderson)이 엔론의 부정사건과 연루되어 페덱스의 이미지에 엄청난 위협을 주었다. 당시 스미스는 "우리는 오래 전부터 아서 앤더슨이 페덱스의 청렴함에 오점을 남길 것임을 예상하고 있었다"라고 말했다. 2002년 3월 11일, 페덱스는 아서 앤더슨 대신 언스트&영으로 회계법인을 변경한다고 발표했다. 3일 후, 아서 앤더슨은 부실회계로 미국 연방배심에 정식 기소됐다.

페덱스란 단어는 이제 빠른 배달의 대명사가 돼, 사람들은 페덱스를 사용하느냐 마느냐의 차원을 넘어서 'FedExing'이란 단어를 '소포를 보내다'라는 의미로 사용한다. 이러한 기업 브랜드는 페덱스가 더욱 발전시킬 수 있는 요소라고 할 수 있다. 남들이 부러워할 만한 기업 이미지를 쌓기 위해 페덱스는 끊임없이 기업 브랜드를 홍보한다. 워싱턴 레드스킨 미식축구 경기장에 200만 달러짜리 페덱스 광고를 걸고, 아마존닷컴(Amazon.com)과 손잡고 《해리포터》를 갈망하는 전세계의 수많은 독자에게 책을 배달한다. 이러한 브랜드 홍보는 미디어의 관심을 끄는 동시에 고객들에게 페덱스의 호의적 이미지를 강화시킨다.

그러나 이미지 홍보가 언제나 위협에서 자유로운 것은 아니다. 톰 행크스 주연의 대재앙을 다룬 영화 〈캐스트 어웨이(Cast Away)〉를 찍을 때의 일이다. 페덱스 비행기가 태평양에 추락해 톰 행크스를 제외한 모든 사람이 죽고, 살아남은 주인공이 무인도에서 4년을 산다는 내용을 담은 이 영화에 페덱스의 상품과 서비스가 표현되는 것을 허락할지에 대해 회사측은 고민하지 않을 수 없었다. 그 결과 회사 이미지가 호의적으로 작용하지 않을 것이라는 부담에도 불구, 페덱스는 이를 허락했다. 스미스는 "여러 위험 요소에 대해 얘기했지만, 나는 사람들이 영화적 허구와 페덱스의 진실을 분별할 줄 알 거라고 믿었다"라고 말했다. 그는 영화의 작가이며 오랜 친구인 빌 브로일스를 믿었다. 뿐만 아니라 스미스는 영화 마지막 장면에 카메오 출연까지 마다하지 않았다. 그러나 혹시 깨끗하고 건실하게 쌓아온 페덱스의 이미지가 손상당할지도 모르는 비행기 추락 장면과, 페덱스 직원이 비행기에서 뛰어내리기 전 와인을 마시는 장면, 모스크바 거리를 난폭하게 질주하는 페덱스 트럭 장면 등에 대해서는 불안감을 감출 수 없었다. 페덱스측은 페덱스 비행기가 태평양으로 추락하는 장면만은 편집해 달라고 감독을 설득했다. 마가리티스는 페덱스에 불만을 갖고 있는 고객이 인터넷상에서 이 장면을 논쟁거리로 삼기를 원하지 않았다.

그러나 이 영화는 흥행에 성공했고, 주연배우 톰 행크스는 아카데미상 후보에까지 올랐다. 이러한 관심은 당연히 페덱스 쪽에도 이어졌다. 결국 회사는 마지막까지 고객의 상품을 온전한 상태로 배달하려는 페덱스 직원을 그려낸 이 영화가 기업 이미지에 큰 이익을 주었다고 결론내렸다. 영화 속 주인공은 추락사고로 물에 빠진 배달품을 건져내어 끝까지 고객에게 전달하는 모습을 보였다. 마가리티스는 "이 영화는 모든 배달품을 소중하게 다룬다는 페덱스 직원의 모습을 보여주었다. 우리의 사업은 200개가 넘는 나라에서 진행되고 있어서 톰 행크스의 국제적인 홍보 효과는 우리에게 당연히 큰 도움이 됐다"라고 말했다. 페덱스는 전세계의 주요 고객을 〈캐스트 어웨이〉 시사회에 초대했고, 영화 속 페덱스의 빛나는 배역은 직원들에게 회사에 대한 자부심을 심어주기에 충분했다.

기업 이미지를 극대화하기 위해 때로는 모험도 불사해야 한다. 그러나 이미지 관리는 모험보다는 성실함에 더욱 충실해야 한다. 페덱스에서의 모든 주요 사업 결정은 기업 이미지에 미치는 영향에 대한 평가를 요구한다. 일례로 UPS(United Parcel Service)와 경쟁하기 위해 항공 특급배달에서부터 지상물류, 택배, 화물운송 사업으로까지 확장하면서 페덱스란 이름을 새 사업에 계속해서 사용해야 할지 신중히 검토할 때의 일이었다. 페덱스의 호의적이고 확고한 이미지가 새로운 사업과 신규고객 창출에 도움을 줄 것이란 사실만은 확실했다. 그러나 페덱스라는 기업 브랜드가 실제로 얼마나 융통성이 있는지 생각해 봐야 했다. 새로운 지상물류 서비스가 기존 페덱스의 믿을 수 있는 항공 특급배달 서비스와 뛰어난 고객 서비스라는 명성에 해가 되지 않을까 걱정됐다. 트럭과 항공운송이 제 시간 배달이 필요한 고품질 서비스를 갖추지 못한다면 어떻게 될까? 페덱스는 지킬 수 없는 약속으로 고객을 실망시켜선 안 된다는 것을 잘 알고 있었다. 지원담당 부사장 제임스 클리퍼드는 "커다란 페덱스 로고가 찍혀 있는 하얀 트럭이 전국 도로와 고속도로를 질주하면 높은 홍보 효과는 있겠지만, 그 트럭들이 언제 어떤 사고를 일으킬지 모르기 때문에 기업 이미지에 위험요소를 증가시켰다"라고 말한다. 트럭에 페덱스란 이름을 새겨넣기 전에, 페덱스는 현재와 미래의 고객들이 이 새로운 사업에 대한 타당성과 기대치에 어떻게 반응하는지 조사했다. 결국 페덱스는 이 새로운 사업이 기존 이미지는 지키면서 고객들을 만족시킬 수 있다고 결론내렸다. 그래서 기존의 페덱스 로고를 다양한 사업단위에 동일하게 적용시키되, 다만 색을 다양하게 한 브랜드 아이덴터티를 개발했다.

지상물류 사업은 대부분의 기사와 직원이 관리 밖의 위험에 노출되게 마련이다. 페덱스는 앞서 얘기했던 화물 트럭 화재사건이나 배달 트럭에 의해 증가하는 보행자 사고에 따른 기업 이미지 훼손을 허용할 수 없었던 것이다.

성공적인 기업 이미지 관리는 숫자로 그 명성을 드러낸다. 페덱스는 〈포천(Fortune)〉지와 컨설팅회사인 코어브랜드(CoreBrand)가 선정한 '소비자로부터 가장 사랑받는 회사' 부문에 각각 10위 안에 들었다. 또한 일반 대중의 인식을 나타내는 2002년 해리스 인터랙티브 기업 이미지 조사 순위에서는 12위를 차지했다. 그러나 마가리티스는 페덱스가 고객에게 더 많은 사랑을 받기 위해선 아직 할 일이 많다고 말하고 있다.

기업 이미지, 이렇게 만들어진다

원하든 원하지 않든 간에 모든 사람, 모든 회사, 모든 단체의 이미지는 타인의 인식을 바탕으로 형성된다. 또 이미지를 쌓아올리기까지는 긴 시간이 소요되지만 무너지는 것은 순간이다. 엔론, 월스트리트, 그리고 가톨릭교회가 최고의 이미지에서 최악의 이미지로 추락하는 데 얼마나 짧은 시간이 걸렸는가?

여기서 기업이 가져야 할 의문은 외부 작용에 따라 기업 이미지를 만들 것인가, 아니면 스스로 기업 이미지를 관리하고 극대화할 것인가이다. 좋은 기업 이미지는 많은 고객, 투자자, 그리고 뛰어난 직원들을 사로잡아 높은 수익을 안겨준다. 그리고 이러한 이미지는 고객들에게 신뢰와 믿음을 심어주어 기업에 힘든 시기가 찾아와도 기업에 대한 믿음이 흔들리지 않는다.

기업이 이미지를 잘 관리하기 위해서는 기업 이미지에 영향을 미치는 여러 요소와 사람들, 그리고 그들의 생각과 요구를 잘 이해해야 한다. 상품과 서비스의 품질은 당연히 최상이어야 하며, 기업의 행동 하나하나는 나무랄 곳이 없어야 하고, 무엇보다도 고객에게 호감과 믿음을 제공해야 한다. 페덱스, 존슨&존슨, 할리데이비슨(Harley Davidson) 등의 기업은 이러한 조건들을 제대로 인지하고 있다.

정부 관료 및 경제인들은 기업 이미지가 기업의 제일 중요한 자산이라고 생각한다. 미연방준비제도이사회 위원장인 앨런 그린스펀은 1999년 하버드 대학교 졸업식 연설에서 "아이디어가 경제적인 가치인 요즘, 좋은 이미지를 위한 경쟁은 우리 경제를 앞으로 나아가게 하는 원동력이다. 제품은 유통되기도 전에 평가될 수 있지만, 서비스업은 기업 이미지만으로도 평가받을 수 있다"라고 말했다.

사실 회계업계에서는 기업 이미지를 대차대조표의 자산 쪽으로 어떻게 추가할 것인지 고민해 왔다. 그러나 엔론 사건 이후 적극적으로 다뤄지지는 않고 있다. 어쩌면 회계법인들은 자신들의 기업 이미지부터 세우려고 하는지도 모른다.

무엇이 기업 이미지를 만드는가? 부정비리 사건의 여파로 사람들은 기업 이미지가 사회적 책임 및 윤리적 행동과 같은 의미라고 착각하기 쉽다. 물론 기업의 사회적 책임과 윤리적 행동이 기업 이미지의 중요한 부분이기는 하지만 재무적 성과, 근무환경, 상품·서비스의 품질, 기업 리더십, 비전 등 기업 이미지를 이루는 요소는 매우 다양하다. 그리고 기업과 기업 투자자 사이의 감정적인 연계 또한 기업 이미지의 중요한 부분을 차지한다. 고객이 회사의 로고가 새겨진 트럭을 볼 때, 회사로 전화를 할 때, 또는 인터넷에서 기업의 로고를 발견할 때 등등, 기업의 이름은 언제 어디서든 고객에게 좋거나 나쁜 영향을 미칠 수 있다.

물론 CEO의 이미지 또한 기업 이미지에 영향을 준다. 막대한 책임을 져야 하거나 기업을 불신하는 시기에 권위적인 이미지를 고수하는 CEO의 모습은 스스로 무덤을 파는 행위와 다르지 않다. 빌 게이츠, 제프 베조스, 칼리 피오리나처럼 명망 있는 CEO들은 아직까지도 기업 이미지에 큰 영향을 제공한다. 반면 기업 이미지에 파괴적인 영향을 제공한 마사 스튜어트나 뉴욕 증권거래소에서 1억 3,950만 달러를 횡령한 딕 그라소를 어찌 잊을 수 있겠는가?

2003년에 홍보 회사인 버슨 마스텔러(Burson-Marsteller)가 실시한 설문조사에서 응답자들은 기업 이미지의 절반이 CEO에 따라 달라진다고 답했다. 그것은 1997년 기업 경영자, 금융 분석가, 기관 투자가, 이사회 이사, 비즈니스 미디어, 정부관료들을 대상으로 실시한 결과(40%)보다 높은 수치다. 버슨 마스텔러의 조사담당 임원 레슬리 게인스로스는 "CEO는 기업의 과거, 현재, 미래의 연결고리를 쥐고 있는 단체의 대표이며, 브랜드의 구성원이고, 공식적인 대변인이다. 그러므로 기업 이미지가 급격히 오르내리는 오늘날 CEO가 가장 중요시 해야 하는 것은 기업 이미지를 제대로 지켜가는 것이며, 나아가 다음 세대 리더에게 더욱 좋은 기업 이미지를 물려주는 것이다"라고 말했다.

이사회에서 새로운 CEO를 뽑을 때, 기업 이미지 관리 능력을 중점적으로 보고 있으며, CEO의 성과를 평가·보상하는 데에도 기업 이미지는 중요한 요소가 된다. 그러나 기업 이미지의 중요성과 가치를 정확히 이해하고 있는 기업은 아직 드물다. "기업 이미지의 심각한 쇠퇴를 기업은 자각해야만 한다. 그러나 아직도 일부 CEO는 이 문제를 가볍게 여긴다"고 시장조사 회사 로퍼 ASW(Roper ASW)의 부회장 존 길퍼더는 말한다. 기업 이미지를 보호하고 관리하는 일이 지금처럼 중요한 때는 없었다. 모든 기업은 인터넷과 뉴스에 24시간 노출되어 있다. 사업은 더욱 국제적으로 변모해 가고 정보, 특히 소문은 삽시간에 퍼져나간다. 그러므로 CEO들은 언제나 위험을 각오하고 행동해야만 한다.

일부 기업은 정기적으로 기업 이미지에 타격을 입기도 한다. 포드(Ford)는 파이어스톤(Firestone) 타이어 장착 후 자동차의 안정성을 해친다는 이유로 기업 이미지에 심각한 손실을 입었다. 최근에는 연비가 떨어졌다는 조사 때문에 환경과 관련해 기업의 신뢰도를 잃기도 했다. 가스 소비가 많은 SUV 차량은 환경오염을 줄이겠다는 포드의 약속을 무너뜨렸다. 이로 인해 포드의 '친환경적 기업 이미지'는 바닥 수준으로 떨어졌다.

도덕적이지 못한 기업들은 자신들의 속임수와 횡포가 드러나기 전에 사람들이 자신에 대해 좋은 이미지를 갖도록 만든다. 그러나 시간이 얼마 지나지 않아 그러한 기업 이미지는 가짜임이 밝혀진다. 엔론을 예로 들면, 부정비리 사건이 터지기 얼마 전, 〈포천〉지가 기업 경영자, 이사회 이사, 증권 분석가들의 조사를 통해 선정한 가장 혁신적인 기업 중 최고 자리를 차지했다. 또 네덜란드 슈퍼마켓 회사 어홀드(Ahold)는 해리스 인터랙티브와 이미지 협회에서 실시한 연구조사에서 기업 이미지 1위에 선정됐다. 그러나 곧 어홀드의 회계부정 행위는 정부기관에 발각되고 말았다.

고객이 다른 경쟁 회사보다 페덱스에 높은 기대치를 갖고 있는 것처럼, 사실 좋은 기업 이미지에는 많은 책임이 따른다. 제 시간에 배달하기 위해

기업 이미지 하락

2002년 말, 해리스 인터랙티브가 대중에게 기업의 이미지가 어떻게 변했는지를 물어본 설문 결과.

- 많이 줄어들었다 ----------------------------- 48%
- 조금 줄어들었다 ----------------------------- 31%
- 그대로이다 ----------------------------- 14%
- 조금 좋아졌다 ----------------------------- 6%
- 많이 좋아졌다 ----------------------------- 1%

비바람을 맞으며 성실하게 일하는 페덱스의 이미지는 존경의 상징적 위치까지 올라 있다. 그러나 고객의 기대치에 미치지 못한다면, 몇 배의 가혹한 비난을 면하기 힘들 것이다. 이는 자동차업계 역시 마찬가지다. 좋은 품질로 긍정적인 이미지를 갖게 된 후, 부품의 결함으로 리콜을 운영하면 많은 피해가 잇따른다. 도요타(Toyota)나 혼다(Honda) 같이 신뢰도가 높은 기업이 리콜을 실시할 경우 시장점유율이 폭락한다는 조사 결과도 있다.

기업 이미지는 기업이 어려울 때 관리하는 것이 아니다

기업 이미지의 가치를 극대화하고 싶다면, 기업은 이미지 관리를 시스템의 기본적인 부분으로 만들어야 한다. 그리고 기업 전체에 이 사실을 널리 알려야 하며, 모든 직원이 기업 이미지에 큰 영향을 미친다는 것을 직원 스스로 인식하도록 만들어야 한다. 기업 이미지는 일관된 전략으로 여겨져야 하며, 단순하게 이미지를 광고하는 홍보 차원에 머물러서는 안 된다.

회사가 부유한 재산과 존경받는 지도자들을 갖추고 있다면, GE(General Electric), 토마스 알바(Thomas Alva), IBM, 토마스 왓슨(Thomas J. Watson) 정

도의 회사이든 아니든 간에, 과거의 기업 이미지를 강화하여 직원들에게 좀더 나은 기업 이미지를 심어줄 수 있다. 자부할 만한 역사는 직원들로 하여금 기업 이미지와 전통을 유지토록 동기화하기에 충분하다. 실제로 기업 이미지에 대한 '2002 해리스 인터랙티브 연구보고'에 따르면, 제너럴 밀스(General Mills)와 이스트먼 코닥(Eastman Kodak) 등의 상위 10개 회사들은 대부분 100년 가까운 깊은 역사를 갖고 있다고 한다.

기업 이미지 관리가 문화로 자리잡으려면, 기업은 소극적인 관리에서 벗어나 CEO 스스로가 이미지에 대한 방향을 정하고 궁극적인 책임을 져야 한다. 그러나 이미지 관리는 하루 24시간 지속되는 업무이다 보니, 페덱스가 마가리티스를 채용해 성과를 얻은 것처럼, 기업은 전문적으로 이미지 관리를 수행하는 그룹이나 부서를 따로 두는 것이 바람직하다.

글락소스미스클라인(GlaxoSmithkline Plc.)의 경우, 덩컨 버크가 이미지 관리를 맡고 있다. 기업 이미지 담당 부사장인 버크는 "직원들이 기업 이미지를 체계적으로 생각하고 항상 진지하게 대하도록 노력하고 있다. 왜냐하면 그들은 나쁜 시기일 때만 기업 이미지에 신경을 쓰고 좋은 시기일 때는 잊어버리는 경향이 있기 때문이다"라고 말했다. 그는 미디어 관리부서는 물론 전사적으로 많은 직원들과 가깝게 일하고 있다. 경영진들의 연봉이 왜 많은지, 글락소는 왜 동물 리서치를 하고 있는지, 약들은 왜 비싸게 팔리는지 등과 같은 직원들의 민감한 질문에 대해 그는 기업의 입장에서 더욱 자세하게 정보를 제공한다. "가격에 대한 문제로 제약업체 대부분이 나쁜 이미지를 갖고 있다. 그렇기 때문에 더욱 나와 같은 자리에 있는 사람이 글락소가 어떻게 세상에 그려지고 있으며 또 어떻게 보이도록 해야 하는지를 생각하는 것이 다른 어느 때보다 중요하다"라고 버크는 말한다.

기업 이미지 중심의 문화를 갖고 있는 또 다른 회사는 직접판매사업을 하고 있는 암웨이(Amway)의 모회사 알티코(Alticor)이다. 영업전략의 합법적 문제에 대한 미연방무역위원회의 조사가 길어지고 캐나다 정부와 관세문제가 발생해 암웨이는 오랫동안 나쁜 기업 이미지를 갖고 있었다. 1996년에서야 암웨이는 최고의 이미지로 탈바꿈을 할 수 있었다.

피라미드식 영업전략에 대한 오해를 풀기 위해 암웨이는 관리자들에게 기업 이미지 관리의 중요성을 크게 강조하여, 전세계에서 온 80여 명의 고위 임원들을 대상으로 '기업 이미지 대학'에서 3일 간의 집중교육을 실시했고 기업 이미지에 대한 컨퍼런스를 시작했다. 기업 이미지 대학은 학술적인 이미지 학설과 기업 이미지 평가 시스템의 설명에 대한 강의를 포함하고 있다. 이 교육의 하이라이트는 트레바도르라는 가상의 나라에서 이미지를 만들어가는 사례였다. 그 교육을 통해 암웨이의 관리자들은 직접판매 방식의 영업이 가지는 법적인 문제, 영업자들의 강제판매, 그들 제품의 가치화 효과에 대한 의문에 대처하는 방법을 배웠다. 알티코의 홍보담당 부사장 마크 베인은 "기업 이미지 대학은 오랫동안 충격을 주었다. 이젠 더 이상 기업 이미지 관리의 중요성과 학설을 설명할 필요가 없다. 우리가 기업 이미지를 관리하는 것은 당연한 일이므로 그대로 따르면 된다. 모든 사람이 함께 통합적이고 일사분란하게 일한다는 것이 쉬운 일은 아니다. 주어진 예산과 조건에서는 더욱 힘든 일이지만 다른 방법은 없다"라고 말한다.

무형의 기업 이미지로 인한 유형의 이익

기업은 좋은 이미지 구축을 원하고 탐내며 자랑한다. 이러한 욕구는 광고 카피에도 곧잘 드러난다. 보스(Bose)의 경우 라디오와 CD 플레이어 광고에 '우리의 이미지는 상품이 나타낸다'는 광고 카피를 쓰고 있으며, 나이트 트레이딩 그룹(Knight Trading Group)은 '고객들을 위해 믿음이 가는 기업 이미지를 쌓는다'라고 말한다.

그렇다면 무형의 기업 이미지가 어떻게 유형의 이익을 가져올 수 있을까? 의외로 해답은 간단하다. 고객들은 좋은 기업 이미지의 상품과 서비스

기업 이미지에 대한 보상

2002 해리스 인터랙티브 설문에 따르면 튼튼한 기업 이미지를 갖춘 회사가 가장 많은 이익을 거둬들인다고 했다. 대부분의 응답자는 좋은 기업 이미지를 갖고 있는 기업의 상품과 서비스를 이용하고 투자할 것이라고 말했다.

미래에 상품을 구입하고 싶은
1. 월마트
2. 홈디포
3. 존슨&존슨
4. 제너럴밀스
5. 코카콜라

미래에 투자하고 싶은
1. 존슨&존슨
2. 소니
3. 월마트
4. GE
5. 사우스웨스트 항공/할리데이비슨

에 자연스럽게 끌리게 마련이며, 나아가 그 기업의 주요 고객층이 되어 더러 값비싼 물품도 부담 없이 구매하게 되는 것이다. 마이크로소프트사가 갖고 있는 최고 품질의 컴퓨터 소프트웨어라는 이미지는, 이 회사가 소니 (Sony)와 닌텐도(Nintendo)가 독점하고 있던 비디오 게임 시장으로의 진출을 돕는 데 큰 몫을 해냈다. 또 좋은 기업 이미지는 높은 신용평가를 얻어 자본시장에서 쉽고 싸게 자금을 빌릴 수도 있다. 투자자들은 재무적 성과와 리더십이 강한 회사의 주식을 사려고 한다. 정확한 수치는 알 수 없지만, 월스트리트의 평가에 무형의 자산도 중요한 영향을 미친다는 사실을 모르는 사람은 드물 것이다. 페덱스의 IR 임원인 클리퍼드는 "언제나 정확한 숫자를 보여줘야 한다. 그러나 좋은 기업 이미지를 갖고 있지 않다면 아무리 정확한 숫자를 보인다 해도 의심의 여지는 충분하다"라고 말한다. 페덱스는 회사에 대한 투자자들의 의견과 문제점들을 측정하기 위해 정기적으로 조사를 실시한다.

기업 이미지와 투자경향과의 관계를 보여주는 학술적인 연구가 있다. 216개 기업을 대상으로 한 분석에서 사회적 책임이 강한 기업 이미지를 갖고 있는 기업일수록 주가에서 프리미엄을 갖고 있는 것으로 파악됐다. 이로 인해 투자자들은 위험부담이 적은 좋은 이미지의 기업에 투자하기를 원한다는 것을 10개 기업의 포트폴리오를 통해 알아냈다.

지속적으로 쌓아온 기업 이미지는 직원들의 의욕과 성과를 강화시키고, 뛰어난 경영진을 유인하며, 정부관료, 지지자, 기업의 지점과 공장이 있는 지역주민들과의 관계를 튼튼하게 한다. 퍼블릭 서비스 엔터프라이즈 그룹(Public Service Enterprise Group)의 예를 들어보자. 이 그룹은 미국 뉴저지 주에 전력발전소를 짓기 위해 신청을 했는데 친환경적인 이미지를 갖춘 덕분에 정부의 빠른 허가, 지역 사회의 지지, 다른 주보다 더 좋은 세금혜택이라는 특혜를 누렸다. 2000년 이 그룹이 뉴욕 주 베들레헴 시 허드슨 강 가까이에 있는 알바니 증력발전소를 구입하자 뉴욕 미폐협회, 천연자원 보호협회, 허드슨 강 보호협회 등 많은 환경단체의 지지와 호응을 받았다. 그들은 이 그룹의 공기오염을 줄이고 허드슨 강의 수질오염을 막는 새로운 계획을 지지했다. "나는 이러한 일을 우리의 친환경적인 이미지 덕분이라고 생각한다. 규제를 풀어가는 과정에서 빠르게 일을 진행시킬 수 있다는 것은 상당히 유리한 경쟁력이다"라고 이 그룹의 환경안전담당 임원인 마크 브라운스테인은 당당하게 말한다.

강력한 기업 이미지는 브랜드의 개별 제품에도 호의적인 영향을 미친다. 뒤퐁은 회사 이미지에 덜 호의적인 고객의 4%만이 그 제품을 구입한 것에 비해, 매우 호의적인 고객의 24%는 이 회사의 카펫 원료인 스테인마스터도

구입한다고 대답했다. 또 매우 호의적인 고객의 절반 이상이 스테인마스터의 광고 내용을 믿는다고 답한 반면에, 덜 호의적인 고객은 22%만이 이를 믿는 것으로 나타났다.

손상된 기업 이미지의 평균 회복기간은 3.65년

갑작스러운 위기에서 살아나기 위해 기업들은 '기업 이미지 자산'의 구축에 공을 들이고 있다. 이는 힘든 때를 위해 평소 꾸준히 저축하는 것과 같다. 호의적인 기업 이미지가 잘 구축되어 있는 상황에서 위기가 닥치거나 수익이 줄었을 때는, 기업 이미지의 피해를 줄일 수 있을 뿐 아니라 회복 또한 빠르다. 충성도가 높은 고객들은 평소 정직한 경영을 꾸려간 기업의 크고 작은 잘못과 결점 정도에는 크게 반응하지 않는다. 페덱스의 마가리티스는 "탄탄한 기업 이미지는 위기상황의 구제책이며, 적절한 때에 뒤에서 불어주는 바람과도 같다"라고 말한다.

위기 또는 부정적인 일들의 발생은 기업에 부담을 주고 쌓아놓은 기업 이미지를 무너뜨린다. 그러나 고객들의 호의적인 기업 이미지는 재난에서 빨리 회복할 수 있게 해준다. 그러한 이유에서 코카콜라가 유럽에서의 음료수 오염 소동과 1999년의 인종차별에 대한 법정재판에서 빠르게 회복할 수 있었던 것이다. 1990년대 거대한 트럭이 볼보(Volvo) 위에 올라가도 망가지지 않는다는 것은 과장된 광고였지만 안전한 이미지는 볼보의 커다란 자산이었다. 그 후 지금까지도 큰 성공을 누리고 있는 볼보는 '양심 있는 SUV'란 광고를 내걸고, 전복사고를 감지하는 회전 센서와 사고 때 머리부상을 방지하는 커튼을 홍보하고 있다.

비니&스미스(Binney & Smith)의 100년 된 크레욜라(Crayola) 브랜드 역시 치명적인 석면 사건이 있었음에도 기업 이미지 덕분에 큰 타격을 입지 않은 경험이 있다. 2000년, 크레욜라 크레용에서 석면이 발견됐다는 뉴스와 함께 이는 천진난만하게 그림을 그리고 노는 아이들에게 위험스러울 수 있다는 내용을 보도했다. 비니&스미스의 기업 이미지는 심각한 위험에 직면했다. 이 사건에 대처하기 위해 회사는 최초로 사건을 보도한 〈시애틀 포스트 인텔리전서〉를 포함하여 모든 신문사와 방송국에 보도자료를 보냈다. 비니&스미스의 자체 실험 결과 제품에서 석면은 발견되지 않았으나 전문가들과 정부에서 규제가 필요하다면 제품의 재료까지 바꾸겠다는 내용이었다. 재빠른 비니&스미스의 처신에도 불구하고 일부 학교는 만일의 안전에 대비해 크레욜라 크레용을 수거했다. 심지어, 일부 학교 및 어린이 보호단체는 학부모에게 가정통신문을 보내 부모들을 안심시켰다. 라 프티 아카데미의 교육담당 임원 앤지 도렐은 "1만 명이 넘는 학생의 안전과 건강을 생각하면 어느 때보다 더 조심스럽지 않을 수 없다"라고 말하며 모든 교실에서 크레용을 제거한다는 계획을 발표했다. 비니&스미스는 미디어 모니터링, 종업원들의 미디어 인터뷰 교육, 그리고 CEO를 보좌하도록 보스턴에 있는 위기관리 회사 콘(Cone)을 활용했다. 소비자보호원은 다시 제품조사에 들어갔고, 아주 적은 양의 석면이 크레욜라 크레용 두 개에서 발견되었다. 그러나 소비자보호원의 제안으로 크레용 제조자들은 제품의 석면 관련 재료를 다른 재료로 바꾸는 데에 동의했다. 기업 이미지 자산과 현명한 기업 이미지 관리가 복합적으로 위기의 비니&스미스를 지킨 경우라 하겠다.

그러나 이러한 강력한 이미지 자산이 없는 기업들은 한순간에 무너질 수밖에 없다. 분식회계비리 스캔들과 연루된 기업들의 회복은 어쩌면 불가능한 일인지도 모른다. 그들은 쌓아놓은 기업 이미지 자산도 적을 뿐더러, 설사 있다고 해도 이미 다 소진했기 때문이다. 사람들은 이런 상태의 월드콤이 주는 미래의 혜택 따위엔 관심이 없을 것이다. 이름을 바꾸더라도 이미지는 달라지지 않는다. 사람들은 계속해서 회계비리, 파산보호신청, 종업원과 투자자들에게 미친 경제적 고통을 이 회사와 연관지어 생각할 테니 말이다.

기업 이미지를 소홀히하고 손상시킨 대가

눈 깜짝할 사이에 기업 이미지는 사라질 수 있다. 기업 이미지를 지속적으로 향상시키거나 유지하지 못한 기업들은 고통의 대가로 교훈을 얻는다. 한번 훼손된 기업 이미지는 쉽게 회복되지 않는다. 기업 이미지에 지나친 조심이란 없다. 이미지에 조금이라도 피해를 줄 수 있는 것에 대해 항상 인지하고 있어야 하며, 방어 전략, 절차, 방법 등의 대처방안을 세워 즉각적으로 극복할 수 있도록 노력해야 한다.

기업 이미지에 관한 위협은 끊임없이 줄을 잇는다. 오레오와 빅 맥의 지나친 섭취로 인한 생긴 비만 때문에 패스트푸드 업체와 음식 제조사들이 비난을 받고 심지어 고소까지 당하게 될 줄 누가 짐작할 수 있었겠는가. 대부분의 사람이 이러한 상황에 대해 터무니없는 일이라고 웃어넘기지만, 음식업체는 기업 이미지에 대한 심각한 문제를 떠안을 수밖에 없다. 맥도널드(McDonald's)는 좀더 맛있는 샐러드를 만들기 위해 고심하고, 크라프트 푸드(Kraft Foods)는 오스카 마이어 핫도그와 벨베타 치즈의 칼로리를 줄일 계획이다. 이제야 이러한 움직임을 보이는 것은 기업 이미지에 그다지 도움을 주지 못한다. 그러나 아예 시도하지 않는 것보다는 늦게라도 하는 편이 낫기는 하다.

훼손된 기업 이미지의 악영향은 심각하고 그 여파는 길다. 2002년 엔론의 파산과 다른 에너지회사들의 의심스러운 회계 상태 및 무역거래는 전력업계의 이미지를 추락시켰고 자본시장도 어렵게 만들었다. 투자자들은 에너지 회사에 대한 믿음과 더불어 자신감도 잃었다. 직원들 역시 훼손된 기업의 이미지로부터 피해를 입을 수 있다. 엔론이나 아서 앤더슨에서처럼 스캔들로 휩싸인 기업에서 해고되거나 그만둔 사람들은 신뢰를 얻기 어려워 새로운 직업을 찾는 데에 고전을 면치 못하는 것을 볼 수 있다.

훼손된 기업 이미지를 회복하기까지 얼마나 걸릴까? 버슨 마스텔러(Burson-Marsteller)가 영향력 있는 비즈니스맨과 월스트리트, 정부, 언론미디어

기업 이미지 회복하기

2003년 홍보회사 버슨 마스텔러는 훼손된 기업 이미지를 회복시키는 데 필요한 예상시간에 대해 '영향력 있는 비즈니스맨'에게 물어보았다. 예상되는 평균 시간은 3.65년이었다. 다음은 각 분야에 종사하는 사람들이 생각한 평균 시간이다.

- CEO들 -- 3.51년
- 다른 경영진들 --- 3.81년
- 월스트리트 분석가들과 기관 투자자들 ----------------- 3.86년
- 비즈니스 미디어 대표들 -------------------------------- 2.96년
- 정부관료들 -- 3.72년
- 이사회 이사들 --- 3.55년

에 있는 사람들을 상대로 설문조사를 한 결과 평균 예상 회복시간은 3.65년으로 나타났다. 물론 이보다 더 긴 시간이 걸릴 수도 있기 때문에 일반적이라고 말하기는 어렵다. 아우디(Audi)는 '5000' 모델의 결함 때문에 판매를 제고하는 데 10년이나 걸렸다. 아우디는 가속문제는 기계상의 결함이 아니라 운전자의 잘못이라고 밝혔으나, 기어를 바꿀 때 브레이크에 발을 두지 않은 운전자를 보호하기 위해 리콜제를 실시해야 하는 부담을 떠안았다. 그러나 결국 정부가 운전자의 과실로 결론을 내렸고 아우디의 진실성은 입증받았다. 하지만 이미지와 판매에는 손실이 생겼다. 고객의 탓으로 돌리기 전에 당장 리콜제를 실시했다면 아우디의 이미지는 훨씬 좋아졌을 것이다. 어떤 상황에서든지 고객에게 책임을 돌리는 대처방법은 이미지에 커다란 손실을 가져올 수밖에 없다.

아무도 실제로 좋은 기업 이미지에서 이익을 얻는 데 걸리는 시간을 예상할 수 없다. 모든 기업 이미지에 대한 문제는 다르다. 그러나 일부 기업들은 기업에 대한 약간의 호의적인 뉴스가 기업 이미지를 개선한다고 믿

는다. 2003년 7월 제록스(Xerox)의 CEO 앤 멀키는 "부실기업이라는 말은 이제 끝났다"라며 복사기의 문제가 모두 해결되었다고 발표했다. 1/4분기 실적도 월스트리트의 예상을 넘었다. 그러나 2개월도 안 되어 증권거래소는 부정행위를 저지른 제록스 경영진 여섯 명에게 2,200만 달러의 벌금을 부과했다. 많은 주식분석가, 투자자, 관계자들에게 제록스가 탄탄한 기업 이미지를 갖고 있다는 사실을 믿게 하기 위해서는 많은 증거가 필요했다.

자신에 대한 객관적이고 냉정한 평가

 군납 기업에서 과학적 기업으로 변신한 **뒤퐁**

제2차 세계대전 직전, 1930년대 미국에서의 뒤퐁은 '죽음의 상인' 이라는 무시무시한 호칭으로 불렸다. 제1차 세계대전 당시 군수품 판매로 큰 부당이득을 취한 기업의 경영진들이 청문회에 소환됐다. 비록 군수품의 비중은 전체적으로 볼 때 뒤퐁 매출의 일부에 불과했지만 이 사건은 뒤퐁에게 오명으로 남았다. 여론을 살피기 위해 시도한 설문조사를 통해 사실상 죽음의 상인이란 기업 이미지를 극복하기에는 너무나 큰 장애물에 맞서 있음을 회사측은 깨달았다. 조사결과, 미국 시민의 반도 안 되는 사람들이 뒤퐁에 대해 호의적일 뿐이었다. 뒤퐁의 경영진은 몹시 당황했고 어떻게 대처할지 난감했다.

조언을 얻기 위해, 뒤퐁은 오늘날 BBDO 월드와이드로 알려진 뉴욕의 광고대행사에 도움을 청했다. 자회사인 브루스 바턴(Bruce Barton)은 50만 달러짜리 새로운 기업 이미지 캠페인을 제안했다. 캠페인의 기본전략은 '미국의 화려한 행렬'이라는 새로운 라디오 프로그램을 후원하는 것이었다. 프로그램 중 광고는 부동액, 셀로판, 차량용품 등과 같은 크게 문제시되지 않을 만한 뒤퐁의 일부 사업의 판매를 촉진시켰다. 이와 동시에 그 광고회사는 '더 나은 삶을 위한 더 나은 제품들… 화학의 힘으로'라는 뒤퐁의 그 유명한 슬로건을 만들어냈다. 기업 이미지의 개선은 더뎠지만, 설문조사를 통해 1950년대 중반쯤 기업의 이미지가 나아지고 있음을 확인되었다. 즉 다섯 사람 중 네 사람이 뒤퐁을 호의적으로 생각하게 된 것이다.

이 성공 스토리는 뒤퐁의 기업 이미지 평가와 관리에 대한 기나긴 노력을 말해 주고 있다. 뒤퐁은 이미지 변화와 관리의 전략을 도와주는 시스템적인 조사의 중요성을 잘 알고 있다. 대중의 생각에 맞추어 행동하기 전에, 기업은 그 생각에 대한 정확한 평가를 이해해야 한다. 정확한 평가도구 없이 기업 이미지 관리과정을 헤쳐나가는 것은 위험한 짓이다. 기업 이미지 관리에 대한 조사의 중요성을 빨리 깨달은 뒤퐁의 체계적인 평가는 적절했다. 뒤퐁의 시작은 프랑스이지만, 자신들은 미국 역사에 없어서는 안 되는 한 부분이라고 생각하며 200년 동안 쌓아온 이미지를 지키려고 노력했다. 이 기업의 뿌리는 19세기 뒤퐁(Eleuthere Irene du Pont)이 프랑스를 떠나 델라웨어의 브랜디와인 강기슭에서 화약을 만들면서부터 시작됐다. 그의 첫번째 고객은 미국 독립전쟁을 위해 화약이 필요했던 토머스 제퍼슨이었다. 나중에 그는 자신의 사냥과 몬티첼로 소유지의 돌을 없애기 위해 화약을 구입했다. 지난 2세기 동안 뒤퐁은 미국에서 가장 큰 화학회사로 발전했고 나일론 스타킹에서부터 케블러 방탄조끼까지 여러 모로 미국 사회에 큰 기여를 했다.

뒤퐁은 정기적으로 기업 이미지를 추적해 바뀌어가는 기업과 산업에 대한 인식에 빨리 대응할 수 있었다. 국제 홍보담당 부사장 캐서린 포트는 "무엇에 발맞추어야 할지를 알기 위해 우리는 아주 체계적으로 기업 이미지를 평가하고 있다. 우리는 몇 십 년 동안 동일한 요소를 평가하고 있다"라고 말한다.

뒤퐁은 일반 대중들의 의견과 시장조사를 넘어 매우 정교한 기업 이미지의 평가를 개발하는 데 앞장서 왔다. 뒤퐁은 30여 년 전, 기업 이미지라는 개념이 전무하던 당시 처음으로 상세한 기업 이미지 평가방법을 만들었다.

1971년 광고팀의 고객행동 조사부서와 함께, PR팀은 다양한 인구 통계적 그룹이 뒤퐁의 기업 이미지에 대해 어떻게 평가하는지에 야심찬 연구를 실시했다. '영향력 있는 청년들'로 구성된 교육자와 학생들을 대상으로 '우수한 품질의 상품', '혁신성', '주식 소유 가치', '똑똑하고 공격적인 관리', '좋은 근무환경', '사회문제에 대한 관심', '오염', '큰 권력과 부' 등 뒤퐁의 스물네 개가 넘는 특성을 평가했다. 응답자들은 각 항목에 대해 좋다, 나쁘다로 평가하고 그러한 항목들이 응답자들에게 얼마나 중요하고 뒤퐁과 연관이 있는지에 대해서도 말했다.

이러한 조사결과 뒤퐁은 연구와 기술의 리더, 건강하게 성장하고 있는 회사라는 강한 기업 이미지를 갖고 있는 것으로 나타났다. 그러나 '우수한 품질의 상품', '좋은 근무환경', '환경과 사회문제에 대한 관심'에서는 저조한 반응을 나타냈다. 뒤퐁의 임원들은 홍보전략을 짜는 데에 이러한 조사결과를 이용했다. 그러나 결과보다 더 중요한 것은 조사방법이었다. 이 조사는 이미지 관리과정에 대한 뒤퐁의 이해가 다른 기업들보다 얼마나 앞섰는가를 보여준다.

오랫동안 뒤퐁은 브랜드 가치를 110억 달러에서 140억 달러로, 미래잠재 가치를 190억 달러로 나타낸 조사결과를 비롯한 여러 가지 정성과 정량적 방법으로 이미지 평가에 접근했다. 뒤퐁은 1981년 코노코(Conoco)를 사업에 편입해 석유사업에 전격적으로 진출하는 등의 큰 변화 후에도 기업 이미지를 평가했다. 정치적이고 사회적인 트렌드의 영향을 알아보기 위해 대중의 반응도 끊임없이 살폈다. 미국의 가치관이 변하면서 뒤퐁의 기업 이미지도 변했다. 1950년대의 반기업정서와 불신풍조 등의 움직임이 뒤

풍의 기업 이미지를 위협하자 뒤퐁은 기업의 철학을 넣어 광고했다. 설교적이다시피 한 광고는 뒤퐁의 경제적인 공헌, 연구비에 대한 세금공제 및 화학분야 연구에 대한 지지 등을 강조했다. 1970년대 환경운동은 화학산업에 기인한 오염에 집중됐다. 1980년대 말 뒤퐁은 미국 기업 중 오염물질을 가장 많이 배출하는 기업으로 간주됐기 때문에 기업 이미지를 회복할 필요가 있었다. 당시 CEO였던 에드거 울러드는 표면적인 개선보다 더 많은 것을 요구하며, 에너지를 소비하는 동안 발생하는 고열방출 및 쓰레기를 줄이는 등의 환경에 대한 엄격한 책임을 다할 것을 다짐했다.

환경에 대한 기업 이미지를 어느 정도 회복한 뒤퐁은, 기업 이미지 조사를 통해 지속적으로 대중의 인식을 바꿔줄 필요가 있다고 결론내렸다. 1990년 중반에 투자자, 고객, 직원, 그리고 정부 관료들을 상대로 한 조사에서 '뒤퐁은 무관심한 과학자들로 가득한 아이보리색의 빌딩 안에 있는 기업'이라는 이미지로 나타났다. 그러자 뒤퐁은 좀더 친절한 이미지를 보이기 위해 플라스틱 다리와 칫솔을 개선하는 과학자들의 얼굴을 보여주는 광고를 집행했다. 이 광고를 본 후 응답자들은 뒤퐁에 대해 호의적으로 생각한다고 말했다.

뒤퐁은 보수적이 아니라 혁신적·역동적이라는 기업 이미지로 바꾸고 싶었다. 변화도 없고 지루하고 환경에는 무책임하다는 화학회사의 인식도 바꾸고 싶었다. 최고경영자인 찰스 홀리데이는 "뒤퐁은 과학적인 기업이다"라고 선언하며 새로운 포지셔닝을 역설했다. 그래서 새롭게 탄생한 광고 슬로건이 바로 '과학의 기적'이다. 슬로건은 "삶의 질을 올릴 수 있기 때문에 과학은 위대하다. 우리의 메시지를 좀더 개인과 밀접하게끔 만든다"였다.

슬로건을 바꾸기 전 뒤퐁은 아주 일반적인 조사를 했는데, '기적'이라는 단어가 너무 종교적으로 들리지는 않을까 하는 걱정에서였다. 그러나 '과학의 기적'이란 단어는 여섯 개국의 고객과 직원들에게 호의적으로 평가됐다.

현재 뒤퐁은 기적적인 기업 이미지를 바라고 있다. 최근 조사에서 60%에 가까운 미국 소비자들과, 경영자들의 약 75%가 뒤퐁에 대한 호의적인 태도를 보이는 것으로 나타났다. 앞으로도 이 회사는 '과학의 기적' 캠페인이 '중립'을 지키는 사람들과 '부정'적인 사람들에게 어떤 영향을 주는지 그 조사결과를 지켜볼 것이다.

점수로 평가하기

기업 이미지 관리의 첫번째 단계는 평가다. 평가할 수 없는 것은 관리할 수도 없기 때문이다. 사람들의 인식을 파악하기 위해 기업은 꼭 조사 데이터를 갖고 있어야 하며, 각기 다른 고객의 인식을 파악하고 기업 이미지에 영향을 주는 것이 무엇인지를 알아야 한다. 또 단점과 장점은 무엇이며, 주요 경쟁사들과 비교했을 때 그들의 이미지는 어떠한지 등, 이런 통찰력으로 무장했을 때 비로소 고객, 종업원, 투자자들에게 호의적인 이미지를 심어줄 준비를 갖추었다고 할 수 있다.

점점 많은 기업이 뒤퐁의 사례를 따르면서 정기적으로 기업 이미지를 확인하고 있다. 최근의 회계비리 사건도 기업 이미지 관리에 대해 커져가는 관심을 이끌어내는 데 큰 몫을 했다. 하지만 기업 이미지는 언론이 부도나기 직전인 1990년대 말부터 CEO들의 관심을 끌었다.

해리스 인터랙티브의 기업 이미지 담당자인 조이 마리는 "기업의 스캔들은 우리들이 하는 일에 대한 관심을 끌었지만, 대부분의 고객은 그런 스캔들과 아무런 관련이 없다. 그러한 스캔들이 나오기 전부터 많은 기업이 기업 이미지에 신경을 쓰기 시작했다"라고 말했다.

그러나 기업 이미지를 관리하는 기업은 아직도 소수에 불과하다. 홍보 회사인 힐&놀턴(Hill & Knowlton)의 경영진을 상대로 한 설문과 〈치프 이규제큐티브(Chief Executive)〉지에 따르면, 41%의 기업들이 기업 이미지 관리 프로그램을 갖고 있다고 답했다. 게다가 놀랍게도 73%는 사람들의 구전에 의존했고 27%만이 뉴스 미디어의 이미지 순위 발표에 의존했다. 규모가 작은 기업일수록 체계적인 기업 이미지 평가를 하기 어려웠고(대기업은 48%, 중소기업은 32%), 에너지, 생활용품, 금융 서비스, 건강관리사업 등을 취급하는 기업들이 체계적인 연구를 더 많이 하고 있었다. 한 가지 문제점은 많은 기업들이 힘든 위기 상황일 때만 기업 이미지 관리에 신경을 쓰고 있다는 점이다. 많은 기업들이 정기적으로 이미지를 관리하지 않고 있었다. 컨설팅 회사인 코어브랜드의 CEO 제임스 그레고리는 "일부 기업들은 항상 영업전략를 바꾸고, 여러 회사 중에서 하나를 고르고 있다. 그러나 기업 이미지 평가의 힘은 일관된 방법을 긴 시간동안 따를 수 있는 능력이다"라고 말했다.

분명히 기업은 기업 이미지를 추적·평가할 수 있는 여러 이미지 관리 시스템 중 하나를 채택할 수 있다. 여러 기업은 이미지를 구성하고 있는 광범위한 측정방법이나 조정방법과 같은 저마다의 방법론을 갖고 있으나 정교하고 체계적이진 않다. 그러나 다른 영업전략들의 각기 다른 방법을 이해하는 일은 중요하다.

고객들의 만족이 갑자기 증가하는 것 또한 경계해야 하는 것 중 하나다. 〈월스트리트저널〉에 게재한 몇 번의 광고가 그러한 조사 순위를 끌어올릴 수도 있기 때문이다. 이러한 외형적인 순위가 자동차, 휴대전화기, 컴퓨터의 판매에 영향을 줄 수 있을지는 몰라도, 그런 순위는 상품과 서비스의 질에만 집중하고 전체적인 기업 이미지에 대해서는 크게 집중하지 않는다.

· 기업들은 해리스 인터랙티브의 이미지 지수 또는 〈포천〉의 사랑을 많이 받는 기업 등의 순위를 좀더 자랑스럽게 생각한다. 이러한 순위는 방법론적으로도 합리적이고, 기업의 전체 이미지를 좀더 완벽하게 평가하기 때문이다. 중요한 다른 연간평가들로는 고위 임원들을 대상으로 기업에 대한 친숙도와 호감도를 조사한 '브랜드 파워 순위', 800여 개 회사의 투자 잠재

력과 관리수준을 반영한 기업 이미지에 대한 구독자들의 생각을 담은 '월스트리트의 조사' 등이 있다.

그러나 아무리 훌륭한 조사라도 한계는 있다. 기업은 일반적인 하나의 틀에 짜인 조사보다 더 많은 것들을 필요로 한다. 그러므로 기업은 내부 시장조사팀, 독립적인 조사회사를 통해 각 기업의 상황에 적합하게 구조화된 정기적인 조사가 필요하다. 로퍼 ASW의 부사장 길피더는 "기업에 대해 평가할 때 긍정적이거나 부정적인 감정이 얼마나 강한지 알기 위해 나는 기업의 호의적인 정도에 대한 비정형적인 질문을 한다"라고 말한다.

그러한 맞춤 조사는 자신의 기업과 관련된 요소를 찾아내고 경쟁사에 대한 정보를 알 수 있기 때문에 유용하다. 소란하고 복잡한 통신시장의 특성을 갖고 있는 AT&T는 지속적인 자체 이미지 평가로 바꾸고 대중, 투자자, 주주, 사회운동가들의 생각을 격월 단위로 살피고 있다. 더불어, 분기보고서는 고객 경험과 의견에 대한 피드백을 보여주고 있다. 많은 자료와 정보를 갖추고 있을수록 고객의 반감을 줄일 수 있다.

AT&T의 국제 브랜드 홍보담당자 로버트 애트킨스는 "공개적으로 발표된 순위는 자랑거리가 될지언정 기업 브랜드를 관리하는 데에는 아무런 도움도 되지 못한다. 우리의 이슈를 잘 파악할 수 있는 우리만의 조사가 필요하다. 우리는 언제나 현장에서 조사를 하고 있다. 위기에 처했을 때 단순한 손실대책보다, 지금 계속 되고 있는 이미지 추적이 이미지 관리의 성공을 모니터하기 위해 꼭 필요하다"라고 말한다.

기업은 이러한 조사 자료를 인구 통계적 그룹과 다른 특성으로 나눌 필요가 있다. 어떤 기업에겐 투자자들의 의견이 중요하지만, 반면에 또 다른 기업에는 구매하지 않는 고객들의 의견이 더 중요할 수 있다. 예컨대 알트리아 그룹은 기업 브랜드 조사를 통해 고객의 태도를 살필 수 있도록 한 단계 개선했다. 일반 대중을 자주 조사했지만, 여성 의견 선도자가 평가한 기업 이미지에 대해서도 많은 관심을 보였다. 담배와 식품 기업은 담배 세금 증가와 공공장소에서의 금연법 등과 같은 공공정책의 이슈가 두드러지는 지역에 대해 대부분의 조사를 집중했다.

일부 기업은 성과의 평가와 보상의 한 요소로 기업 이미지를 만들고 있으며, 그러한 자신들의 정교한 이미지 평가 시스템에 대해 많은 자부심을 가지고 있다. 이것은 고위 임원들이 기업 이미지와 자신들의 이미지를 동일시하는 것과 무형적인 자산 속에서 매우 유형적인 자산을 주는 것과 같은 과감한 움직임이다. 호주연방은행은 기업 이미지를 재무적 결과 및 다른 기준과 함께 CEO의 성적표에 넣었다. 암웨이의 모회사인 알티코는 기업 이미지를 관리 성적, 보상과 함께 묶었다. 알티코의 홍보담당 부사장 마크 베인은 "기업 이미지가 부서의 한 부분이거나 연간 시장 계획의 한 부분으로 임원의 전체 보상의 한 부분이 된다면, 분명히 집중과 관심을 받을 것이다"라고 말한다.

누가 무엇을 평가하고 있나

해리스 인터랙티브의 연간 이미지 평가에서 1위를 한 존슨&존슨이 왜 〈포천〉이 선정한 미국에서 가장 존경받는 기업 순위에서 6위를 차지했고, 코어브랜드의 브랜드 파워 순위에서는 3위를 했는지 궁금하지 않을 수 없다. 이는 기업의 속성에 대해 누가 이러한 조사에 응답하는지에 관한 궁금증이기도 하다.

아래는 가장 잘 알려진 기업 이미지 연구 중 세 가지 사례다. 이들 세 개의 연구 기업이 어떻게 순위가 결정되는지를 보여주는 일반적인 기준이며, 좀더 깊이 있게 맞춰진 조사를 시작할 수 있다는 점에서 가치가 있다.

대중의 의견에 대한 해리스 폴과, 뉴욕의 조사회사인 해리스 인터랙티브가 개발한 이미지 지수(Reputation Quotient, RQ)가 가장 널리 인용되는 순위 중 하나다. RQ는 미국 사람들의 감성과 다양한 투자자들의 의견을 가장 잘 담고 있기 때문이다. 많은 순위들이 경연진이나 투자분석가들의 의견을 담

누가 일등?

가장 우수한 기업 이미지 순위는 조사응답자와 조사방법에 달려 있다. 세 가지의 이미지 순위의 톱10 리스트는 아래와 같다.

■이미지 지수

2만 2,500명의 대중에게 실시된 해리스 인터랙티브와 이미지 협회의 순위

1. 존슨 & 존슨
2. 할리데이비슨
3. 코카콜라
4. UPS
5. 제너럴 밀스

6. 메이태그(Maytag)
7. 이스트먼 코닥
8. 홈 디포(Home Pepat)
9. 델(Dell)
10. 3M

■미국에서 가장 존경받는 기업들

1만 명의 경영진, 디렉터, 증권분석가에게 실시된 〈포천〉지의 조사 순위

1. 월 마트
2. 사우스웨스트 항공
3. 버크셔 해더웨이
4. 델
5. GE

6. 존슨 & 존슨
7. 마이크로소프트
8. 페덱스
9. 스타벅스
10. P&G

■브랜드 파워

1,000명의 대기업 고위임원에게 실시한 코어브랜드의 조사 순위

1. 코카콜라
2. UPS
3. 존슨 & 존슨
4. 마이크로소프트
5. 월트 디즈니(Walt Disney)

6. 캠벨수프(Cambell Soup)
7. 페덱스
8. 펩시(Pepico)
9. 할리데이비슨
10. GE

고 있는데, 해리스 인터랙터브는 좀더 넓은 시야로 2만 명 넘는 일반 대중들을 상대로 조사한다. 즉 설문조사 결과를 투자자, 고객, 사원 등의 여러 카테고리로 나눈다. 응답자들은 감정적 소구, 상품과 서비스, 재무 상황, 사회적 책임, 업무 환경, 비전, 리더십 등 여섯 개 항목 스무 개 요소에 맞추어 선정된 60개의 '가장 두드러지는 기업'에 대해 평가한다. RQ의 결과는 매년 〈월스트리트저널〉에 발표된다.

〈포천〉지가 발표한 가장 존경받는 기업

미국에서 가장 존경받는 기업에 관한 〈포천〉지의 연간 보고서는 1만 명의 경영진과 디렉터, 증권분석가들을 상대로 인력 컨설팅 회사인 헤이 그룹(Hay Group)이 실시한다. 전체 10위 리스트는 응답자가 미리 선정된 기업 중에서 제일 좋아하는 기업 열 개를 뽑는 것으로 정해진다. 미리 선정된 기업은 사회적 책임, 혁신, 장기 투자가치, 기업자산 사용도, 사원 능력, 재정 양호도, 상품과 서비스 품질, 관리의 질 등 여덟 가지 기준에 따라 선정된다.

브랜드 파워

컨설팅 회사인 코어브랜드는 대기업의 고위 임원을 상대로 가장 강한 기업 이미지에 대한 의견에 집중한다. 그들의 브랜드 파워 순위는 기업 이미지, 관리의 질, 투자 가능성에 대한 친근감과 호감에 바탕을 두고 있다. 특히 코어브랜드는 기업 이미지 평가에서 한 걸음 더 나아간 브랜드 자산 평가방법도 개발했다. 기업 브랜드에 가치를 두고 기업의 시장 전체에 대한 금액화 정도에 대한 비율을 계산한다. 브랜드 파워와 브랜드 자산 순위는 많이 다르다. 마이크로소프트, GE, 월 마트는 자산평가에서 우위를 차지했고, 코카콜라, UPS, 존슨&존슨은 기업 이미지 순위에서 상위권을 차지했다.

이미지 평가의 후발주자들

흥미로운 후발주자들이 기업 이미지 평가업계에 들어왔다. 레이팅 리서치(Rating Research)라는 회사가 신용평가업계의 스코어링 시스템을 응용했다. 레이팅 리서치의 설립자들은 무디스(Moody's)의 임원이었거나, 핵심임원 중 두 사람은 과거에 무디스에서 근무한 적이 있었다.

레이팅 리서치는 무디스처럼 산업계 전반에 걸쳐 각 기업의 가치를 AAA부터 C까지 점수매겼다. 2003년에는 에너지, 은행, 백화점 및 할인점, 제약업계 기업들에도 점수를 매겼다.

존슨&존슨, 머크(Merck)와 파이저(Pfizer)는 제약업계의 AAA를, 포레스트 래보래토리스(Forest Laboratories)는 BB를 받았다. 은행업계 중에는 피프트서드 뱅코프(Fifth Third Bancorp)와 노든 트러스트(Northern Trust)가 AA로 선두에 올랐고, 나머지 여섯 개 회사들이 가장 낮은 BB를 기록했다. 백화점 및 할인점업계는 월 마트가 AA를, K마트가 CCC를 받았다. 에너지 사업에서는 듀크 에너지(Duke Energy)와 서든 컴퍼니(Southern Company)가 AA를 받았고 PG&E가 CCC를 받았다.

레이팅 리서치의 수석조사 임원 제프리 레스니크는 "신용 평가는 기업이 빚을 갚을 수 있는 능력에 대한 장기적인 평가이며, 기업 이미지 평가 순위도 거의 똑같다. 극소수의 기업들만이 논쟁 없이 지내며, 질문은 충분한 기업 이미지 힘을 길렀느냐, 아니냐이다"라고 설명했다. 레이팅 리서치는 고위 임원과 금융 분석가들에게 특정한 산업의 이슈에 추가적인 요소를 보충하고 스물네 개의 기준에 따라 순위를 매기도록 했다. 레이팅 리서치는 그들이 기업 이미지 문제에 대해 가장 많이 알고 있다고 생각하지만, 다른 평가와 달리 두 개의 주요 지지층인 고객과 직원을 제외한다.

미국 경제에 큰 악영향을 미친 엔론 사태 이후의 환경을 평가하면서, 레이팅 리서치는 정확한 조사를 통해 회사의 윤리적인 부분까지도 평가하는 등 외연을 넓혀갔다. 회사의 윤리 점수도 E1부터 E5까지 평가한다.

무디스의 기업 평가 방식

아래는 고위임원들과 금융분석가들에 대한 조사를 바탕으로 한 레이팅 리서치의 제약회사 순위다.

AAA
- 존슨& 존슨
- 머크
- 파이저

AA
- 암젠
- 엘리 릴리
- 글락소스미스클라인

A
- 아스트라 제네카
- 아벤티스
- 바이어
- 제네테크
- 노바티스

BBB
- 애보트 랩
- 알콘
- 알레건
- 브리스톨 마이어스 스큅
- 로슈
- 셰링플러프
- 와이스

BB
- 포러스트 랩

다우 존스 산업지수 30개 기업의 기업 이미지
NFO 월드그룹이 30개의 다우 존스 평균 기업의 기업 이미지에 대해 3개 범주로 나누어 조사를 실시했다.

튼튼함
코카콜라, 존슨& 존슨, 월트 디즈니, 인텔, 마이크로소프트, P&G, GE, 뒤퐁, 홈 디포, 유나이티드 테크놀로지, 월 마트, 이스트먼 코닥

약함
3M, 휴렛팩커드, IBM, 맥도널드, 인터내셔널 페이퍼, 머크, 보잉, 하니웰, 캐터필러, GM, 시티그룹, 아메리칸 익스프레스, AT&T, JP. 모건 체이스, 엑슨 모빌, 알코아

위험함
SBC 커뮤니케이션, 알트리아 그룹(필립 모리스)

기업 이미지 평가의 또 다른 접근은 NFO월드그룹(NFO WorldGroup)의 CORE(Corporate Opinion, Reputation and Equity) 지수다. 이 기업 이미지 측정 시스템은 순위를 매기지 않으며, 2,250명의 개인 투자자의 응답을 바탕으로 탄력성(resilient), 튼튼함(strong), 약함(weak), 위험함(at risk)의 네 가지 카테고리로 나눈다.

2002년에는 탄력적인 기업이 하나도 없었고, 열두 개는 튼튼함, 열여섯 개는 약함, 두 개는 위험함으로 평가되었다. 스무 개가 넘는 기준에 따라 점수를 매겼고, 고객만족도, 정당하고 윤리적인 기업 활동, 상품과 서비스의 품질, 믿음과 자신감 등처럼 가장 중요한 특성들이 뚜렷이 나타났다.

언론의 힘

많은 사람이 〈월스트리트저널〉, 〈비즈니스 위크(Business Week)〉, 〈CHBC〉, 또는 다른 미디어들을 통해 기업에 대한 정보를 얻는다. 기업에 대해 직접적인 관련이나 영향 또는 경험이 없기 때문이다. 그러므로 뉴스 미디어는 기업 이미지에 많은 영향을 미친다. 그래서 많은 기업은 기업 이미지에 뉴스 미디어가 미치는 영향력을 측정하고 있다. 〈월스트리트저널〉이나 〈뉴욕 타임스(The New York Times)〉의 1면에서 혹평을 받는 것은 기업 이미지를 훼손하기에 충분하다. 기업의 이름이 미디어에 얼마나 자주 등장하는지 점검하는 특별 서비스가 있고, 일부 기업들은 보도내용과 범위에 대해 정교하고 세밀한 분석을 한다.

예를 들면, 델라헤이 미디어링크 월드와이드(Delahaye Medialink World-wide)와 이미지 협회는 35만 개가 넘는 뉴스와 인쇄물의 분석에 바탕을 두고 미디어 이미지 지수를 만든다. 즉 기사에 긍정적·부정적인 이미지를 전달하는 요소가 몇 개인지를 토대로 점수를 매긴다. 그리고 기사의 두드러짐, 기업을 언급하는 정도, 이미지, 발행 부수나 방송 시청자들의 크기,

그리고 가장 중요한 뉴스 보도의 경향 등을 살핀다. 그 지수를 통해 2002년에는 마이크로소프트, 월 마트, 월트 디즈니, GM, IBM 등이 기업 이미지를 개선하는 활발한 미디어활동을 보인 것으로 밝혀졌다.

이미지 협회의 설립자인 찰스 폼브런은 "기업이 어떻게 미디어에 노출되고 있는지를 모니터링하는 일은 매우 중요하다. 왜냐하면 기업의 미디어 노출 정도가 사람들이 기업에 대해 어떻게 인식하는지를 좌우하고 결과적으로 기업 이미지에 영향을 주기 때문이다"라고 말했다. 이렇게 조사된 미디어자료는 기업의 홍보 캠페인과 다른 브랜드 전략에 응용할 수도 있다.

국제적 이해력

다국적기업의 이미지 평가는 국제적인 업무다. 문화적 차이는 나라마다 다른 기업 이미지를 요구한다. 한 나라에서 중요한 사항이 다른 나라에서는 그리 중요한 사항이 아닐 수도 있다.

오피니언 리서치(Opinion Reserch Coropration)의 제임스 핑크는 "투자자들의 성향을 평가하는 것은 어디서나 거의 비슷하다. 리더십, 고객에 대한 배려, 튼튼한 관리, 건실한 재정상태 등이다. 그러나 지지자들은 다르다. 특히 독일과 프랑스에서는 영국·미국·캐나다에서 직원들을 어떻게 대우하는지가 더욱 중요하게 작용했다"라고 말했다.

암웨이는 아시아와 다른 지역으로 넓혀가면서 동일한 정량평가 방법을 이용했지만 일부 질문은 수정했다. 40여 개 항목에 대해 20개 나라의 일반대중을 상대로 조사했다. 일부 나라에서 암웨이는 정부규제와 방문판매에 대한 오해에 직면해 있다. 많은 사람이 아직도 피라미드식 판매와 암웨이를 연관지어 생각하기 때문에 암웨이는 전세계적인 기업 이미지 조사가 필요했다. 암웨이의 모회사인 알티코의 마크 베인은 "잘못 인식돼 있는 산업에서 국제적인 기업으로 인정받기 위해 많은 노력과 발전을 하고 있다. 규제, 법적 제제, 언론의 비난 등과 같은 어려운 점들은 단기간에 없어지지 않을 것이다"라고 말한다.

IBM은 빠르게 움직이는 국제적인 기술의 특성 때문에 기업 이미지 측정 방법에 대한 매우 높은 이해를 필요로 한다. 매년 1만 2,000명의 북미, 일본, 주요 유럽 국가들의 정보 시스템 분야의 관리자부터 사업가에 이르기까지 전화 인터뷰를 실시한다. 임원들은 12개가 넘는 항목에 대한 분기보고서를 받고, IBM과 경쟁사들의 재무상황, 광고, 홍보 캠페인에 대해 배운다.

AT&T도 문화적 차이를 잘 파악하고, 각 나라에 맞게 광고와 마케팅을 차별화해 실시한다. 칠레에서의 AT&T 기업 브랜드 연구결과에 따르면, 칠레 사람들은 역동적이고 모험적인 기업을 가치 있게 생각하는 것으로 나타났다. 그 결과 '우리는 무한한 변화를 만든다'가 그 지역의 광고 슬로건이 됐다. 반면에 대만에서는 이익을 주는 상품과 서비스를 제공하는 기업을 좋게 평가했다. 따라서 '작은 차이를 느껴보세요'라는 카피가 대만에 적절했다. 멕시코 소비자들은 고객에 대한 이해를 나타내는 기업을 높이 평가하는 것으로 나타났다. AT&T의 국제 브랜드 조사담당자 로버트 애트킨스는 "그들의 욕구를 충족시키기 위해 우리는 멕시코에서 노드스트롬(Nordstrom)과 리츠 칼튼(Ritz-Carlton)의 전략과 같은 고객 서비스 경험을 하고 있다"라고 말한다.

위대한 기업들의 브랜드 구축 법칙 3

여러 타깃을 겨냥한 공략

 캘빈 클라인의 실험적 마케팅이 실패한 이유

"나와 캘빈 제품 사이에는 아무것도 없다." 20여 년 전 캘빈 클라인(Calvin klein)의 청바지 광고에서 배우 브룩 실즈가 이렇게 속삭였다. 그리고 캘빈 클라인의 기업 이미지는 상식을 뒤엎는 성적인 광고 이미지로 형성되었다. 이 기업의 후속 광고들은 누드, 그룹 섹스, 그리고 거식증 환자나 마약 중독자처럼 보이는 모델을 중심으로 제작되었다. 모든 사람은 캘빈 클라인이 다음엔 뭘 할 것인지 궁금했다.

이러한 외설적 기업 이미지는 도매·소매상들을 포함한 주요 투자자들에게 놀랄 만할 정도로 잘 활용되었다. 캘빈 클라인의 이름이 붙은 상품을 판매하는 소매상과 제조자 들은 캘빈 클라인의 향수, 속옷, 청바지에서 많은 수익을 얻었다. 그리고 자극적인 마케팅 캠페인들은 캘빈 클라인의 주요 고객층인 최신 유행에 민감한 젊은 고객에게 적합했다. 영리한 마케터

캘빈 클라인은 기업의 가장 중요한 고객층을 대상으로 긍정적 기업 이미지 형성에 신경 썼다. 성적인 광고 때문에 불쾌감을 갖는 높은 연령층의 고객에 대해서는 무관심했다. 그들은 어차피 캘빈 클라인의 타깃이 아니기 때문이다. 캘빈 클라인은 개인 기업이기 때문에 월스트리트의 투자 회사에 대해 걱정할 필요도 없었다.

캘빈 클라인은 성공적인 마케팅 캠페인의 한계를 시험해 가며 고객들과 뛰어난 균형을 이루어냈다. 이 균형을 만드는 것은 기업 이미지 관리에 매우 중요하다. 기업이 항상 모든 사람을 만족시킬 수는 없다. 따라서 누가 제일 주요한 투자자인지를 알고 그들에게 집중해야 한다.

그러나 가끔 일이 생각처럼 진행되지 않을 때도 있다. 1995년 캘빈 클라인은 결국 실수를 저질렀다. 주요 투자자들뿐만 아니라, 미국 대중에게 기업 이미지가 크게 훼손되고 말았다. 캘빈 클라인의 가장 큰 실수는 아동 포르노에 가까운 청바지 광고였는데, 이 광고는 큰 소란을 불러일으켰다. 심지어 당시 빌 클린턴 대통령도 외설적인 광고를 비난했다. 미국 법무부는 모델들이 미성년자였는지 조사했지만 연방아동 포르노 법규를 위반하지는 않았다고 결론 내렸다.

논란이 됐던 이 캠페인은 언론에 집중 보도되면서 오직 십대 고객에게만 호응을 얻어 폭발적인 청바지 매출을 기록했다. 어쩌면 이 모든 상황은 캘빈 클라인이 원했던 것인지도 모른다. 그러나 일부 매장에서 이 광고를 받아들이기 부담스러워한다는 것은 미처 예상하지 못한 반응이었다. 타깃(Target)은 이 광고에 반발해 캘빈 클라인 광고와 관련된 제품을 자신들의 매장에 들여놓지 않았다. 어떤 백화점 운영자는 캘빈 클라인의 광고를 '너무 지나친 충격'이라고 평했다.

캘빈 클라인의 광고는 분명 도를 지나쳤다. 비록 젊은 고객들로부터 항의는 없었지만, 법무부의 조사를 받는다는 것은 결코 좋은 결과가 아니다. 가장 놀라운 사실은 캘빈 클라인이 아직도 그 교훈을 깨닫지 못하고 있다는 것이다. 아동 포르노 광고 사건 직후, 캘빈 클라인은 건장한 젊은 남자가 다리를 넓게 벌리고 있는 광고로 자신의 속옷 판매대행업자인 와나코를 화나게 했다. 와나코는 "광고는 속옷을 팔기 위함이지, 문제를 일으키기 위함이 아니다"라며 화를 냈다. 그 다음은 아동 속옷을 만들었는데, 그 광고에서 남녀 아이들이 속옷만 입은 채 소파 위에서 깡충깡충 뛰는 모습을 담았다. 이 광고는 "소아성애병자들의 흥미를 끌기 위함이다"는 비판을 받았다. 심지어 뉴욕 시장인 루돌프 줄리아니마저 캘빈 클라인은 '질 나쁜 취향'을 갖고 있다고 비난했다. 캘빈 클라인은 이런 소란에 놀란 척하며 모든 광고를 스크랩했다. 그러나 그의 브랜드는 단지 청바지와 속옷을 팔기 위해 사회규범을 넘어섰다는 오명을 남겼다.

최근 캘빈 클라인의 광고들은 미국 내 보수적인 성향을 받아들여 얌전해졌다. 예전의 독특함은 사라졌다. 캘빈 클라인은 향수 광고를 통해 지나치게 상냥한 말투로 "지금 세상에서 가장 필요한 것은 사랑이다"라고 주장했다. 결국 그의 도전적이고 모험적인 기업 이미지 관리는 실패로 끝났다.

미묘한 균형 유지의 어려움

주주, 고객, 직원 등 기업의 많은 지지자는 기업 이미지를 관리하는 데에 어려운 문제를 던진다. 이해관계자들은 아주 다른, 어쩌면 매우 상반된 관심을 갖고 있을 수 있다. 균형을 유지하는 비결은 전체적으로 긍정적인 기업 이미지를 제공하는 것이다.

첫째, 누가 기업의 이해관계자인지 정확히 파악하고, 서로 다른 시기에 서로 다른 방법으로 그들에게 대응하는 것이 중요하다. 다임러 크라이슬러는 전통적으로 자동차 구매자에게 집중했었지만, 2001년에 개별적인 자동차 브랜드를 광고하는 대신 투자자들과 재무 분석가들을 목표로 한 9,000

만 달러짜리 기업 이미지 캠페인을 집행했다. 새로운 경영전략을 전달하고 구조조정을 지지하기 위해 기업 이미지 광고가 필요했던 것이다.

이해관계자들은 전형적인 절충적 성격을 특징으로 한다. 물론 직원, 고객, 투자자들이 가장 두드러진다. 그러나 시민운동가, 공무원, 가맹업주, 판매대행자, 제조업자와 언론도 간과해서는 안 된다. 퇴직자들에게 기업에 대한 좋은 감정을 심어주는 것 또한 유용한 일이다. 그들이야말로 기업 이미지에 부정적인 영향을 줄 수 있는 사람들이다.

P&G 동창들은 몇 년째 기업의 후원이나 관여 없이 시카고에서 친목회를 하고 있었다. 그러나 2003년에 마침내 P&G는 동창회를 주최하고 신시내티에 자리한 기업 소유의 경마장으로 전직 직원들을 초대했다. GE, 3M, 마이크로소프트 등과 같은 세계적인 기업에서 높은 직위에 근무했던 직원들과의 관계를 개선하는 것은 훌륭한 선택이었고, 이는 P&G의 기업 이미지에 확실한 영향을 줄 수 있다. P&G는 이런 전직 직원 네트워크에 대해 우수한 실력의 사람들을 고용할 수 있도록 돕는 잠재적인 기회라고 생각한다. 소비자 상품 마케터는 이베이(eBay)의 CEO 맥 위트먼과, GE의 CEO 제프리 이멜트 등 몇몇 유명 전직 직원에게 구인광고 출연 의향을 물었다. P&G는 또한 더 중요한 이해관계자층인 소매업자들과 친분을 유지하려고 한다. 오늘날 기업과 소매업자들의 관계는 복잡하다. 기업과 소매업자들은 동업자인 동시에 경쟁자다. 왜냐하면 많은 매장에서 P&G의 타이드(Tide)와 팸퍼스(Pampers)와 경쟁 관계에 놓인 자체적인 세제와 기저귀를 판매하고 있기 때문이다. P&G는 매장 관리자들과 매대 위치와 할인가격에 대해 매일 옥신각신하기보다 소매업자들과의 협력관계를 더욱 공고히하길 원한다. 소비자들의 쇼핑을 쉽게 하고 P&G와 소매업자들의 매출을 신장하는 데 더 많은 시간을 할애한다. 예컨대 각종 샴푸 브랜드로 넘쳐났던 서른 개가 넘는 소매상들의 샴푸 코너를 단순하게 정리했고 결과적으로 샴푸 판매를 10%에서 44%으로 올렸다. 이러한 결과는 기업 이미지를 제고시킨다. 그러나 기업이 모든 사람을 항상 만족시킬 수 없다는 사실을 자각해야 한

다. 누가 당신을 좋아하고 덜 좋아하는지를 알아야 한다. 에너지 같은 일부 산업들은 소비자의 사랑을 받기 힘든 까닭에 기업 이미지 제고를 위해 투자자, 직원, 공무원들에게 집중하는 것이 당연하다. 기업 이미지를 연구한 핼런 텔러는 "소비자들에게 에너지 산업은 항상 그들의 환경과 호주머니에서 돈을 강탈해 가는 강도로 인식된다. 그러나 실적이 좋은 에너지 기업은 투자자와 좋은 관계를 맺고 있다"고 말한다.

사람들 관계처럼, 기업과 이해관계자 사이의 연계는 복잡하게 얽혀 있다. 이해관계자들은 그들만의 이익과 논의가 있다. 한 그룹과 긍정적인 기업 이미지를 형성함으로써 다른 그룹과는 소원해질 수 있다. 만약 어떤 기업이, 주식분석가와 투자자들이 그 기업의 재정적 성과를 좋게 평가하도록 만들기 위해 철저하게 비용을 줄인다면, 비용감소 때문에 고생한 직원들에게는 기업 이미지가 낮아질 것이 분명하다. 그렇기 때문에 바로 미묘한 균형 유지가 필요한 것이다. 이때 위험한 것은 반대되는 메시지들을 다른 이해관계층에 보내는 것이다. 예를 들어, 건강관리기관은 상반되는 약속을 많이 한다. 그들은 의사에게 독립을 약속하는가 하면, 기업에는 의료비용이 통제된다고 하고, 환자들에게는 가장 저렴한 비용으로 가장 좋은 치료를 받을 수 있게 해주겠다고 했다. 곧 이들 세 이해관계자들은 속았다고 느꼈고, 건강관리기관의 기업 이미지는 추락했다.

최근 애트나(Aetna)는 다른 건강보험회사들과 달리 부당하게 배상이 많이 깎였고 처방결정을 방해했다고 불만을 갖는 대부분의 의사와 휴전을 선언했다. 애트나는 70만 명의 의사와 연루된 이 법정소송에서 '건강관리에 관한 새로운 협력시대'를 알렸다.

하나의 이해관계자층에 대해 기업 이미지를 잘 관리하는 것은 다른 이해관계자층으로부터의 어마어마한 수익창출을 가능하게 한다. 애트나의 경우, 의사와의 돈독한 관계로 인해 다른 중요한 이해관계층인 기업 고객에게 애트나의 기업 이미지가 강화되었다. 지금 그들은 통상적으로 직원들을 불행하게 만드는 의사와 보험사 간의 원한에 얽힌 관계를 피하기 위해 애

기업의 이해 관계자들

기업은 그들이 생각하는 것보다 더 많은 이해 관계자들을 갖고 있다. 아래에 명시된 이해관계자층들이 모든 기업에 적용되지는 않겠지만, 기업 이미지 관리 과정이 얼마나 복잡할 수 있는지를 보여준다. 기업들은 영향을 주고받는 무수한 이해 관계자들과 함께 기업 이미지를 관리해야만 한다.

- 일반 대중
- 고객
- 직원
- 잠재적인 직원
- 퇴직자
- 다른 이직 직원
- 소매상
- 도매업자
- 원료 공급자
- 가맹점
- 판매대행업자
- 주주
- 투자자
- 재무분석가
- 정부관료
- 규제단속기관
- 동종경쟁사
- 언론
- 사회 · 환경운동가

트나를 선정하려는 경향을 보인다.

또한 위기상황에서 우호적인 이해관계자들과의 관계는 기업 이미지를 보호할 수 있다. 페덱스는 정확한 시간에 배달되는 우편주문 서비스 때문에 윌리엄스 소노마(Williams-Sonoma)와 좋은 관계를 유지하고 있었다. 이 때문에 윌리엄스 소노마는 페덱스가 비행조종사들의 파업으로 곤경에 처했을 때, 기꺼이 도와주었다. 언론과의 인터뷰에서 윌리엄스 소노마의 경영진들은 파업을 잘 해결할 수 있는 페덱스의 능력에 대해 강한 자신감을 보였다. 이는 투자자와 다른 고객들이 비행조종사의 파업 사태 중에도 페덱스에 대한 지속적인 신뢰감을 유지할 수 있도록 도와주었다.

반면 코카콜라는 일부 직원이 패스트푸드업계로부터 더 많은 수익을 얻기 위해 마케팅 테스트 결과를 조작했음을 인정했는데, 그 결과 주요 고객인 버거킹(Burger King)과의 관계를 악화시켰다. 코카콜라 직원들은 사설기관에 의뢰해 아이들을 모은 후 버거킹 매장에서 테스트 중이던 냉장 콜라의 슬러시 음료 주문을 늘림으로써 코카콜라의 슬러시 제품이 버거킹의 정식 메뉴로 선택되도록 한 것이다.

코카콜라 경영진들은 그들이 잘못했음을 인정하고 사과의 뜻으로 버거킹에 수억 달러의 돈을 배상했다. 그러나 버거킹 경영진은 아직도 공개적으로 코카콜라를 비난하고 있다. 버거킹의 CEO 브래드 블럼은 "우리는 우리의 모든 거래관계자들에게 최고 수준의 품행과 청렴을 기대한다. 그리고 이러한 기준치에서 조금이라도 벗어나는 행위는 절대 허용하지 않을 것이다"라고 단언했다. 코카콜라는 중요한 이해관계자를 화나게 했을 뿐만 아니라, 미국 매출의 3분의 1을 책임지는 다른 단골 고객들과의 관계도 위험에 빠뜨렸다.

우선순위를 정확하게 파악

기업은 중요도 순으로 이해관계자들의 우선순위를 정해야 한다. 가장 중요한 이해관계자를 맨 위에 두고, 그 외의 이해관계자들을 아래로 놓는다. 이 피라미드식 우선순위는 기업과 산업마다 차이가 있으며, 다국적기업은 각 나라마다 가장 중요한 이해관계자가 각기 다를 것이다.

1990년대 분기 수익 성장세와 끊임없이 오르는 주식가격에 기업과 주식 분석가와 투자자들이 집착하는 동안, 이해관계자의 우선순위는 계속 바뀌었다. 기업은 주주와 분석가들을 우위에 두었고 다른 지지자들을 무시했다. 비록 투자자가 대부분의 기업에 중요한 이해관계자라 해도, 모든 사업 영역의 토대가 되는 고객과 직원이 첫번째 우선순위에 위치해야만 한다.

더군다나 기업 이미지는 안에서부터 밖으로 만들어지기 때문에 직원들이야말로 가장 중요한 이해관계자다. 긍정적인 기업 이미지는 직원들에게 그 기업 이미지를 유지하고자 하는 동기와 자긍심을 갖도록 한다. 또한 이는 신입사원들의 강력한 유인 요소가 된다. 2002년 PR 대행사 버슨 마스텔러와 〈PR 위크〉지가 실시한 설문에서, 61%의 CEO가 직원과의 내부 커뮤니케이션을 늘리고 있다고 응답했다. 내부 커뮤니케이션 강화는 직원의 충성도와 기업 신뢰도 저하에 대한 대처방안이다.

고객으로부터 큰 사랑을 받는 기업은 지속적으로 고객을 최우선으로 둔다. 존슨&존슨은 아직도 1943년에 만든 '우리의 첫번째 의무는 의사, 간호사, 환자, 부모, 그리고 우리의 제품과 서비스를 이용하는 모든 사람을 위하는 것이다' 라는 신조를 따르고 있다. 그 다음으로 직원과 지역 사회며 마지막이 주주들이다.

물론 주요 고객과 그 외의 고객은 구분되어야 한다. 리바이스가 미국 보이스카우트의 반동성애 정책에 반발해 자선 지원금을 중단하자 보이스카우트로부터 10만 통이 넘는 항의 편지와 불매운동을 하겠다는 협박을 받았다. 평등권 수호의 긴 역사를 갖고 있는 리바이스는 뒤로 물러설 계획이 없었다. 그러나 사업에 대한 잠재적인 영향에 대해서는 신경 쓰지 않을 수 없었다. 이 일이 그들의 단골 고객들이 갖고 있는 리바이스의 이미지에 악영향을 주었을까?

리바이스는 항의 편지의 우편번호를 추적해 그들이 리바이스의 이미지에 영향을 줄 수 있는 이해관계자들이 아님을 밝혀냈다. 그들 대부분은 도시 상권이 아닌 정치적으로 보수적인 시골 지역에 살고 있었다. 항의한 사람들의 인구 분포 자료에 따르면, 대부분의 사람은 리바이스의 주요 고객층보다 나이가 많았으며 막노동자였다고 한다.

백발의 이해관계자들

퇴직자들에 대해서는 눈에서 보이지 않더라도 지속적으로 신경을 써야만 한다. 그들이 기업을 떠났을지라도 기업 이미지에 미치는 영향력은 여전히 강력하다. 그러나 불행하게도 많은 기업이 그들의 영향력을 과소평가한다.

자신들이 어떤 대접을 받고 있다는 느낌의 정도에 따라, 퇴직자들이 기업의 최고 친구로 남거나, 최악의 적이 될 수 있다는 점을 기업은 명심해야한다. 퇴직자들은 그들 스스로가 애정을 느끼고 있는 고용주의 이미지에 더욱 빛나게 해주거나, 반대로 싫어하는 기업의 이미지를 더럽힐 수도 있다. 요즘 퇴직자들은 노후 의료혜택과 연금 삭감을 특히 경계하며, 일부 퇴직자들은 델타 항공(Delta Air Line)과 베리즌 커뮤니케이션즈(Verizon Communications)와 같은 기업의 임원이 받는 많은 임금, 직원 특혜, 퇴직금 혜택 등을 바라고 있다. 수많은 퇴직자가 혜택 삭감에 대해 지나치게 걱정하자, 일부 기업은 그들을 안심시키기 위해 번거로움도 감수한다.

질레트(Gillette)의 경우, 매년 가을마다 퇴직자들을 불러모으고, CEO는 의료혜택 지원 양식들을 어떻게 쓰는지, 연금이 얼마나 안전한지에 대한 질문에 답하기 위해 많은 시간을 할애한다. 이런 기회를 통해, 질레트의 퇴직자들은 기업과 하나가 된 기분을 갖는다. 그들은 기업이 힘들 때 질레트에 영향을 줄 수 있는 법안에 관해 입법부 의원들에게 편지를 쓰거나, 질레트의 위기 상황을 돕는다. 홍보담당 부사장 에릭 크라우스는 "퇴직자들은 매우 중요한 이해관계자들이며 지속적인 대화를 해야 한다. 기업에서 중추적인 역할을 했던 사람들이 기업에 대해 부정적인 견해를 갖는 것을 원하지 않는다"라고 말했다. 어떤 퇴직자들은 그들의 지역봉사활동을 통해 사회에서 질레트의 소중함을 직접 보여준다. 사회봉사 프로그램의 일부로서 퇴직자들은 무료 급식소나 헌혈기관에서 자원봉사를 하고, 장애인들에게 글을 읽어주거나 교육 프로그램에 시간을 할애한다. 최근 질레트 퇴직자 모임은 보스턴 푸드 뱅크로부터 상을 받기도 했다.

파이저 역시 퇴직자들을 기업 이미지 관리의 주요 이해관계자로 여긴다. 제약기업들은 커뮤니케이션 프로그램과 지역 퇴직 모임을 통해 퇴직자들과의 긴밀한 관계를 유지한다. 리더십 커뮤니케이션 담당 임원 존 산토로는 "고령자도 투표할 수 있으며, 파이저의 중요한 정책에 영향을 줄 수 있다"라고 말했다. 오늘날 제약회사들의 비싼 약값 책정에 대한 고령자들의 적대감을 해소하기 위해 파이저는 자신이 찾을 수 있는 모든 고령의 친구들을 활용할 것이다.

규제와 기업 이미지

도박 산업은 미국에서 가장 부정적인 기업 이미지를 가지고 있는 산업 중 하나다. 그러나 하라 엔터테인먼트(Harrah Entertainment)는 경쟁사들과 다르게 운영돼 왔고, 요직의 공무원, 직원, 고객들 심지어 일반 대중에게까지 무척 긍정적인 기업 이미지를 심어주었다.

본질적으로 하라 엔터테인먼트는 어려운 길을 택했다. 그들은 긍정적인 사회공헌 활동을 부각시키고 합법적인 도박의 부정적 결과를 예방하기 위해 어떻게 노력하는지 보여주었다. 카지노 안에서는, 책임감 있는 도박에 대해 끊임없이 강조한다. 정부의 생활보조금이나 실업수당으로 도박에 참여할 수 없게 하고, 강박관념에 사로잡힌 도박꾼들을 위한 무료전화상담 번호를 널리 알리고, 도박중독자들의 출입을 금하고 있다. 또한 대학신문이나 만화 면에는 도박관련 광고를 싣지 않고, 아동의류, 장난감, 게임기에는 하라 엔터테인먼트의 로고 게재를 허락하지 않음으로써 젊은 사람들에게 도박을 장려하지 않는다.

하라 엔터테인먼트는 최근 모든 사람에게 하라의 기업 이미지를 제고하기 위해 책임감 있는 도박에 대한 TV 광고를 했다. 광고에서 회장인 필세르는, 술에 취했거나, 외롭거나 우울할 때, 내기를 자제하지 못할 때 등 사람들이 도박을 해서는 안 되는 때에 대해 말한다. 세르는 기업의 성실함이 고객과 직원들에게 호감을 주고 규제기관과 정치인들에게 기업 이미지를 더 좋게 한다고 생각한다. 게다가 책임감 있는 도박 프로그램이 하라 엔터테인먼트가 부흥하는 데 도움이 되었다고 생각한다.

하라 엔터테인먼트는 규제기관과 대중에게 기업 이미지를 제고하기 위해 지역 사회에 미치는 긍정적인 효과에 대해서도 알렸다. 루이지애나에서 그 주의 사람들을 직원으로 고용하고, 인쇄업이나 작은 농장에 일을 맡기는 등 어떻게 지역 경제를 도왔는지 보여주는 광고를 제작했다. 뉴올리언스 카지노의 1,000만 달러가 넘는 세금공제는 이 광고 캠페인 덕분이었다며 세르는 다음과 같이 말한다. "작은 기업의 사장과 직원들이 규제기관에게 우리에 대해 긍정적으로 얘기했다. 카지노 도박의 성장에서 가장 큰 위협은 사람들이 갖고 있는 부정적인 인식이다. 그러한 부정적인 이미지는 없어지기 힘들다."

지역 사회와 국제 사회

기업 이미지 제고를 위한 기업시민 정신의 중요성이 커짐에 따라 기업들은 일부 이해관계자에게 더 많이 신경을 쓴다. 많은 기업이 자신이 활동하고 있는 지역 사회와 상위의 국제 사회의 단체들을 무시하고 있었다는 사실을 알았다. 시민운동가들을 무시하는 것은 매우 위험한 일이다. 그들은 기업경영의 겉과 속을 파악하고 이따금 경영을 붕괴시키기 위해 인터넷과 내부 이메일 시스템을 사용하기도 한다. 그렇기 때문에 시민운동가들과 평화를 유지하는 것은 기업의 주요 관심사항이다.

오랫동안 환경적 · 영양학적인 문제들과 관련하여 공격을 받았던 패스트푸드 업계들도 드디어 시민운동단체들과의 관계를 어떻게 해야 하는지를 알아낸 듯하다. 예를 들면 식용으로 쓰일 가축의 복지에 관해 활동하는 단체와 동맹관계를 맺은 것이다. 맥도널드는 물품 공급자들에게 가축과 닭을 더 큰 축사에서 키우고 전기 자극의 사용을 줄임으로써 좀더 인도적으로 가축을 대하도록 설득했다. 이러한 패스트푸드 업계의 대응은, 가장 대립적인 단체 중 하나인 '동물을 사랑하는 사람들의 모임'까지 감동시켰다.

지역 수준에서 볼 때 많은 기업이 자기 공장이나 사무실이 있는 마을에 충분히 기여하고 있지 않다. 이는 기업의 명백한 실수다. 해리스 인터랙티브의 연구에 따르면, 기업의 사회책임에 대한 인식이 전체 기업 이미지에 상품과 서비스의 질만큼 중요하다고 한다.

로널드 서전트는 지역 이해관계자들의 중요성을 누구보다도 잘 이해한다. 2002년 초, 그가 스테이플스의 사장이 되었을 때, 고객과 직원들만 중요시하고 지역 사회 관계를 소홀히 했다는 것을 알았다. "논쟁이 되는 문제에 집중하고 그 문제를 위해 우리 스스로 헌신함으로써 지역 사회 이해관계자들과 좀더 적극적으로 활동할 필요가 있다"고 서전트는 말했다.

서전트는 청소년과 교육을 자선활동의 중심으로 정했다. 2002년 여름에는 스테이플스 교육재단을 설립해 특히 소외계층을 위한 직업교육과 교육

지역 사회를 이끄는 기업들

2002년 가을에 있었던 해리스 인터랙티브의 기업 이미지 연구에 따르면, 첫번째 리스트의 기업들은 지역 사회 공헌에 대한 가장 높은 점수를 받았다. 두번째 리스트는 2001~02년 사이에 가장 많이 개선된 사회공헌 점수를 얻은 기업들이다.

가장 우수한 기업들
1. UPS
2. 홈 디포
3. 월마트
4. 페덱스
5. 맥도널드

가장 호전된 기업들
1. 홈 디포
2. 시어스
3. 다임러 크라이슬러
4. 존슨 & 존슨
5. 제록스

프로그램을 지원했다. 이 단체는 미국청소년 클럽과 공동으로 방과 후와 주말에 안전하고 관리가 철저한 피난처를 아이들에게 제공했다. 이 두번째 캠페인은 서전트에게 더욱 의미 있는 일이었다. "나는 폭주족이 사는 곳 두 집 건너에서 자랐다. 그러다 청소년 클럽에 참여했다. 그 클럽은 나에게 좋은 기반을 제공했고 결국 나는 하버드 대학과 하버드 비즈니스 스쿨에 입학했다"라고 그는 말한다.

자신을 알아간다는 것

"P&G는 기업 인지도를 높여야 한다. 그들이 뭘 만들고 뭘 하는지 난 잘 모른다."
"그들은 나 같은 사람과는 상관이 없는 것 같다. 그들의 광고는 주부들을 위한 것 같다."
" '맞아, 이건 P&G야!' 라고 연상되는 제품이 하나도 없다."

이러한 일반 대중의 의견은 P&G가 기업 이미지에 신경을 써야 한다는 것을 분명히 보여준다. 많은 기업이 코카콜라나 나이키처럼 그 기업의 주요 브랜드와 같은 이름을 이용한다. 음료수나 운동화 같은 광고도 기업 이미지에 영향을 준다. 그러나 P&G 같은 기업은 브랜드가 잘 드러나지 않아 그들의 일부 이해관계자에게 강력한 기업 이미지를 형성하지 못했다.

소비자들은 P&G가 만드는 물건들이 우리 일상 생활의 많은 부분을 차지하고 있다는 것을 알고 놀란다. P&G는 자사 브랜드 제품에 대한 고객들의 만족도에서 기업 이미지가 받을 수 있는 효과를 놓치고 있다. 예를 들어, 바닥 먼지청소기인 스위퍼는 큰 성공을 거뒀지만, 대부분의 사람은 P&G가 본인들의 생활을 좀더 쉽게 해줬다는 사실을 모른다. 그래서 P&G는 고전적인 제품 브랜딩 전략을 기업 이미지에 적용하고 있다. 본질적으로 P&G의 이해관계자들이 P&G에 대해 더 잘게 되기를 원한다. 2001년 9ㆍ11 테러와 회계비리사건 이후, 이해관계자들이 자신들이 투자한 기업의 경영에 대해 훨씬 많이 알고 싶어 한다는 P&G 조사결과가 나왔다. 회장이며 CEO인 래플리는, 직원, 고객, 공급자 그리고 특정 시장과 소비자들에게 P&G 브랜드를 좀더 적극적으로 관리하고 투자하겠다면서, P&G가 금융 분석가들, 언론미디어, 시민 단체, 정부관료들과 더욱 돈독한 관계를 형성할 수 있는 계획도 있다고 말했다.

기업 브랜딩 프로젝트는 현재 진행 중이다. P&G는 '브랜드 대사' 프로그램을 개발해 1,000여 명의 '사내 전략 지도자'를 임명하여 기업 안팎의 이해 관계자들에게 기업 브랜드를 활성화하는 것을 돕도록 했다. 그리고 기업 이미지를 관찰하기 위해 기업 브랜드 자산 설문을 만들었다. 기업 브랜딩 프로젝트의 마케팅 팀장인 켈리 브라운은 "우리는 P&G 브랜드가 무엇을 의미하는지를 정확히 정의하려 한다. 이것은 매우 전통적인 브랜딩 문제다. 우리는 이 문제를 마치 신규사업을 하듯 우리가 우리 제품에 사용하는 것과 똑같은 브랜딩 접근방법을 사용하고 있다"고 말했다. 직원들은 브랜딩 프로젝트의 가장 중요한 구성 요소다. "기업 가치를 우리 직원들과 다시 확인하고 있다. 왜냐하면 P&G의 기업 이미지는 당신과 상호작용을 했던 P&G 직원들에 의해 형성되었기 때문이다"라고 들려주었다.

좀더 공격적으로 기업 브랜드를 알리는 동안 P&G는 기업에 귀신이 들렸다는 사탄 소문 등과 같은 몇몇 위험에 직면했다. 몇 십 년 동안 P&G는 그들의 로고인 달에 있는 남자와 별들이 악마숭배를 상징한다는 소문과 싸우고 있다. 순회설교자인 빌리 그래먼과 신시내티의 로마 가톨릭 대주교 등 종교계 지도자들의 의견과 함께 P&G는 기업 홈페이지에 이런 루머성 소문에 대해 공식적으로 부인했다. 이러한 소문을 영원히 없애기 위해, 기업은 기존 로고를 P&G의 이니셜만을 사용한 새 로고로 바꿨다. "일부 직원들은 달과 별이 없어진 로고에 대해 슬퍼했다. 그러나 그것은 불행한 재난이었다. 좋을 때와 나쁠 때를 다 겪었다. 이는 예측할 수 없는 화나는 일이다." 켈리 브라운은 단순한 디자인인 파란 로고에도 괴소문은 얼마든지 일어날 수 있다고 말했다.

국제적인 이해관계자

다국적기업은 여러 나라의 이해관계자들이 갖고 있는 기업 이미지를 관리해야 하므로 부가적 어려움이 있다. 다국적기업은 각 나라마다 어떤 고객층이 가장 폭넓으며 또 그들이 가장 중요하게 여기는 것이 무엇인지에 대해 이해해야 하며, 그리고 이를 제공해야 한다.

유럽인들은 미국인들보다 기업의 사회적 책임에 대해 더 많은 가치를 두고 있다. 기업은 가끔 해외에서 문제를 겪은 후에야 그들의 기업 이미지가 약하다는 사실을 깨닫는다. 유럽 시위원회에서 하니웰(Honeywell)의 수입을 금지했을 때, GE는 유럽 정부관료들에게 그들의 기업 이미지를 제고하고 기업 이미지 캠페인을 만들어야 한다는 점을 깨달았다.

P&G는 기업 브랜딩 프로그램을 개발하면서, 판에 박은 듯한 식의 접근은 효과가 없다는 것을 알았다. 그들의 모델은 지역별·나라별 차이를 고려해 설계된 '국제적인 설명서'다. 예를 들어 P&G는 중국의 이해관계자들이 제품보다 우선해 기업에 대해 알고 믿음을 갖는 것을 중요하게 여긴다는 사실을 깨달았다.

뒤퐁은 미국 밖의 이해관계자들에게는 부분적 특성이 더 중요하다는 것을 배웠다. 이 화학기업은 전통을 중요시 여기는 아시아권의 이해관계자, 특히 공무원들에게 200년이 넘는 역사를 홍보했다. 긴 역사를 보여주기 위해 뒤퐁 경영진들은 아시아권 관료들을 브랜디와인 강가에 자리한 기업의 첫번째 화약제조 공장인 헤글리 박물관으로 초대해 관광시켜주었다. 방문객들은 거대한 돌로 만든 물방아간과, 뒤퐁 가문의 최초 가옥과, 19세기의 기계들을 보았다. 유럽에서의 뒤퐁은 다른 나라의 이해관계자들보다 훨씬 완고한 동물 연구와 생물공학을 반대하는 시민운동가들에게 더 많이 신경 쓴다.

질레트는 각 나라마다 중요한 고객이 다르다는 점을 발견했다. 미국에서는 금융 분석가들이 중요한 이해관계자이지만, 외국에서는 소매업자들이 더 중요하다. 질레트는 국제적으로 사업을 한 지 100년이 넘어서, 프랑스나 독일 등에서는 미국 기업이라기보다는 그 지역 문화의 한 부분으로 간주되기 때문에 혜택이 있다고 생각한다. 특히 이라크 전쟁 후 반미감정이 팽배한 몇몇 나라에서는 더욱 유리하다.

서열의 변화

이해관계자에 대한 피라미드는 고정된 구성이 아니다. 어떤 이해관계자들이 어느 때에 기업에 가장 필요한가를 이해하는 것은 절대적이다. 지금 같은 변화의 속도에 맞춰, 기업은 가장 중요한 이해관계자가 누구인지 수시로 재평가해야 한다.

PSEG의 경우, 이해관계자 우선순위에서 투자자들을 규제기관과 고객들보다 위쪽으로 옮겼다. 100년 전 뉴저지의 공익설비 기업으로 세워진 PSEG는 최근 몇 년 동안 자율적이고 다양한 에너지 기업으로 변화했다. 비교적 예상 가능한 재무결과와 함께 근본적으로 규제를 받는 기업일 때에는 PSEG의 주식가격은 안정적이었다. 그러나 더 이상은 아니다. PSEG의 주요 사업들의 규제가 없어진 지금, 에너지 기업은 변덕스러운 주식가격에 적절히 대처하고 투자자들과 더욱 밀착해 기업 이미지를 잘 관리해야 한다.

요즘 PSEG는 국내외 에너지 사업 동향과 다양한 유통 시스템에 관한 '강력한 투자계획'을 〈월스트리트저널〉과 경영 잡지 등에 홍보하고 있다. 홍보 담당자인 폴 로젠그렌은 "우리는 보통 기업과 같다. 우리 기업이 어떤 기업인지 설명하는 것은 더 이상 간단하지 않다. 적절하게 등급이 매겨져 월스트리트에 좋은 기업 이미지를 형성하는 것은 정말 중요하다"라고 말했다. 캘리포니아 에너지 파동 사건 때, PSEG는 웨스트 코스트(West Coast)와 엮여 기업 이미지를 훼손당하고 싶지 않았다. 투자자들에게 많은 에너지 보유량과 더 다양한 연료가 혼재해 있는 뉴저지의 시장이 어떻게 다른지 설명하는 보고서를 보냈다.

우선순위는 바뀌었지만, PSEG는 주(州)공무원들을 무시하지 않는다. 그들은 계속 공시가격을 정하며 새로운 공장을 지을 수 있는 허가를 내준다. 그래서 PSEG는 '여론 선도자들'에게 다가갈 수 있도록 뉴저지 방송국과 지역 운동장에 광고를 한다. 로젠그렌은 "우리는 아직 입법자들에게 뉴저지 기업으로 보이기를 원한다. 만약에 입법부 임원이 골프 대회와 연관 있다면 우리가 그 골프 대회를 후원할 것이다"라고 말했다.

기업의 경영활동 변화도 이해관계자 우선순위가 바뀌는 이유 중 하나다. 재정적 문제가 심각할 때, 루슨트 테크놀로지(Lucent Technologies)는 직원과 고객들을 우선으로 여겼다. 인력을 10만 명이 넘는 규모에서 3만 5,000명으로 줄였고, 많은 직원이 혹시 자기가 다음 해고 상대는 아닐지, 미래에 기업은 어떻게 될지 등을 걱정했다. CEO인 패트리샤 루소는 정기적으로 사내 방송이나 인트라넷 이메일을 통해 직원들과 대화하며 기업은 이 시련에서 살아남을 것이라고 격려했다. 그녀는 "1달러씩 주식가격이 떨어지고 우리 업종에 관한 나쁜 뉴스가 들리면 집중하기가 어렵다. 그러나 기업과 직원을 향한 메시지는 안정과 회복이 되리라는 확증이 있기 전까지는 변하지 않을 것이다. 그리고 주식가격은 기업의 매출을 따라온다는 것을 잊지 않는 것이 중요하다"라는 메일을 직원들에게 보내기 시작했다.

유동성에 대한 소문이 떠돌 때, 루소와 다른 경영진들은 기업의 힘든 상황에 대해 금융상황과 경영전략에 관한 특별한 보고서를 준비해 주요 고객들에게 설명했다. 루슨트 테크놀로지는 주식분석가, 신용평가기관, 은행과도 친분을 유지했다. "가장 중요한 것은 이해관계자들에게 안정감을 제공하는 일이다. 우리는 그들의 가장 사랑스러운 사람이었다가 순식간에 미운 오리 처지가 되어버렸다. 너무도 많은 사람이 우리의 주식에서 잃은 돈 때문에 화가 나 있다"라고 홍보담당 부사장이었던 캐서린 피츠제럴드는 말한다.

아이러니하게도 많은 제약회사가 그들 스스로 시작했던 이해관계자 우선순위 서열의 변화에 성공적으로 대처하지 못했다. 그들은 고객에 관한 더 강력한 이해관계자층을 만들었으나, 고객 대부분이 제약회사에 대해 부정적인 의견을 갖고 있었다.

그들에게는 환자에게 직접 처방을 하는 내과의사와 약사들이 가장 중요한 이해관계자였다. 그러나 직접적인 광고가 가능해지면서 제약회사들은 환자를 기업의 중요한 이해관계자로 올려놓았다. 그러나 긍정적인 기업 이미지 형성과 광고와 홍보를 통해 약품 브랜드 하나하나를 기업 브랜드로 연결하는 데에는 실패했다. 많은 소비자들은 모든 제약회사를 통틀어 지나치게 비싼 가격을 매기는 욕심 많은 도둑이라고 생각한다.

고유한 가치관과 도덕관 수립

 존슨＆존슨을 **지탱하는 힘, 신뢰와 신조**

존슨＆존슨 본사에 들어가면, 2미터가 넘는 돌에 새겨진 기업 신조를 볼 수 있다. 60년 전 당시 회장이던 로버트 우드 존슨이 쓴 신조는 간결하고 명료한 스물다섯 개의 문장으로 되어 있다. 그러나 이 신조는 전시품이 아니다. 기업시설에 관한 결정부터 약품의 안전성에 관한 결정까지, 존슨＆존슨의 활기 넘치는 전세계 경영활동의 한 부분이 되었다. 직원들은 이 기업 신조를 마치 종교대하듯 경건하게 대한다. 존슨＆존슨의 회장이며 CEO인 윌리엄 웰던은 "우리의 신조는 분산되어 있는 기업을 하나로 묶는 접착제와도 같은 존재다. 가끔 목표금액에 대해 틀리는 일은 있어도 신조만큼은 절대 지킨다"라고 말한다.

이 신조는 기업불신의 시대에서 존슨＆존슨을 확실하게 분리시키고 있으며, 윤리적인 문화가 기업 이미지에 얼마나 영향을 주는지 보여주고 있다.

제약회사와 소비재제품 기업들은 그들의 가치관에 맞추어 경영하면서도 세계에서 가장 좋은 기업 이미지를 갖고 있다. 해리스 인터랙티브의 최고 기업 이미지 순위에서 존슨&존슨은 4년 연속 1위를 차지했으며, 2002년 가을에 실시한 설문조사에서는 세계에서 가장 믿음직하고 도덕적인 기업 중 하나로 선정되었다.

40년 넘게 베이비파우더와 샴푸를 애용하고 있다는 미 통계국 대표인 마거릿 뷰트너는 "존슨&존슨은 언제나 신뢰할 수 있는 기업이었고, 신뢰는 나에게 매우 중요하다"라고 존슨&존슨에게 높은 점수를 주며 "그들의 광고는 솔직하다. 나에게 거짓말을 하지 않는다"라고 말했다. 존슨&존슨은 그 유명한 빨간색 로고를 단순히 등록상표만으로 생각하지 않는다. 그것은 바로 '신뢰의 상징'인 것이다.

미래를 내다본 그들의 신조는 몇 년 동안 바뀌지 않았다. 그러나 사회적 변화를 반영해 약간의 수정은 있었다. 1979년에 '환경과 천연자원 보호하기'와 1987년에 아버지와 직원의 가족에 대한 책임을 추가했다.

존슨&존슨은 10만 6,000명의 전직원에게 정기적으로 신조를 강조한다. 50개가 넘는 나라의 존슨&존슨 건물 벽과 테이블 위에 서른여섯 개의 언어로 씌어 전시되어 있다. 2년마다 모든 직원들은 '신조 도전' 모임에서 기업을 평가해야 하며, '신조 도전 사례' 시간에 실제사례 연구에 적용해야 한다. 존슨&존슨은 비효율적인 공장의 문을 닫고 비용이 적게 드는 개발국으로 공장을 옮겨야 할까? 아니면 직업을 잃게 될 직원들의 복지를 우선적으로 생각해야 할까?

본사 부사장인 러셀 데요는 "우리는 밀려오는 만족감에 대해 신경을 쓴다. 매일 매일 기업 이미지를 제고해야 한다"라고 말한다. 그는 직원들이 그들의 행동을 CEO에게 설명할 수 있는지, 부모님과 함께 논의할 수 있는지, 또는 〈월스트리트저널〉의 1면에 실린 모습을 볼 수 있는지를 스스로에게 물어봄으로써 결정을 내릴 때 신중하도록 한다. 흑인 직원을 위해 인종차별정책 시대에도 남아프리카에 계속 남아 있기로 한 결정 등 중요한 문제

존슨&존슨의 가치관

우리의 신조

● 우리의 첫번째 의무는 의사, 간호사, 환자, 그리고 우리의 제품과 서비스를 사용하는 모든 사람을 위하는 것이다. 그들의 요구를 충족시키기 위해 우리가 할 수 있는 모든 일을 최상의 품질로 다가가야 한다. 우리는 적절한 가격을 유지하기 위해 끊임없이 비용감소에 힘써야 한다. 고객의 주문은 즉시 정확하게 서비스돼야 한다. 공급자와 배급업자들은 적정한 이익을 받아야 한다.

● 우리와 함께 일하는 전세계 남녀직원들에게 책임을 다해야 한다. 모든 사람은 개인으로 존중받아야 한다. 그들의 위엄을 존중하고 공적을 인정해 줘야 한다. 그들은 그들의 업무에 안정감을 가져야 한다. 임금은 적절하고 알맞아야 하며, 업무환경은 청결하고 안전해야 한다. 직원들이 가족의 책임을 다 할수 있도록 도와줘야 한다. 직원들은 제안과 불만을 자유롭게 말할 수 있어야 한다. 모든 직원이 고용과 개발과 승진의 동등한 기회를 갖고 있어야 한다. 유능한 경영관리를 제공해야 하며 그들의 행동들은 공정하고 도덕적이어야 한다.

● 우리가 일하고 있는 공동체와 전세계 공동체에 대한 책임을 다해야 한다. 우리는 좋은 일과 자선활동을 지원하고 정직하게 세금을 내는 좋은 시민이어야 한다. 도시생활을 개선하고, 보건과 교육을 장려해야 한다. 사용특권을 가진 땅을 잘 관리하고 환경과 천연자원을 보호해야 한다.

● 우리의 마지막 의무는 우리의 주주들이다. 회사는 정상적인 이익을 만들어야 한다. 새로운 아이디어를 실험해야 한다. 연구는 계속되어야 하며, 혁신적인 프로그램을 개발하고 실수에 대한 대가를 지불해야 한다. 새로운 기구들을 구입하고, 새로운 시설들을 제공하고, 새로운 제품들을 내놓아야 한다. 힘든 시기를 대비한 준비해야 한다. 이러한 원칙에 따라 일했을 때, 주주들은 정당한 이익을 받을 것이다.

에 대한 토론도 그들의 신조가 명백히 해결해 줄 것이다.

1975년 사회적 책임에 대한 신조 조항은 존슨&존슨이 본사를 더 작은 시골 마을로 옮기지 않고 뉴 브런스위크에 그대로 유지하도록 했다. 기업은 지방도시의 문제를 해결하는 데 이바지해야 한다고 결론내린 것이다.

가끔 경영진들은 일부 경영전략의 결정에 대해 신조 조항에 일치하든 아니든 반대를 하지만, 적어도 공평한 타협은 가능하다. 예를 들면, 기업의 모든 시설에 살수장치를 설치하자는 문제에 대해 의견충돌이 있었다. 존슨&존슨 경영진들은 신조의 안전한 업무환경 항목을 지키기 위해 화재안전 대비를 상당히 중요하게 여겼다. 하지만 일부 나라의 임원들은 비용 때문에 이를 반대했다. 그들은 이 프로젝트 비용이 살수장치가 없는 기업들보다 존슨&존슨을 불리한 입장에 놓이게 할 것이라고 주장했다.

건강관리 기업인 존슨&존슨은 신조 준수를 시험 당하는 어려움을 수시로 겪었는데, 1982년과 1986년 타이레놀 독극물 사건이 발생했을 때도 신조로 인해 기업의 대응은 훨씬 수월했다. 그들은 고객을 제일 우선한다는 맹세를 지키기 위해 상점의 선반에서 타이레놀을 회수해야만 했다. 이렇게 고객을 우선시하는 존슨&존슨의 신조에 보답이라도 하듯 고객들은 존슨&존슨이 약의 포장을 손대기 어려운 방식으로 바꾸자 다시 타이레놀 사업을 허락했다.

또 가슴 통증 약인 프로풀시드는 심장발작으로 인한 생명의 위험과 연관이 있었고, 미식품의약품국(FDA)으로부터 조사를 받고 있었다. 존슨&존슨은 이를 시장에서 회수하고 구입시 처방전이 필요한 약으로 이용을 제한해 신조를 실천했다. 2000년, 그 결정을 내릴 당시 CEO였던 랄프 라센은 6억 달러의 프로풀시드 판매 손실에 대해 실망했지만, "결국에는 환자들을 위해 올바른 결정이었다"라고 분석가들에게 말했다. "우리가 했던 행동을 하기 위해서는 도덕적인 용기가 필요했다. 판매 손실뿐만 아니라, 프로풀시드를 복용한 사람들을 대신해 기업을 고소하려는 변호사들이 벌떼처럼 모여들 거라고 생각했다"라는 것이 부사장의 말이다.

이러한 행동은 존슨&존슨이 싸움을 두려워하는 기업이라는 뜻도, 신조의 원칙이 부족하다는 뜻도 아니다. 신조를 지키기란 쉬운 일이 아니다. 1995년 주름제거 약인 레티나애크니에 대한 FDA의 조사 때, 서류파기 죄로 존슨&존슨의 오소(Ortho)라는 자회사가 사법방해 혐의로 고소되자 극명하게 드러났다. 당시 존슨&존슨은 서류파기에 대해 유감을 표현하며, 모든 책임을 지겠다고 했다. "제일 중요한 것은 자신의 잘못을 인정하고 다시 반복하지 않기 위해 레티나애크니와 같은 비참한 경험으로부터 배우는 것이다"라고 본사 부사장 데요는 말했다.

누구를 믿는가?

기업의 윤리와 가치관이 이렇게 중요하게 여겨진 적은 없었다. 그 결과, 청렴함이 긍정적 기업 이미지의 가장 중요한 부분이 되었는지도 모른다.

지난 2년 동안의 사기와 조작과 거짓 이후, 고객들은 믿음과 신뢰를 가장 필요로 했다. 대중의 메시지는 분명하다. 정직은 가장 좋은 정책이 아니라 유일한 정책이다. 그러나 기업과 경영진이 이 단순한 진리를 실행하기에는 많은 어려움이 따른다.

2002년 〈월스트리트저널〉과 NBC 뉴스 조사에서 70%의 미국인은 주식중개인이나 기업의 말을 믿지 않는다고 밝혔다. 지난 30년 동안 가장 높은 비율인 3분의 1의 응답자가 대기업의 경영진들을 거의 신뢰하지 않는다고 대답했다.

캘리포니아의 카멜 밸리(Carmel Valley)에서 중독 치료사로 일하는 폴 메이저는, 일부 기업의 비리 때문에 2002년 그의 기업연금 가치가 30%나 떨어지는 것을 지켜보았다. 그는 "기업 윤리는 모순이다. 사람들은 완벽하게 거짓말을 하고, 아무도 그에 대해 책임지지 않는다. 심지어 기업은 발생한 일에 대해 유감이라는 말조차 하지 않는다"라고 말한다.

지금은 윤리가 기업 임원실이나 경영대학원 수업에서도 중요한 단어로 자리잡았다. '도덕적 기업 모임'은 2002년 후반기에만 150개의 새로운 기업을 회원으로 받아들였다. 많은 기업이 내부 고발자들을 위한 윤리 전화 상담 서비스를 마련했고 규칙운영을 강화했다. 그러나 이것이 대변혁인지 아니면 일시적 기업 행동인지 말하기는 아직 이르다.

현재 윤리행동을 중시 여기는 일이 놀라운 건 아니다. 일반적으로 윤리 프로그램들은 최근의 회계 스캔들 같은 위기상황의 결과로 생긴다. 1980년 대 불법 리베이트 스캔들은 군수물품 계약자들이 윤리관을 만들고 윤리 관료들을 고용하게 만들었다. 1986년에 제정된 방위산업 윤리 및 행동강령은 변기를 6백 달러에 사들이거나 정부 공금으로 임원의 골프클럽 회원비와 애견 사육비를 충당하는 등의 악습을 없애기 위해 만들어졌다.

방위산업 계약자들은 자체 윤리 프로그램을 개발했다. "조사권과 사람들을 징벌할 수 있는 권한이 있어야 한다"고 레이시온(Raytheon)의 경영정책담당 부사장 패트리시아 일리스는 말했다. 그녀는 당혹스러운 레이시온의 처벌과 재무담당 임원의 공정한 주식공개법 위반 사건을 포함해 최근 미국 증권거래위원회에서 실시한 레이시온에 대한 여러 조사에 참가했다.

청렴 원칙은 여러 가지 모양과 형태를 지닌다. 존슨&존슨과 같은 일부 기업은 이러한 방침을 신조라고 부르며, 다른 기업은 이를 가치관이나 윤리규칙이라고도 한다. 그리고 어떤 기업은 이 중 두 가지를 갖추고 있기도 있다. 가치관은 헌신, 청렴, 존중, 믿음, 협력과 다른 덕목들을 장려한다. 윤리규칙은 덜 공상적이고 법규와 규제준수를 강조한다. 일반적으로 뇌물, 내부거래, 성희롱, 사생활보호, 이익 갈등 등의 문제를 논의한다. 가장 좋은 접근법은 청렴에 대한 공감과 기업 정책에 대한 법률용어의 조화다. GE의 청렴 프로그램은 '신조와 맹세'라고 불린다. 왜냐하면 GE는 직원들이 법규를 따르는 것뿐만 아니라, 윤리준수를 그들 일상생활의 한 부분으로 만들기를 바라기 때문이다.

GE의 임원인 벤 헤인만은 "나는 언제나 죄를 갖고는 아무데도 못 간다고 강조한다. 그 문제는 신속함과 성실함으로 다루어야 한다"라고 말한다. 물론 무엇이 윤리적인 행동인가 하는 것은 매우 주관적일 수 있다. 일부 환경운동가들은 뉴욕 허드슨 강의 폴리염화비닐 오염에 대해 도덕적으로 행동하지 않았다고 GE를 비난했다. 헤인만은 "그 폴리염화비닐오염에 관한 문제는 법규나 윤리적인 문제가 아닌 공공의 법규에 대한 의견 차이였다"고 말했다. 그러나 결국 GE는 환경보호국의 폴리염화비닐 준설 프로젝트에 동의했다.

상투적 의견과 서류 업무

유감스럽게도 많은 기업의 윤리와 가치는 단지 보여주기 위한 다양한 서류 업무이며 약간 특별한 일일 뿐이다. 기업은 게시판에 윤리와 가치관을 공표하거나, 직원들에게 윤리원칙을 어기지 않았다는 확인서에 매년 서명하도록 한다. 그러나 이들 행동이 '실질적'이라는 뜻은 아니다. 심지어 지난 2년 간의 모든 스캔들 후에도 윤리와 가치를 문화와 일상적인 의사결정의 한 부분으로 만드는 기업은 흔치 않다.

가장 비리가 많은 기업도 윤리적으로 보이기 위해 가식적인 시도를 한다. 심지어 엔론조차 '존중, 청렴, 커뮤니케이션과 우수성' 등의 다양한 윤리규칙과 가치관을 가지고 있었다. 물론 대부분의 엔론 직원은 꽤 책임감 있게 행동했다. 그러나 이 윤리규칙들은 회계비리가 밝혀진 이후, 마치 재미없는 농담처럼 되어버렸다. 엔론 대변인은 최고경영자들이 기업의 가치와 윤리를 직원 업무평가와 임금의 한 부분으로 만드는 데에 실패했다고 지적했다. 그 대신 일부 경영진은, 직원들은 어떤 수단으로 사용하든 상관없이 단순히 실적으로만 평가되어야 한다고 생각했다. 이는 금전적 이익을 준다면 '무엇을 하든 상관없다'는 문화였다.

결국 엔론의 윤리규칙은 얼마의 가치가 있는가? 미국 경매 사이트인 이베이에서 63페이지의 서류는 8.99달러였고, 희귀품을 수집하는 사람들을 위한 '가치와 비전'이라는 비디오테이프는 12.96달러였다. 이것이 한때 존경받던 에너지 기업의 윤리규칙에 대한 모든 것이다. 엔론의 추락과 최고 경영자들이 어떻게 사업을 했는지를 알고 나면, 윤리규칙을 읽고 있는 것이 아니라, 마치 코미디 대본을 읽고 있는 것 같다. 아래는 그 윤리규칙과 소개서를 발췌한 내용들이다.

"엔론을 자랑스럽게 여기며 공평하고 정직하며, 존경받는 기업 이미지를 갖고 싶다.… 그러한 기업 이미지를 더 높게 쌓자."
"무자비하고 냉담한 거만은 여기에 어울리지 않는다."
"우리는 고객, 잠재된 고객들과 진정으로 숨김없이 정직하게 일하고 싶다."
"국내외 법규와 규제에 맞추어 사업을 하는 데 헌신하고 있다.… 가장 높은 지적·윤리적 기준과 함께."

심지어 워싱턴에 있는 스미스소니언 박물관도 엔론의 윤리규칙을 역사적 기록물로 소장하고 있다.

도덕적 기업 문화 창조

윤리규칙과 가치관 서명이 박물관의 쓸모없는 전시품으로 변해서는 안 된다. 기업 이미지를 높이기 위해 가치관은 기업 문화의 중요한 부분이 되어야 한다. 윤리는 단지 최신유행이 아니라 훌륭한 기업 이미지를 이루는 기업의 DNA다.

미국 대기업들의 연구결과에 따르면, 윤리적 경영에 기초한 긍정적 기업 이미지는 재무적인 이익을 가져다 주기도 한다. 시카고 드폴 대학의 회계학 교수 커티스 베스쿠어는, 윤리규칙에 많은 헌신을 보여준 기업들이 다른 기업보다 투자이익, 판매, 이익증가, 자기자본수익률 등에서 월등했다고 발표했다. 베스쿠어의 연구에 따르면, 추가된 시장가치 또는 주주의 투자를 넘어선 기업의 초과가치 기준으로 볼 때, 윤리규칙에 많은 헌신을 보여준 기업이 윤리규칙을 언급하지 않았던 기업보다 수익률이 평균적으로 106억 달러나 더 많았다. 베스쿠어는 "가장 중요한 요소는 기업 문화에 바탕을 둔 가치와 말이 아닌 행동으로서 이해관계자들을 윤리적으로 대우하는 것에 대한 최고경영자의 헌신이다"라고 말했다.

가장 어려운 점은 모든 윤리와 가치를 전직원에게 주입시키는 것이다. 전세계에 몇 만 명이 넘는 직원을 갖고 있는 기업에게는 더더욱 쉬운 일이 아니다. GE의 회장이며 CEO인 이멜트는 30만 명의 직원이 윤리규칙을 따르고 있는지 걱정하느라 잠도 못 잔다고 한다. "항상 누가 이해를 못할까 걱정한다. 우리는 경기불황은 극복할 수 있다. 그러나 극복하지 못하는 것은 횡령하거나 사회에 잘못을 저지르는 직원들이다"라고 그는 말한다. 이멜트와 다른 CEO들은 '청렴함은 우리의 핵심이다'라고 기업의 전체적인 논조를 정한다.

마찬가지로 중요한 것은 윤리 관리자가 제대로 된 기업윤리를 확립하는 것이다. 효과적인 윤리 관리자는 청렴의 중요성에 대한 강력한 메시지를 기업에게 제공한다. 일반적으로 그들은 감사위원회뿐만 아니라, CEO와 주요 경영진에게 보고한다. 그러나 이러한 스캔들에도 불구하고 많은 기업은 아직도 정식 윤리 관리자 없이 법무팀에서 이 문제를 다루고 있다.

의료기업 HCA의 기업윤리경영 담당 부사장 앨런 요셉은 "엔론 사건 후에도 윤리운동은 추진되지 않고 있으며, 이 문제를 걱정하는 사람은 소수에 불과하다"라고 말했다. 1990년대의 의료보험 사기사건 때문에 컬럼비아 HCA 건강센터는 윤리부서를 만들어 국방산업의 윤리개혁의 주요인물 중 하나인 요셉을 고용했다. 미래의 윤리관리에 대해 요셉은 많은 걱정을 하고 있다. 최근 미국 기업의 인력 감축 후, 윤리 프로그램에 대한 관심은 줄어들었다. 구조조정 후 직원들은 해고된 직원들의 몫까지 떠안고 있으며, 그들의 관리자들은 윤리교육을 제공할 시간이 없다. 그러므로 기업은 윤리기준에 대해 어느 때보다 더욱 활발히 알려야 한다. 적어도 직원들로 하여금 매년 새로운 윤리교육을 듣도록 해야 하며, 또 기업의 가치관과 윤리규칙을 모든 사람들이 볼 수 있도록 사무실과 사내외 웹사이트에 올려야 한다. 사무용품 회사인 스태플스(Staples)는 기업의 가치관에 관한 지갑만한 사이즈의 유인물을 직원들에게 나눠주었다. 프라이스워터하우스쿠퍼스(PricewaterhouseCoopers)는 최근 회계사무실에 '프라이스워터하우스쿠퍼스의 윤리는 누구의 책임입니까?'라고 물어보는 포스터를 달았다. 가까이 보면, 직원들은 포스터에 달려 있는 거울에 비친 자신들의 모습을 보게 된다.

일부 기업은 광고를 통해 자신들의 윤리원칙을 널리 알린다. 일부 금융서비스 기업은 분석가들의 이해관계 충돌에 대해서 자신들을 월스트리트 스캔들과 구분하려고 노력했다. 미국센추리투자회사(American Century Investment Services)는 '미국의 가치'라는 제목의 상냥한 광고에서, 기업의 가치관과 회사 설립자의 땅콩버터 샌드위치 점심, 이 두 가지는 변하지 않는다고 했다. 그러나 이러한 자화자찬적인 광고는 위험부담이 있다. 경쟁사들의 악행으로부터 이익을 찾으려는 교묘한 시도로 보일 수 있으며, 기대에 어긋난 결과를 줄 수도 있다. 찰스스왑&컴퍼니(Charles Schwab & Company)는 이해관계 대립을 피하는 것이 "우리는 가치관의 중심에 있고 애초부터 투자자들은 우리 일의 중심이었다"라며 다른 중개업들보다 적극적인 광고를 했다. 그러나 2003년 11월, 성인군자인척 한 광고문구는 스왑이 뮤추얼 펀드 거래 스캔들에 휩쓸리면서 신뢰를 잃었다.

2002년 PwC는 기업의 청렴성을 크게 선전하고, 금융정보의 품질에 대한 걱정과 고객관리 팀의 청렴함에 대한 걱정을 해결할 수 없다면 회계사업을 중지하겠다는 광고 캠페인을 제작했다. 호의적으로 들리겠지만, 계속되는 문제에 대한 언론보도 때문에 회계기업 이미지의 긍정적인 효과는 줄어들었다. 광고가 나오는 같은 시간에 뉴스에서는 분식회계 법정소송을 합의하기 위한 PwC의 몇백만 달러 지불과 타이코 인터내셔널의 회계감사에 대한 정부의 지속적인 조사를 보도했다.

이상적으로 윤리와 가치관은 실적 평가와 임금 계획과 함께 통합되어야 한다. 기업은 그들의 기준을 참고 견디는 직원들에게 상을 주어야 하고 이에 공격적인 직원들에겐 벌을 주어야 한다. 그렇지 않고 윤리기준을 어긴 동료들의 임금이 인상되고 승진을 하는 것을 보면 직원들은 혼란스러울 것이다.

뉴욕의 영업전략 컨퍼런스보드가 기업윤리 관리자들에게 실시한 설문에 따르면, 기업들은 너무 자주 다른 방법을 찾는다고 지적한다. 기업의 가치관을 지키지 않은 우수한 성과자에게 어떤 조치가 취해졌느냐는 질문에, 23%는 기업들이 이를 묵인했다고 답했고, 30% 가까이는 기업으로부터 '지도'를 받았다고 답했으며, 8%는 승진까지 했다고 답했다. 22% 정도는 규칙위반에 벌을 받았고, 18%만이 해고당했다고 말했다.

GE의 임원 헤인만은, GE는 규칙을 위반하는 사람뿐만 아니라 위반하는 것을 알고도 보고하지 않은 직원까지 징계한다고 말한다. 이러한 보고누락은 2년 동안 월급인상이 없으며, 더 높은 직급으로 올라갈수록, 제재와 처벌은 더 엄해진다고 했다. 인디언들만이 아니라 추장도 징계를 받아야 하며, 누구든지 심판의 머리카락을 만지는 사람은 나가야 한다고 그는 덧붙였다.

고결한 담배회사?

지난 몇 년 동안 어느 기업이 윤리경영에 가장 적극적이었을까? 정답은 놀랍게도 필립 모리스의 새 이름 알트리아 그룹이다.

담배회사가 담배의 유해성과 중독성에 대해 숨긴 사실을 고소한 소송들

윤리적 상위기업과 하위기업

아래는 해리스 인터랙티브가 조사한 '높은 윤리기준을 갖고 있는 기업들'에 대한 상위10개와 하위 10개 기업이다. 이 순위는 2002년 가을에 실시한 인터넷 설문결과다.

상위 10개사

1. 존슨 & 존슨
2. UPS
3. 할리데이비슨
4. 홈 디포
5. 제너럴 밀스
6. 월트 디즈니
7. 페덱스
8. 메이태그
9. 월 마트
10. 사우스웨스트 에어라인

하위 10개사

1. 엔론
2. 월드콤(현재 MCI)
3. 앤더슨 월드와이드
4. 글로벌 크로싱
5. 아델피아 커뮤니케이션
6. 필립 모리스(현재 알트리아 그룹)
7. 브랫지스톤/파이어스톤
8. 퀘스트 커뮤니케이션
9. AOL 타임 워너
10. K마트

이 줄을 잇고 있는 시점에, 알트리아는 윤리경영을 위해 사업적으로 중단해야 하는 것들이 많다. 2002년 이름이 바뀌기 전에 필립 모리스는, 해리스 인터랙티브가 조사한 가장 높은 윤리기준을 갖고 있는 기업이라는 설문에서 60개 기업 중 55위를 차지했다. 미시간의 세인트 조지프에서 온 설문 응답자 트레이시 티파니는 "담배라는 형태의 시한폭탄을 소비자들에게 파는 기업이 그 이미지를 개선할 수 있는가? 말도 안 된다"라고 말한다.

그러나 이처럼 도덕적인 담배회사는 모순이라고 생각하는 사람들은 알트리아를 막지 못했다. 이 회사는 도덕적 책임을 법무팀에서 분리해 부사장이며 경영담당인 데이비드 그린버그 밑의 사무실로 배치했다. 그는 회사의 주요 회의에 항상 참여하고, 기획 및 이사회감사 담당 부사장에게 바로 보고한다. 그의 사무실은 뉴욕에 있는 알트리아 그룹 본사 건물의 22층에 자리잡고 있으며, CEO와 다른 최고경영자들과 함께 있다. "나는 복도를 내려가 CEO인 루이스 카밀라 사무실로 간 뒤 하위직 직원이 2주 걸릴 일을 30초 안에 해결할 수 있다"라고 그린버그는 말한다.

40페이지짜리 '알트리아 윤리경영 실천 기준서'는 경쟁자 정보, 이익에 관한 투자 갈등, 고객정보 보호, 신뢰할 수 있는 마케팅과 같은 문제들을 어떻게 대처해야 하는지를 자세히 설명해 주고 있다. 계열기업들과 기업수준의 부서들은 연간 윤리규정 준수계획서를 그린버그에게 제출하고, 그린버그는 감사위원회에 계획이 순조롭게 진행될 것을 확인시키고 책임진다.

직원들은 인터넷을 통해 교육을 받는다. 불확실한 분야에 대한 윤리적인 문제들이 주어지고 이에 답해야 한다. '하청업체가 당신을 주말 동안 그의 집에서 자도록 초대하겠는가? 회계장부의 숫자를 맞추기 위해 분기가 끝날 때쯤 배달하고 장부에 기입할 수 있는가?' 만약 그릇된 답을 골랐다면, 그들은 올바른 답을 찾을 수 있도록 교육받는다.

일부 윤리강령과 가치관 프로그램은 너무 개괄적이고 일반적인 나머지 효과도 없고 따르기도 힘들다. 그렇기 때문에 좀더 구체적이고 자기 기업과 산업에 맞도록 고쳐나가는 일이 중요하다. 이것이 바로 알트리아 관리자들이 특정한 위험가능성을 파악하고, 기업에 대한 그 위험의 잠재성을 결정할 수 있도록 도와주는 그린버그가 만든 위험판단모형이다. 상세한 모형에 있는 위험으로는 재무제표조작, 횡령, 내부거래, 담배세, 산업스파이활동, 특허권 침해, 마약과 술 남용 또는 직장에서 흉기 사용금지, 직원 이메일을 통한 명예훼손과 성희롱 등이 있다.

윤리경영 프로그램은 기업의 사회적 책임에 대한 강조와 '알트리아'로 바뀐 사업명이다. 그러나 직원들은 자신들이 행동이 불손한지에 대해 아직도 궁금해 한다. "사람들은 우리가 아주 나쁜 무언가를 했는지, 또는 이러한 윤리강령이 엔론 때문인지 물어본다"고 그린버그는 말한다. 또 일부 직원은 알트리아가 새로운 '윤리경영 상담소' 전화번호를 모든 윤리강령 페이지 하단에 써놓았다며 불평했다. "이는 모든 사람을 밀고하라는 뜻처럼 보인다. 우리의 행동은 도를 지나쳤다"라고 그린버그는 말했다.

하나로 모든 것을 해결할 수 없다

윤리규칙은 전세계적으로 경영 활동을 하는 모든 기업에 맞게 융통성이 있어야 한다. 다국적기업은 외국 문화에 신경을 쓰고 지역 풍습에 맞게 윤리규범을 고쳐야 한다는 것을 발견했다. 그 말은 뇌물과 다른 불법행위를 용서해 줄 수 있다는 뜻이 아니다. 그러나 미국의 사회적 관습은 모든 나라에 적용되지 않는다. 선물이 어느 나라에서는 윤리위반이 될 수도 있고 다른 곳에서는 친절한 행동일 수도 있기 때문이다.

PwC는 최근 제정된 지 6년 된 미국 내 윤리규칙을 확장하여 처음으로 국제윤리규칙을 만들면서 교훈을 배웠다. 국제적인 윤리경영 지도자인 바바라 키프는 프랑스 출신 직원이 영국 출신 여직원을 저녁대접하며 선물을 주었을 때, 불필요한 배려라며 불편해 하던 일을 기억했다. 그러나 프랑스 직원은 그렇게 하지 않으면 무례하다고 생각하고 있었다. "우리는 프랑스와 일본에 근무하는 직원들에게 절대로 선물을 주지 말라고 말할 수는 없다. 우리는 이익과 편파에 관련된 대립을 최대한 줄이겠다고 말하지만 세부사항은 각 나라에 있는 담당자가 결정할 일이다"라고 키프는 말한다.

또한 회계법인은 국제 상담전화를 개설하지 않기로 했다. 왜냐하면 외국 직원들은 전화를 거는 데 익숙하지 않고 미국사람이 받을 거란 것을 알면 더더욱 전화를 하지 않을 것이기 때문이다. 자기 지역 부서에 대한 충성을 중요시 여기는 일부 나라의 직원들은 자신의 동료와 윤리적인 사항에 대해서 논의하는 것을 좋아할 것이다.

알트리아 그룹은 윤리규칙을 만들 때 미국과 외국 직원들을 참여시켰다. 미국 · 필리핀 · 우크라이나 · 프랑스 · 스위스 등에 있는 스무 개의 포커스 그룹들을 만나본 후, 알트리아는 관점이 너무 미국적이었다고 느꼈다. 슈퍼볼의 티켓을 예로 들었던 부분은 월드컵 티켓으로 바꾸었다. 또한 점심 시간 후 입에서 술 냄새가 나는 직원을 표현한 삽화는 식사 중 흔히 와인을 마시는 프랑스에는 맞지 않아 아침에 출근했을 때 피곤해 보이는 모습의 직원으로 바꾸었다.

"우리는 성희롱 예시에 대해서도 좀더 뚜렷한 입장을 보여야 했다. 왜냐하면 일부 나라에서는 여성의 외모에 대해 평을 해도 괜찮기 때문이다"라고 알트리아의 그린버그는 말했다.

재확인, 강화, 수정

기업의 가치와 윤리를 재확인하고 강화할 수 있는 모든 기회를 활용하라. 그것들은 정기적으로 수정돼서, 사회에서 일어나는 변화를 새롭게 반영해야 한다. 가치와 윤리는 모세의 십계명이 아니다. 그것들은 변하지 않은 채 유지될 수 없다.

GE는 몇 년 전 회사의 청렴선언을 국제화하고 새로운 규칙을 추가하기 위해 업데이트를 했다. 더 최근에는 아서 앤더슨의 엔론 파일을 파기함에 따라, GE는 서류 관리에 대한 규칙들을 수정했다. 예를 들어, 이메일 자동 삭제 시스템을 중단하고, 직원들의 분별력을 활용토록 했으며, 뭐든지 중요한 것들은 컴퓨터 하드웨어에 저장토록 했다. 기업이 전략이나 관리상의 큰 변화를 겪을 때, 기업가치와 윤리를 재확인하고 강화하는 것이 매우 중요하다. 혼란은 장기적 원칙에 대한 기업의 헌신을 직원들이 의심하게 만들 수도 있다.

2003년 초 P&G의 CEO 래플리는 신년사에서 리더십, 소유권, 청렴, 승리의 열정, 믿음에 대한 기업의 가치관에 대해 말했다. 1,000명이 넘는 직원을 해고한 소비재 기업의 성공적이지만 고통스런 구조조정을 고려할 때 특히 필요한 것이었다. 경영진들은 기업의 '목적·가치·원칙'을 바꿔야 할지 신중히 생각해 봤지만 바꾸지 않기로 결정했다며, "그것들은 바뀌지 않는 나침반이다. 가장 극심한 변화 속에서도 우리를 이끌어주는 나침반이다"라고 직원들에게 말했다.

리바이스는 '청렴과 사회적 책임에 대한 헌신은 흔들리지 않고 있다'며 직원들을 안심시켰다. 기업의 번영을 함께 나누는 철학은 1854년 창립자 레비 스트라우스(Levi Strauss)가 샌프란시스코에 있는 고아원에 5달러를 기부하면서부터 시작되었다. 그러나 150년 후, 일부 직원은 청바지 생산 기업의 '원칙이 있는 이익' 경영전략이 위험에 빠지지 않겠냐며 걱정하기 시작했다. 레비 스트라우스는 시장점유율 싸움에서 뒤져 있었고, 처음으로 창립자 가족이 아닌 사람으로 CEO가 선정되었다. 이는 리바이스의 윤리행동에 대한 헌신을 재정비할 좋은 시간처럼 보였다. 기업은 네 가지 요소인 '공감·독창력·청렴·용기'를 강조하는 새로운 '가치와 비전'을 발표했고, 새 CEO인 필립 마리노는 이에 대한 실천을 맹세했다.

회장이며 레비 스트라우스의 3대 조카 손자인 로버트 하스는 "일부 새로운 리더는 가치관이 그리 확고하지 않는 기업에서 왔기 때문에 직원들은 걱정하고 있었다. 그러나 지금 그들은 리바이스에서 자랑스럽게 일할 수 있도록 만든 확고한 기업가치를 다시 보고 있다"라고 말했다.

즐겁고 매력적으로 하라

윤리도 재미있을 수 있다. 많은 사람이 윤리준수에 대한 회의나 교육 프로그램에 불참하기 위해 별짓을 다한다. 그들의 한결같은 반응은 '지루하다!'는 것이다. 성희롱이나 뇌물과 같은 심각한 주제가 어떻게 재미있을 수 있겠는가. 자, 그렇다면 일부 기업이 종합적인 윤리 프로그램을 어떻게 만들고 또 직원들을 얼마나 재미있고 올바르게 이끄는지 살펴보도록 하자.

NBC 방송국은 GE의 윤리적 실수에 대해 꽤 솔직한 비디오테이프를 제작했다. NBC 뉴스의 리포터 앤 커리는 GE의 윤리규칙을 마치 NBC 시사 프로그램에서 방영하듯 길게 보도했다. 이스라엘 장군과 GE의 마케팅 임원 간에 체결된 이스라엘 공군의 가짜 항공기엔진 계약 등 GE의 비윤리적인 여러 사례를 보도했다. 이 두 사람은 1,100만 달러의 돈을 스위스 은행 계좌로 빼돌렸다. 4만 달러 상당의 GE 에어컨을 사서 돈세탁하려는 시도와 일본에서 합작회사와 관련된 정부 뇌물 등 흥미로운 얘기들이 많았다. "직원들의 관여도를 높이려면 가끔은 도덕보다 부도덕이 더 효과적이다"라고 GE의 헤인만은 말한다.

알트리아 그룹의 윤리담당인 그린버그는 주제가 윤리경영이었을 때의 '지루함'에 대해서 잘 알고 있다. 그래서 그는 유머를 자주 사용한다. 변호사들에게 윤리에 관해 강연할 때는 영웅으로 분장한 배우가 갑자기 올라와 그의 연설문을 훔쳐본다. 그 다음엔 옛날 TV쇼 〈The Twilight Zone〉을 패러디하면서, 로드 설링 같은 배우가 나와 '순종 구역'을 벗어날 때가 됐다고 사람들에게 말한다. 그 다음 배우들은 윤리적 딜레마에 대해 연기하고, 청중들은 해결방법에 대해 투표하는 식으로 강연을 진행한다.

위대한 기업들의 브랜드 구축 법칙 5

모범적인 기업시민으로서의 역할 실천

 CASE

기업시민 정신의 실천자 **팀버랜드**

팀버랜드(Timberland)의 사장인 제프리 슈워츠는 비난을 받고 있었다. 팀버랜드 이사인 버지니아 켄트는 그가 기업의 다양한 사회공헌 활동을 제대로 홍보하지 못한 것에 대해 비난했다. 그러자 갑자기 슈워츠가 호탕하게 웃었다. 그의 반응에 당황한 켄트는 뭐가 우스운지 궁금해 했다. 그러자 슈워츠는 다음과 같이 말했다. "당신의 비판이 정당하지 않다는 게 아니다. 난 그냥 당신이 그렇게 우리 기업 사회공헌 전략의 열성적인 옹호자였다는 사실을 알게 되어 놀라울 뿐이다."

슈워츠는 그 회의에서 주고받은 의견을 큰 발전으로 생각했다. 거의 모든 팀버랜드 직원은 일찍이 세상을 살기 좋은 곳으로 만들자는 기업의 비전을 수용했다. 슈워츠가 '인간적인 자본주의자'라고 부르는 임원들 역시 그 비전에 동의한다. "외부의 자영업자들이 우리 상점 내에 사회공헌 프로그램이 존재한다는 충분한 근거가 없다는 이유로 항의하는 순간을 위해 난 정말 열심히 일했다"라고 슈워츠는 말한다.

슈워츠는 기업시민의 대변가다. 그가 그러는 이유는 단지 그게 옳은 일이라고 생각해서가 아니다. 그는 사회적·환경적 책임이 기업의 정체성과 기업 이미지를 완성시키는 가장 중요한 요소 중 하나라고 믿는다. 팀버랜드의 사회공헌 활동은 팀버랜드 직원들의 의욕을 고취시키고 그들의 고객, 소매상인, 그리고 투자자들로부터 존경을 받는다. 슈워츠는 사회적 책임에 대한 토론은 경영협의회와 증권 분석가들과의 회의에서도 이루어지며, 뮤추얼 펀드로부터도 사회공헌과 환경보호에 중점을 두고 제도적 지원 방법을 찾고 있다고 말했다.

팀버랜드의 모범적인 기업시민 이미지는 새로운 시장으로의 진입 기회를 제공한다. 얼마 전 슈워츠는 홈 디포의 사장이자 대표이사인 로버트 나델리와 함께 백악관에서 열린 행사에 참석했다. 그 자리에서 기업의 사회공헌 및 환경보호 관련 활동과 다른 경영 관련 문제에 대해서 논하게 되었을 때 슈워츠는 주저하지 않았다. 그는 이 논의를 영업을 위한 기회로 활용했다. 홈 디포가 팀버랜드의 부츠 취급을 고려할 것이라고 생각했다. 나델리는 결국, 홈 디포의 판매촉진 관리자가 팀버랜드와 접촉하게 했다.

팀버랜드의 사회공헌 활동 범위는 해외공장에서 일하는 고용인들의 노동조건을 관찰하고 해외공장의 에너지 효율성을 개선시키며 가죽쓰레기와 화학물질의 용매를 줄이는 것을 포함한다. 하지만 가장 특이한 점은 1989년에 '시티 이어(City Year)'라 불리는 청소년 봉사단체의 초기 후원자가 되면서 봉사 활동에 중점을 두었다는 것이다. 어린 봉사자들에게 영감을 받은 슈워츠는 그 개념을 기업에 활용키로 결정했다. 그리고 1992년 그는 사회공헌기획 부서를 팀버랜드에 설립하고 직원들에게 1년 간 열여섯 시간의 유료봉사 활동 기회를 주었다.

그러나 직원들에게 참여할 수 있는 기회를 줄 뿐, 무엇을 하라고 강요하지 않았다. '그들 안에 있는 의미를 찾도록 하자'는 것이 슈워츠의 의도였다.

열여섯 시간은 마흔 시간으로 늘어났고 팀버랜드는 직원들에게 페루의 고아원과 뉴햄프셔 서머스워드에 있는 공동 식품보관소와 같은 시민단체들을 위한 6개월 간의 유료안식일을 제시했다. 휴일을 이용해 뉴햄프셔의 포트머스에 있는 성폭행방지위원회를 도운 판매분석자 모린 프랜조사는 "나에게는 인간적이고 정직을 중요시하는 기업에서 일한다는 것이 중요하다. 우리는 세상을 매일 구원하지는 않지만 팀버랜드에는 그러고자 하는 열망으로 가득 차 있다"라고 말했다.

기업시민 의식은 팀버랜드에서 아직 진행되고 있는 과제다. 얼마만큼이나, 그리고 얼마나 오래 공헌해야 하는가에 대해 서로 다른 의견과 논쟁이 있지만, 사회적 책임이 경영의 일부라 믿지 않는다면 팀버랜드 소속이 아니다.

슈워츠는 팀버랜드의 전반적인 업적에 대해 만족하지 않는다. 그는 직원들이 봉사 활동에 참여하지 않는 것을 개인적인 실패로 여긴다고 말한다. 기업은 적은 수의 직원들만이 마흔 시간의 사회자원봉사시간을 채우고 봉사 활동이 임원들과 외국 고용인들 사이에서 확고히 뿌리내리지 못한 점을 아쉬워한다. "나는 사회적 책임이 기업 안에서 구체화되길 원한다. 그것이 우리 기업 DNA의 일부가 되기를 말이다. 나는 부유한 자유주의자가 아니다"라고 슈워츠는 단호히 말한다.

마음과 영혼

지난 10년 간 기업시민 정신은 기업의 가치보고서에서 한 줄을 차지하는 것에 불과했다. 그러나 이제 기업 이미지를 구성하는 중요한 요소가 됐다. 이제 더 이상 선택의 문제가 아니다. 새로운 밀레니엄 시대에 경영을 위해 치러야 할 비용이다.

기업은 그들이 보여주는 환경보호 대처방법, 기업의 공장과 사무실이 속한 지역 사회와의 관계, 불우이웃과 사회운동에 대한 후원, 그리고 자연환경에 대한 존중을 기준으로 판단된다. 특히 대중들이 미국 기업에 대해 의심이 많은 지금, 기업에게도 마음과 영혼이 존재한다는 것을 알릴 필요가 있다.

그래서 웨이어호스가 신문 전면을 이용해, 모종을 심는 것은 나무를 다루듯 중요한 자원을 잘 사용하는 것이라며, 자신의 기업은 매년 1억 그루의 나무를 심는다는 광고를 냈다. 도요타는 수소연료를 사용하는 차량과 가족교양 프로그램을 지원하는 활동에 대해 광고를 하고 있으며, HSBC 은행은 직원들에게 사무실을 떠나 2주 동안 환경보호주의자가 되어 브라질에서 표범의 발자취를 추적하거나 뉴질랜드의 돌고래를 관찰해 보라고 권장한다. 그리고 GE와 다른 기업들도 2001년 9월 11일, 세계무역센터와 국방부를 공격한 테러에 대해 수백만 달러의 기부금을 낸다고 전세계에 홍보하고 있다.

만약 아직도 이러한 활동들이 중요하지 않다고 생각한다면, 이에 따른 통계를 보면 도움이 될 것이다. 2002년에 홍보대행사인 콘에서 실시한 설문조사에 따르면, 응답자의 4분의 3 이상이 기업의 사회적 문제에 대한 공헌 활동이 응답자들이 어느 기업에서 근무할지의 여부뿐 아니라, 누가 그 지역 사회에서 일할 것인지, 그리고 다른 사람들에게 어떤 기업의 상품이나 서비스를 권유하는지를 결정하는 데 중요하다고 응답했다. 또한 응답자의 3분의 2가 사회적 책임 역시 어느 기업의 주식을 구매할 것인지 대해서 영향을 미친다고 대답했다. 실제로 2002년에 몇몇 뮤추얼 펀드는 강한 하락세를 보인 반면, 사회적 책임 펀드는 많은 돈을 벌었다.

기업가치는 사회적 책임, 환경보전책임, 자연환경 파괴 없는 개발, 그리고 기업의 재무적 · 환경적 · 윤리적 성과 등 지속 경영의 3대축으로서 오늘날 다양하게 불린다. 하지만 가장 적합한 정의는 이 모든 정의를 포함하고 있는 기업시민 정신이다.

9·11 테러 이후 기업 이미지의 상승

미국 기업들은 2001년 9월 11일 테러 이후 많은 후원을 하면서 기업 이미지를 확실히 개선했다. 해리스 인터랙티브의 설문조사에 따르면, 사람들은 기업들의 빠른 대응에 놀라움과 함께 깊은 인상을 받았다고 한다. 불행히도 엔론 사태, 월스트리트의 이해관계대립, 그리고 9·11 테러 이후의 다른 기업 스캔들은 테러 극복을 위해 많은 노력을 보여준 좋은 기업 이미지들을 확실히 감소시켰다.

9·11 테러 이후 기업들의 반응이 인상 깊었다고 응답한 비율
- 매우 인상 깊었다 : 46%
- 보통 : 42%
- 전혀 인상적이지 않았다 : 12%

9·11 테러 이후의 기업들 반응에 놀랐다고 응답한 비율
- 매우 놀랐다 : 18%
- 보통 : 40%
- 전혀 놀라지 않았다 : 42%

사실 기업의 우선적인 책임이 무엇인지에 대해서는 논쟁의 여지가 있다. 해리스 인터랙티브의 조사에 따르면, 절반 이상의 응답자가 기업의 책임은 주주뿐 아니라 직원, 고객, 그리고 지역 사회로 한정돼야 한다고 응답했다. 그러나 45% 응답자는 기업이 전세계의 사회적 문제에도 책임이 있다고 응답했다. 오직 1%의 응답자들만이 기업의 책임은 단순히 주주의 이익만 챙기는 것이라고 응답했다. 1%에 해당하는 소수파들은 경제학자 밀턴 프리드먼과 의견이 같다. 그는 자유사회의 사회적 책임이라는 개념도 '근본적으로 사회적인 선전'에 불과하다고 말했다. 또한 그는 게임의 법칙에서 어긋나지 않는 이상, 기업의 책임도 전적으로 자원활용을 통한 경영 활동에 전념해 이익을 올리는 것에 있다고 말했다.

그러나 이런 생각들은 현대의 긍정적 기업 이미지 형성을 위해서 전혀 도움이 되지 않는다. 다국적기업은 환경파괴부터 값싼 노동착취에 이르기까지 무책임한 기업행동에 대해 세계화 반대론자들이 지속적으로 보상을 요구하기 때문에, 그들의 자선행위 범위에 대해 한계를 설정할 수 없다. 유전자변형 음식부터 멸종위기에 처한 정글의 나무까지, 모든 것을 위해 싸우는 많은 시민운동가들이 기업의 개선을 요구하며 무책임한 행동에 대한 공격을 서슴지 않는다. 심지어 종교단체연합은 신의 이름을 빌린 광고를 통해 고객들에게 호소한다. '예수님은 어떤 차를 운전할까요?' 그러고는 연료효능이 뛰어나고 오염도가 낮은 차가 더 좋다는 것을 주장한다.

그렇다고 아이스크림 기업 벤&제리(Ben & Jerry)와 바디 숍(Body Shop) 등의 기업처럼 기업이 사회적 활동에 집착해야만 한다는 것은 아니다. 그렇지만 사회적 책임은 기업의 중요한 요소가 돼야 하고 정기적으로 사내 구성원들과 커뮤니케이션을 해야 한다. 비결은 단지 영광을 얻기 위한다는 편견 없이 기업시민 정신을 강하고 명백하게 인식시키는 것이다.

옳은 일을 하는 자는 반드시 중요한 것을 얻는다. 경영대학원에서는 교육 중인 MBA 학생들에게 더 많은 관심을 기울이고 있다. 학교에서는 기업시민 정신에 대해 본격적인 프로그램을 설계하고 사회적 책임에 관한 벤처 설립을 위한 경영계획 수립 대회를 운영하고 있다. 실례로 포드는 3백 만 달러를 노스웨스턴 대학의 켈로그 경영대학원에 기부해 세계적 시민의 중심지를 설립하도록 했다. 심지어 웹사이트에는 MBA 코스를 위한 사회적·환경적 문제를 다룬 교수들의 사례연구가 설명되어 있다.

명분 내세우기

에이번(Avon)·IBM·존슨&존슨·리바이스 등은 교육, AIDS, 간호, 유방암 등 각각 '그들만의' 명분을 갖고 있다. 어느 기업이 어떤 명분을 갖는지 예상할 수 있는가. 만약 기업이 기업시민화에 성공했다면, 아마도 당신은 에이번을 유방암과, IBM을 교육과, 존슨&존슨을 간호와, 리바이스를 에이즈와 연결했을 것이다.

중요한 명분을 갖고 있다는 것은 사회적 책임을 가진 기업 이미지를 개발시키는 데 가장 중요한 요소이기 때문에 많은 이들이 위의 연결성을 알고 있었을 것이다. 심지어 앤드류 카네기 역시 도서관을 설립하고 글을 읽고 쓰는 것에 많은 후원을 한 바 있다.

여러 기부단체를 후원하는 기업들은 대중의 기억 속에 자리잡지 못하고 그들의 사회적 책임활동마저 분산되고 만다. 하지만 하나의 문제를 다루어 재능과 자본을 그 문제에 투자하는 방식을 취한다면 그 문제와 기업의 이름은 동의어로 발전할 수 있다. 이는 여성들이 유방암에 대해 생각함과 동시에 에이번의 이름을 떠올리는 것과 같다. 유방암을 위해 성금모금을 하는 최대 라이벌인 레브론(Revlon) 등 다른 기업의 이름을 떠올리기 이전에 말이다. 에이번의 재무담당임원인 로버트 코티는 이처럼 강한 연관성을 최근에 체험했다. 그는 그의 아들이 재학 중인 홀리 크로스 대학을 방문해 연설했는데 연설 후, 어떤 의사가 그에게 다가와 에이번 유방암 연구를 위한 모금에 감사를 표시했다.

사회공헌 활동은 에이번에게는 새로운 것이 아니다. 단지 전략을 바꿨을 뿐이다. 1998년 캘리포니아 향수(California Perfume)를 설립한 데이비드 맥코넬은 사규에 다음과 같은 것을 포함시켰다. '사회의 안녕과 환경에 공헌함으로써 기업시민 정신에 대한 책임을 다하라.'

143개국에 화장품을 파는 에이번과 같은 다국적기업으로서는 세계적 명분이 더욱 우선시 되어야 한다. 에이번의 CEO 안드레아 정의 할머니는 유방암을 앓다 죽었다. 그는 "하나의 명분에 집중하는 것은 기업에 많은 도움이 된다. 우리 기업의 주주 그리고 전세계 거래 관계자들은 우리가 무엇을 이루려는지 알고 있다. 그것이 바로 그들에게 활기를 주는 명분이 되는 것이다"라고 말한다.

오늘날의 명분

어떤 명분이 이해관계자들에게 가장 중요한지 알기 위해, 많은 기업들이 직원, 주주, 고객 그리고 가끔은 이 모든 세 분류의 여론을 조사한다. 하지만 세계적 사건들과 함께 사람들의 선호도가 변하기 때문에 여론조사를 더 자주 할 필요가 있다. 홍보대행사 콘에서 실시한 미국성인들의 설문조사의 결과는 최근에 가장 인기 있는 명분이 무엇인지 보여주고 있다. 의학연구만 지속적으로 높은 순위를 유지하고 있었다.

2001년 3월
1. 범죄
2. 의학연구
3. 가난
4. 마약과 알코올 중독
5. 환경

2001년 10월
1. 국가 비극 (9 · 11 테러)
2. 의학연구
3. 교육
4. 군대를 위한 지원
5. 노숙자

2002년 7월
1. 교육
2. 의학연구
3. 가난
4. 환경
5. 대학교 장학금

에이번의 유방암 캠페인은 오래 전 영국에서 여성 판매원들과 고객들이 가장 중요한 문제로 꼽으면서부터 시작되었다. 핑크색 리본 핀 등의 핑크색 제품부터 시작하여 유방암 방지 캠페인은 걷기모금운동으로 발전했으며, 이로 인해 여성들과 더욱 친밀한 관계를 만들어갔다. 판매 종사자들은 유방암 자가진단 방법이 담긴 팸플릿을 나눠주었고 에이번의 웹사이트에 유방암을 가진 여성들을 위한 온라인 후원모임을 만들기도 했다.

에이번의 유방암운동은 국제적인 프로그램을 통해 2억 5,000만 달러 이상을 모았다. 에이번은 의학연구를 위한 모금을 도왔고, 유방 촬영기계를 구입했으며, 교통비와 아동 보호비용을 저소득 여성들에게 후원해 그들이 부담 없이 치료를 받을 수 있게 도왔다.

에이번은 유방암 캠페인을 통해 형성된 강력한 기업 이미지에 의존해 청소년을 고객으로 겨냥하고 있다. 부모들은 딸들이 에이번 제품을 사는 것을 흔쾌히 승낙할 것이다. 부모들은 책임감 있는 에이번을 신뢰하기 때문이다. "우리 기업은 실천한다. 그리고 고객들은 그것을 잘 알고 있다"라고 안드레아 정은 말한다.

행진의 선두에 서라

이 세상에 시민운동가들의 위치를 인정하지 않는 사람은 없다. 그들이 없었다면 세계는 아직도 시민의 권리, 더 깨끗한 자연환경, 그리고 다른 많은 문제들이 아직도 해결되지 않고 있을 것이다. 하지만 꼭 기억해야 할 것은, 거의 모든 시민운동가들은 기업의 적이라는 사실이다. 그들을 싸워서 이겨야만 당신의 기업이 고통스러운 불매운동이나 나쁜 소문의 피해를 입지 않게 되는 것이다. 만약 그 상황에서 기업이 먼저 조치를 취하지 않는다면 이미 게임에서 진 것이나 다름없다.

가장 현명한 전략은 기업이 논쟁되고 있는 문제에 관한 반응에 우위를 선점하는 것이다. 예를 들어 에이번은 1989년 연구소에서 동물들이 화장품 품질 테스트에 사용되는 것을 금지했다. 그리고 1991년 리바이스는 다국적 기업의 최초로 해외 제조자와 계약자 간의 윤리규범을 완성시켰다. 오늘날 두 기업은 시민단체와 좋은 관계를 유지하고 있다.

하지만 대중이, 기업이 피해를 막으려는 목적으로 어쩔 수 없이 도덕적 행동을 취했다고 판단하면 좋은 기업 이미지를 가질 수 없다. 홈 디포는 사회적 책임에 대해 좋은 평가를 받긴 했지만 거기에서 하나의 교훈을 얻었다. 고등학교를 끝내지 못한 학생들을 위해 망가진 건물을 거주할 만한 주거지로 바꾸는 일이었다. 홈 디포는 거리 순회행사를 후원하면서 청소년들의 독립선언을 공개하기도 했다. 그래서 이제 재해가 있으면 언제나 홈 디포는 재료를 제공해 수리할 수 있도록 돕고 있다. 하지만 그 영광의 빛은, 1990년대 멸종위기의 원시림에서 채취한 고목으로 만든 제품 판매에 들고 일어난 시민운동가들의 반대로 사라지고 말았다. 시민운동가들은 주주총회에서 임원들을 강력하게 질책하고 홈 디포 상가 앞에서 내부 방송 시스템 점거와 같은 언론의 흥밋거리가 될 판매방해 활동을 했다. 1999년 성 패트릭의 날에는 환경보호주의자들이 사내의 상호 통화 장치 코드를 알아내 당황한 매장 매니저와 고객들에게 다음과 같이 방송하기도 했다. "고객들에게 알린다. 일곱번째 칸에는 아마존 심장부에서 떼어내 온 마호가니 목재가 팔리고 있다."

결국 홈 디포는 멸종위기에 있는 숲에서 채취한 나무 제품들을 더 이상 판매하지 않겠다고 약속했다. 만약 홈 디포가 발 빠르게 움직여 숲 보호 단체들과 먼저 협상했다면 시끄러운 비난은 막을 수 있었을 것이다. 오늘도 그들의 웹사이트에는 '홈 디포가 우리의 열대 우림에서 강도질 하는 것을 막자' 라는 카피가 떠다니고 있다.

행동은 돈보다 더 큰 호소력이 있다

만약 기업시민으로서 당신의 기업에 대한 좋은 기업 이미지를 형성하고 싶다면 수표책을 먼저 잡는 일은 옳지 않다. 가장 좋은 방법은 돈을 떠나서 좋은 목적의 제품과 서비스 제공에 힘쓰는 일이다. 사람들은 그런 것에 더 감명을 받는다. 손수 만든 선물과 수표 중 어느 것이 더 감동적일까? 전자는 세심한 개인적 관심, 계획, 그리고 노력이 필요하고, 후자는 돈이 두둑이 들어 있는 지갑만 있으면 가능하다.

2001년 9월 11일 이후 이러한 활동의 기원으로 맥도널드는 햄버거와 치킨너깃을 구조 요원들에게 나눠줬고, 이 활동은 돈을 기부한 다른 기업들보다 더 열광적인 칭송을 샀다. 게다가 구조상황에서 이런 활동은 더욱더 인간적이고 감동적인 장면을 연출했다. TV에서 9·11 테러 상황을 중계할 때마다 맥도널드의 선행이 방영되었고 그 선행은 자연스럽게 사람들 사이에 퍼져나갔다.

IBM과 같이 수표기부에 강하게 반대하는 기업들은 돈을 뿌리는 것보다 기술적 능력으로 사회적 문제를 해결한다. 1995년, IBM은 직원, 주주, 지역 지도자들의 의견에 따라 우선적으로 교육에 집중하기로 결정했다. 그리고 재교육 프로그램을 통해 학생들의 학습을 도왔다. IBM의 창설자이며 공동 커뮤니케이션 프로그램의 부사장 스탠리 리토우는 "돈 자체가 문제를 해결할 수는 없다"고 말한다. 전직 대학총장 보좌관과 뉴욕의 교육담당이었던 그는 재정난에 처해 있는 학교에 대해 많이 알고 있었다.

오늘날 IBM은 7,000만 달러 정도의 비용을 교육에 투자한다. 여러 분야 중에는 다음과 같은 것들이 있다. 여학생들의 수학과 과학의 관심을 북돋는 기회를 제공하는 여름 캠프, 음성 탐지기를 이용해 독서능력을 학습하는 기술, 인터넷상의 부모와 교사 간의 회의 시스템, 그리고 브로드웨이에서 멀리 떨어져 거주하는 학생들을 위한 온라인 학습 시스템 등이다.

이 모든 노력의 대가는 무엇인가? 기업의 사회공헌 활동에 대한 기본적인 결과를 측정하는 것은 어렵다. 그러나 IBM은 전자도서관, 음성인식기술을 포함한 20여 개의 새로운 제품이나 서비스를 생산하는 그들의 사회공헌 활동이 분명히 IBM에 도움이 될 것이라고 생각한다.

그러나 눈에 보이지 않는 보상이 장기적으로 더욱 큰 의미가 있다. IBM은 정부와 기부 단체들로부터 표창장을 받고 교사들을 대상으로 한 외부 설문에서 가장 교육에 힘쓴 미국 기업 후원사로 선정되었다. IBM은 이러한 긍정적인 기업 이미지가 정부 관계자들에게 영향을 미치고 새로운 고객이나 투자자를 모으는 데 도움이 될 것이라고 생각한다.

최고의 기업시민

많은 CEO는 기업의 사회공헌 활동을 사회재단 담당자에게 맡기고 특별한 이유가 생길 때만 사회공헌 활동에 참여한다. 하지만 만약 사회적 책임이 사회·문화적으로 일반화되고 기업 이미지 형성에 중요한 요소가 된다면, CEO는 최고 기업시민의 역할이 무엇인지 알아야 한다. 에이번의 안드레아 정, IBM의 루이스 가스너, 팀버랜드의 제프리 슈워츠와 등의 지도자는 이 역할이 무엇인지 잘 알고 수행했다.

안드레아 정은 유방암방지 걷기운동에 참여하고 건강 클리닉 오프닝에 참석해 리본을 자르는 등의 일을 했으며, 이제는 에이번의 사회공헌책임자 문회의 새로운 회장이 되었다. 한편 IBM의 CEO 가스너는 뉴욕 본사에서 국내 교육회담의 진행자로 임무를 다했다. 그리고 슈워츠는 자신의 아들을 집 없는 퇴역군인에게 잠자리를 마련하는 활동에 동참시켜 봉사활동에 가족까지 참여시켰다.

리바이스의 회장 하스는 AIDS 바이러스가 그의 고향인 샌프란시스코에서 동성연애자들 사이에 논란을 일으켰을 때 용감한 리더십을 보여주었다. 그 병에 대해서는 아직 많은 것이 밝혀지지 않은 상태였고 일부 직원은 사내의 다른 동료들에게 그 병에 대한 경고 내용이 담겨 있는 전단지를 나눠주고 싶어 했다. 이런 말단 사원들은 AIDS란 병이 자신과 연관된다는 사실이 공개적으로 알려지면 일자리를 잃을 수 있다고 생각해 두려워했다. 그래서 하스와 다른 임원들은 함께 정보를 수집한 뒤 전단지를 돌려 그 병에 대해 알렸다. 리바이스는 AIDS 방지 운동의 선구자가 되었고 2,500만 달러가 넘는 돈을 기부했다. "옳은 일을 한다는 것은 위험을 감수해야 한다는 것을 의미한다"라고 하스는 말한다.

CEO들은 최고가 되기 위해 개인적인 자선 활동이나 모교를 위해 기부금을 모으거나, 또는 자선 활동을 이용해 부인을 지역 발레기업의 이사로 취임시키는 등의 유혹을 피해야 한다. 에이번처럼 이 같은 문제에 대해 잘 아는 기업들은 직원들에게 가장 문제가 되는 원인이 무엇인지 정기적으로 조사한다. 그것은 훌륭한 윤리 촉진제이자 가장 현명하고 뛰어난 인재들을 모으고 간직할 수 있게 만드는 도구가 된다.

그리고 당연히 CEO는 자선 활동에 대한 보상을 받기 위해 일을 시작해서는 안 된다.

상업과 자선의 혼합

어느 기업들은 '전략적 자선사업'이라 부르며 그들의 선행을 기업목표와 연결시키고 있다. 그들은 이것이 단기간의 이익을 챙기는 주주의 관심을 끄는 데 많은 도움이 된다고 믿는다.

예를 들어, 스테이트 팜 보험회사(State Farm Insurance)는 아이들의 안전좌석 무료점검과 안전에 관한 연구, 교통사고가 빈번한 교차로 개선에 12만 달러를 지원하는 등 일반 대중의 안전에 지원한다. 교통사고와 심각한 피해 및 사고로 인한 사망의 확률을 줄이는 것이 일반 대중과 스테이트 팜의 공통된 목적이다.

팀버랜드는 메이시(Macy's)·딜랜드(Dilland) 백화점과 공동으로 고객복권 행사와 '우리의 힘을 나눠요'라는 미국의 기아조직에 1만 달러를 기부했다. 메이시와 팀버랜드의 직원들은 또 하루 동안 임신한 청소년들을 위해 센터에서 봉사활동을 했다.

그리고 존슨&존슨은 사업 성공에 큰 힘이 되었던 간호사들을 적극 후원하고 있다. 존슨&존슨은 펜실베이니아 대학의 와튼 스쿨과 손을 잡고 3주 동안 간호사들이 경영교육을 받을 수 있는 자리를 마련했고, 웹사이트와 광고 캠페인을 통해 간호사라는 직업을 더욱 널리 알리고 있다.

이타주의가 강력한 동기라면 이러한 영업전략은 문제될 것이 없다. 그러나 다른 일반적인 접근방법인 공익연계 마케팅(Cause-Related Marketing)은 기업 이미지 개선에 있어서 비효율적이다. 공익연계 마케팅의 방법으로 기업들은 자신들이 생산한 제품에서 얻은 이익을 모두 또는 부분만 기부한다. 한 가지 짚고 넘어가자면, 그것은 상업적 연관성이 많기 때문에 순수한 자선이라고 보기 어렵다. 게다가 공익연계 캠페인은 지나치게 자주 사용됐다. 1983년 아메리칸 익스프레스(American Express)가 카드 사용결제마다 1페니를, 새로운 카드가 발급될 때마다 1달러를 자유의 여신상 복구 작업에 기부한 행사는 매우 참신했다. 결과적으로 15%의 새로운 카드가 만들어졌고 카드 사용건수는 30% 증가했다.

그 이후로 말 그대로 수백 개의 기업들이 마케팅과 자선을 연관시켰지만 대부분 진부한 방법이었다. 그래도 기업의 마케팅과 자선을 연결시키고 싶다면 적어도 인색하지는 말라. 당신이 얻은 소득의 가장 많은 부분을 기부하라. 배우 폴 뉴먼이 건립한 뉴 맨스 오운(New Man's Own) 식품기업은 세금을 제한 모든 순이익을 교육과 자선 활동에 기부함으로써 기업 이미지를 제고했고, 지금까지의 기부금 합계는 1억 2,500만 달러가 넘는다.

결과를 평가하라

기업 이미지만큼 중요한 기업시민 의식은 아직도 주주들과 의심 많은 직원들에게 수용되기 힘들다. 몇 명의 이해관계자들은 오직 수익과 주식가격만 중요하다는 믿음을 버리지 않지만, 만약 당신이 사회적 책임감을 입증할 수 있다면 일부 반대자들을 설득할 수 있을 것이다. 현명한 기업은 그들의 사회공헌 활동이 얼마나 활발한지에 대해 자세하고 공식적인 정보를 제공한다. 이런 투명성은 기업시민 활동에 대한 신뢰와 기업 이미지 제고에 도움이 된다. 이러한 방법으로 기업은 자신들의 자선 활동으로 뭔가 좋은 일을 하고 있음을 알리고, 자선가들의 활약을 관찰할 수 있다. 사회적 책임감이 경영에 도움이 된다면 많은 고용인과 주주에게 감동을 줄 수 있다.

제약기업 머크(Merk)는 정책적 연구를 위한 교육기관과의 컨소시엄을 통해 그들의 과학교육개선 프로그램 성공을 평가받고 있다. 컨소시엄은 머크의 프로그램이 뉴저지와 펜실베이니아 지역에 있는 공립학교 교사들의 교육방식과 과학지식을 확연히 개선했다는 것을 발견했다. 심지어 이 프로그램은 예전에는 과학 공부에 관심을 보이지 않았던 여학생과 유색인종 학생들이 과학과 관련된 직업을 더 선호하도록 만들었다.

"우리는 다른 경영 활동과 마찬가지로 우리의 지역 사회 활동을 평가한다"고 IBM의 리토우는 말했다. 아동기술 센터라는 독립단체에서 3년 동안 연구한 바로는 IBM의 재교육 프로그램이 실행된 일부 지역 학생들의 활동, 교사자질, 학교경영 역시 개선된 것으로 나타났다.

어느 기업은 기부금이 어디에 어떻게 쓰이는지 정확히 기록한다. 에이번에서는 홈페이지에 유방암 예방에 쓰인 기부금 기록을 아주 자세히 올려놓았다. 2억 189만 장의 무료 전단지가 21개 국가에 나누어졌고, 아르헨티나에서는 3만 6,000번의 무료 유방암 촬영이 시행되었으며, 642만 1,380번의 의료검진이 360개 멕시코 도시에서 이루어지고, 130만 명의 우크라이나 여성이 암에 대해 교육받은 사실이 올라 있다.

자선 추구의 위험

자선인가 또는 이익을 위한 것인가? 미국인들은 사회와 환경책임 메시지에 대한 동기에 의심을 가지고 있으며, 만약 기업이 좋은 이미지를 주는 데 실패한다면 그들은 이를 용서하지 않는다. 일반적으로 '음… 저 기업은 뭔가가 있어' 라는 식의 반응을 보인다. 많은 사람은 기업이 나쁜 뉴스를 피하기 위해 자선 활동을 시작한다고 믿는다. 그것이 지금은 알트리아 그룹으로 불리는 필립 모리스와 마이크로소프트가 사회공헌 활동을 시작했을 때 고객들의 반응이었다. GE의 광고 역시 의심을 받았다. GE는 학생들을 위한 3,000만 달러 상당의 대학진학지원 프로그램과, 직원으로 구성된 자원봉사자들이 노인들에게 팬케이크를 만들어주고, 놀이터를 치우고 유치원 학생들에게 책을 읽어주는 활동에 대한 광고 캠페인을 벌였다. 그러나 이 좋은 의미의 광고 메시지는 많은 사람에게 GE가 허드슨 강에 버린 심각한 오염물질 정화를 둘러싼 규제에 대한 오랜 다툼과, 막대한 퇴직금을 전 CEO 존 웰치 2세에게 준 사건을 피하려는 것으로 인식했다. 게다가 노동자 옹호단체에서는 웰치에게 후한 퇴직금을 주기 위해 노동자들의 건강관리비를 사용했다는 이유로 GE를 2002년 미국의 가장 악덕한 기업으로 선정했다.

스캔들이 두려운 MCI와 타이코 등의 기업은 사회공헌 활동에 시간과 돈을 낭비할 필요가 없다. 이 시점에서 고객들은 그것을 듣고 싶어 하지 않는다. 하지만 고객들은 어떤 기업의 생산제품을 사고, 어느 기업에 투자해야 하며, 또 어디에서 일해야 하는지를 결정할 때 도움이 될 수 있도록 기업들의 사회적 · 환경적인 책임에 대한 정보를 원한다. 하지만 많은 이들은 정보를 찾지 못한다. 해리스 인터랙티브에서 실행한 '기업은 좋은 의도로 후원하는가?'라는 기업 이미지 설문조사에서 가장 많은 답은 '확실히 모르겠다' 였다.

고객 스스로가 최고의 접근방법에 대해 이견이 있기 때문에 홍보담당들은 기업의 좋은 일들을 알릴 수 있는 가장 좋은 방법이 무엇인가에 대해 혼란스러워 한다. 응답자의 절반 정도는 신문·잡지를 통한 발표나 광고가 가장 적합하다고 말했지만, 40%의 응답자는 소란스럽지 않은 메시지가 더 좋으며, 사회공헌 정보에 대한 자료들을 기업 웹사이트의 연간 리포트를 이용해 올려놓는 게 좋다고 말했다.

기업은 어떤 사회공헌 활동을 통해 좋은 기업 이미지를 얻을 수 있을까? 그것은 쉽지 않다. 머크는 '어떻게 하면 베푼 자선에 대해 신뢰를 얻을 수 있을까?'라는 생각을 뿌리째 없애버렸다. 머크는 이익만을 좇는 제약기업에서 열정적으로 의학 치료법을 찾는 기업으로 이미지를 바꾸고 싶었다. 머크를 비롯한 제약기업들은 상승하는 의약품의 가격과, 미국의 가난한 환자이든 아프리카의 AIDS 환자이든 간에 약이 필요한 사람들에 대한 제한된 의약품 제공능력 때문에 많은 공격을 당하고 있다.

하지만 머크는 3억 4,000만 달러 상당의 현금과 제품을 해마다 기부하는 선행도 한다. 1987년부터 머크는 7억 개가 넘는 멕티잔(Mectizan)을 사상충에 걸릴 위험이 있는 가난한 나라의 사람들에게 제공하고 있다.

머크는 전통적으로 환자들과의 의사소통보다 의사들과의 소통에 더 많은 무게를 두었다. 하지만 지금은 머크의 기업 이미지에 더 각별한 관심을 두어야 한다는 사실을 인정하고 있다. 왜냐하면 정치인들이 제약회사를 담배기업처럼 비도덕적이고 욕심이 많은 기업으로 여기고 있기 때문이다. 최근에 머크는 사회공헌 활동 내역을 웹사이트에 올려놓았지만 그 정보에 관심 있어서 찾아보려는 사람들에게만 보일 뿐이다.

기업은 사회공헌 활동을 하든 안 하든 간에 문제가 생긴다. 어느 기업은 오직 환자에게 신경을 쓰는 것으로 사회공헌 활동을 실천하기로 결정했다. 하지만 침묵은 자랑하는 것만큼이나 위험하다. P&G, 존슨&존슨, 도요타 등은 9·11 자선 활동을 크게 알리지 않았다. 그리고 그들이 도움을 전혀 주지 않았다고 오해하는 사람들로부터 비난을 받았다. 존슨&존슨은 뉴스에 자신들이 기부금과 물품을 제공했다는 기사를 내보내달라고 요청했으나 이는 방어적인 행동에 불과했다. 투자자와 고용인들은 존슨&존슨이 생존자들과 구조대원들을 도왔다는 사실을 듣지도 보지도 못했다며 불평이 담긴 이메일을 보냈다.

사람들은 테러 공격과 같은 위기 상황에서 기업이 자선활동을 알리는 동기에 대해 민감해 한다. 베리존 커뮤니케이션즈는 소중한 기부금과 맨해튼 시내에 전화통신 서비스를 제공하기 위해 기울인 노력에 대해 고객들에게 광고 대신 편지로 알렸다. 하지만 그 방법 또한 일부 고객들을 불쾌하게 만들었다. 고객들은 베리존 커뮤니케이션즈가 이런 참변을 이용해 기업을 홍보하는 것처럼 보인다고 생각했다.

일부 기업들은 9·11 테러사건 이후 자신만을 위하는 것처럼 보이지 않게 하는 일이 매우 어려웠다고 말한다. 예를 들어, 에이번은 하트 모양의 미국 국기 핀을 팔아서 700만 달러가 넘는 기부금을 모았는데, 이 일에 대해 판매담당자들에게 고마움을 전하는 일간지 전면광고의 목적이 상업적으로 보이지 않게 하려고 노력했다. 에이번은 전화번호를 집어넣거나 웹사이트 주소를 광고에 넣지 않음으로써 광고의 목적이 제품을 팔려는 것이 아님을 보이려고 노력했다.

에이번은 유방암 예방 프로그램과 다른 사회공헌활동을 알리는 과정에서 언론보도보다 시장에서의 관심을 끌기 위해 신경 썼다. 그래서 판매담당자들이 고객의 집을 방문할 때 느끼는 신뢰성을 이용했다. 여성 판매원들이 에이번의 자선 활동에 대해 고객들과 얘기를 나누거나 주문된 제품에 자선 활동에 관한 내용들을 인쇄해 전달하기도 했다.

조심스럽게 접근만 한다면 광고를 하는 것이 성공적일 수 있다고 생각하는 기업도 있다. 로널드 맥도널드 하우스 자선재단은 처음으로 다큐멘터리 스타일의 광고를 개발해 암을 가진 아이들을 위한 캠프, 특별한 도움이 필요한 아이들을 위한 야구장, 그리고 심각한 투병생활을 하는 아이들의 가족을 위해 편의시설을 제공하는 일을 홍보했다. 게다가 맥도널드는 세계 최초로 사회공헌 리포트를 홈페이지에 올렸다. 홍보담당 부사장 월트 리커는 "우리는 이 활동에 대해 감추지 않고 알리되 기업 홍보가 되는 것을 바라지 않는다"고 말했다.

사회공헌 활동에 대한 뉴스는 가장 믿을 수 있는 기업 이미지를 제공한다. 주로 후원자들이 언론을 통해 얘기하도록 하는 것이 가장 안전하고 기업에도 맞다. 가장 좋은 방법은 기업의 사회공헌 활동을 최대한 흥미롭게 만들어 언론에 자연스럽게 노출하는 것이다.

이것이 바로 IBM의 전략이다. IBM은 e-비즈니스적 브랜드 캠페인과 함께 적십자를 위한 재난구조 웹사이트 운영 등의 광고를 몇 개 만들었다. 예컨대 미켈란젤로의 두번째 피에타 조각을 보러 러시아까지 여행할 수 없는 사람들을 위해 가상의 에르미타쥬 박물관을 인터넷을 통해 공개했을 때, 많은 언론의 주목을 받았다. IBM이 미술 프로젝트에는 보잘것없는 역할을 했을지 몰라도 언론이 보도한 신뢰는 돈으로 살 수 없었을 것이다.

주목할 만한 기업의 비전 제시

석유회사도 환경을 생각한다! BP그룹

BP는 정말 'Beyond Petroleum' 이라는 뜻같이 보인다. 거대 에너지 기업의 이름은 새로운 슬로건과 비전에 딱 알맞았다. 원래 사명이 '브리티시 페트롤리엄(British Petroleum)' 이었던 기업으로서는 큰 변화였다. 그러나 세계에서 두번째로 큰 석유기업인 BP의 21세기를 위한 비전 또한 충격적이었다.

BP의 목표는 도덕적 우위를 선점하는 것이었다. 대체 에너지 프로젝트와 여러 환경보호운동과 관련하여 솔선하는 친환경적 에너지 기업으로 자리하기 위해 많은 노력을 쏟고 있었다.

BP는 기업 이미지라는 조리법에 비전이 가장 중요한 재료 중 하나라는 사실을 잘 알고 있었다. 비전을 갖고 있는 기업은 미래에 대한 자신감이 생기고 동종 업계에서 리더십을 가진다. 비록 BP가 비인기 산업에 속하지만, 명확한 비전은 경쟁사들보다 BP를 우위에 올려놓는 데 큰 도움이 될 것이다. 로열 더치(Royal Dutch)나 셸그룹(Shell Group) 등의 기업도 '환경' 비전을 알리는 일에 힘쓰고 있다. 그러나 아무도 'Beyond Petroleum' 선언문을 만든 BP와 같은 노력을 하지 않았다.

새로운 비전은 BP의 브랜드를 재정비해야 할 필요성을 동시에 느꼈다. BP는 1990년대에 활황기를 겪었고, 아모코(Amoco), 애틀란틱 리치필드(Atlantic Richfield), 캐스트롤(Castrol)을 합병했다. 이 세 기업을 통합시킬 수 있는 새로운 기업 브랜드가 필요했다. 100개가 넘는 국가에서 사업을 하기에 브리티시 페트롤리엄이라는 기업명은 너무 편협했다. 게다가 BP는 비환경적인 석유사업에 뿌리를 두고 있다는 기업 이미지에서 벗어나 에너지와 미래에 대한 기업 이미지를 원했다.

BP의 비전은 갑자기 생겨난 것이 아니다. 1997년 지구온난화의 위험성에 대해 공개적으로 말한 첫 석유기업이었다고 그들은 자랑스럽게 말한다. 또 정부의 요청에 앞서 연료의 유황함유량을 감소하고 이산화탄소 방출을 줄이겠다는 약속을 지키기 위해 노력했다. BP는 새로운 에너지 자원으로서 태양력 사업이 2007년까지 BP의 연간수익 1,790억 달러 중 아주 작은 부분인 10억 달러의 순이익을 기대하며, 태양력에 의존해 일부 운영되는 주유소를 짓고 있다.

BP그룹의 회장 존 브라운은 "고객들은 BP와 같은 기업에게 변명이 아닌 정답을 기대하고 있다고 나는 믿는다. 그들은 성공적인 기업이 도전을 하고, 기술과 과학기술을 개발하며, 좀더 좋은 기회를 제공할 것을 기대한다. 우리는 에너지 사업을 다시 세우고 공해방출량을 안정시키는 것과 관련된 사업의 준비가 돼 있다"라고 말한다. 브라운은 석유와 가스 생산을 5.5% 증가하려는 BP의 계획에도 불구하고 이산화탄소 방출량을 2002년 수준으로 유지키로 했다. 2002년 방출량은 1990년대보다 10% 적은 양으로 BP의 원래 계획보다 8년 앞당긴 성과였다.

모든 이해관계자가 BP의 새 비전을 받아들이든 아니든 간에, 이것은 강력한 힘을 가진다. BP와 이 곳의 홍보 대행사들은 이례적으로 포괄적인 비전 계획을 만들었다. BP의 사명을 못 볼 리가 없다. 만약 사람들이 장기간에 걸친 광고 캠페인을 이해하지 못했다 하더라도 새로 디자인된 BP의 주유소는 봤을 것이다.

또한 BP 활력의 근원인 에너지 자원, 그 이상이라는 비전은 BP에게 아주 새로운 광고가 필요하다는 것을 의미했다. 마케팅 담당자들은 그들의 광고가 다른 기업의 전형적인 광고처럼 알래스카의 황야를 뚫고 파이프를 놓는 장면을 보여주면 안 된다는 점을 잘 알고 있었다. "우리는 고객의 의견을 들어보기로 했다"라고 BP 북미 지역 부사장 페트리시아 라이트는 전했다.

그리고 거대 석유업계에 대한 대중들의 의심을 표현하는 광고가 가장 적합한 것처럼 보였다. 그래서 BP 관계자들은 비디오카메라를 들고 주요 도시의 길거리를 돌아다니며 400명이 넘는 사람에게 석유기업, 지구온난화, 대체 에너지, 환경에 대해 인터뷰했다. 예상대로 대답은 무척 냉소적이었다. 중장비 운전사인 알프레드 에스피노사는 "석유기업은 자동차회사가 깨끗하고 친환경적인 자동차를 만들지 못하게 막고 있다"고 대답했다. 또 다른 광고에서 발레 강사 미란다 리처드슨은 "석유기업의 우선순위는 무엇일까? 그들의 제일 중요한 우선순위는 돈을 버는 것이다. 균형이 필요하다"라고 말했다.

BP는 잘 알려진 BP 방패를 신규 로고로 내세워 새로운 기업 모습을 만들었다. 고대신화에서 태양의 신의 이름을 딴 헬리오스 트레이드마크는 폭발하는 듯한 에너지와 해바라기를 나타내는 초록색과 노란색의 원으로 구성되어 있다. BP는 스폰서십과 다른 마케팅이 새 비전에 적합한지에 대해 신중했다. 그래서 자동차경주 스폰서 대신 요트경기를 후원했다.

그러나 'Beyond Petroleum'은 마케팅이나 디자인보다 훨씬 많은 것을 포함한다. BP는 홍보팀, 인력팀, 광고팀, IR팀, GR팀에서 사람을 모아 이미지 관리팀을 만들었다. 그리고 BP는 새로운 비전을 널리 알리기 위해 브랜드게임과 책을 만들었다. "직원들이 새로운 비전을 자랑스럽게 여기도록 하기 위해 직원들과의 커뮤니케이션에 집중한다. 우리의 새로운 기업 이미지는 BP가 학생들을 고용하고 경험 많은 기술자들을 모으는 데 도움이 될 것이다"라고 라이트는 말했다. 사내 브랜드 캠페인 설문에 따르면, 76%의 직원이 'BP-Beyond Petroleum' 포지셔닝에 대해 호의적이었고 90%는 회사가 올바른 방향으로 가고 있다고 생각했다.

한편 BP는 기업 이미지를 돋보이게 하기 위한 잠재력 있는 비전을 갖고 있다. 하지만 이 또한 세밀한 조사를 통해 정립한 것이다. 만약 BP가 대체에너지를 만들겠다는 약속에서 물러선다면 맹렬한 비난이 쏟아질 것이다. 더 위험한 것은 BP의 신뢰와 기업 이미지를 훼손시킬 수 있는 기름 유출이나 환경사고들이다. BP의 광고에 대해 회의적인 사람들은 언론과 환경 감시단체에 비하면 그나마 관대한 편이다.

벌써부터 시민운동가들은 'Beyond Petroleum' 비전을 두고 과장되며 가장 뻔뻔스러운 기업 환경보호 활동의 예라고 생각한다. 그린피스는 BP를 지구온난화 배후에 있는 '기업 범죄자'라고 부르며, 기업 이미지 캠페인을 비웃는다. "BP의 기업 이미지 캠페인 뒤에 감춰진 진실은 BP의 대부분 예산을 가능한 많은 석유를 확보하는 데 쓰고 아주 작은 예산만을 재활용 에너지에 사용한다. BP는 지구온난화의 위협에 대해 입에 발린 달콤한 말만 하고 있다"라며 이를 비난한다.

환경적인 문제 외에도 언론과 많은 비평가들은 화석연료로 대부분의 이익을 만들면서 BP가 'Beyond Petroleum'이라는 비전을 제시하는 것은 정직하지 못하다고 지적했다.

이런 의심에 대한 BP의 대응은 광고 슬로건에 잘 나타나 있다. "우리는 우리가 다 알고 있다고 말하는 것이 아니다. 우리는 노력 중이다."

BP는 언론과 환경·시민운동가들로부터 쏟아지는 날카로운 비판에 놀라지 않았다. "어느 리더든 위험부담에 대해서 생각한다. 우리 산업에 속해 있는 누구에게든 사고의 위험은 따른다"라고 라이트는 말한다. 실제로 BP

의 알래스카 안전 기록은 2002년 유전 폭발사건 때문에 깨졌다. 설상가상으로 2003년 캘리포니아 규제 관리자들은 석유 정제소에서 공기오염치 위반을 한 BP를 상대로 3억 1,900만 달러의 손해배상 소송을 제기했다.

이러한 문제가 다른 에너지 회사에겐 흔한 일인지 몰라도, 새로운 종류의 에너지 생산자로 자리잡고 있는 중인 BP에겐 심각한 문제다. BP는 비전과 기업 이미지와 관련한 피해를 최소로 줄이기 위해 반드시 이러한 문제를 해결해야 한다.

문제는 해결될 수 있다. 1980년대 사회 환경적으로 책임이 막중한 기업들 중 두 기업은 사명을 다하지 않았다고 비판을 받았으며 그 공격에서 살아남았다. 영국의 화장품 마케터인 바디 숍과 버몬트의 아이스크림 기업인 벤&제리는 환경과 사회의 정의에 대한 헌신 때문에 많은 사랑을 받았다. 그러나 1990년대, 열대우림과 제3세계에 있는 소규모 거래처들로부터 원료를 사주겠다던 그들의 맹세를 지키지 않았다는 비난을 당했다. 그 기업들은 대중에게 일부 신뢰도를 잃었다. 그러나 이들은 건전한 기업 이미지 덕분에 살아남았고, 지금까지 기업 책임을 강조하고 있다.

BP의 비전이 강력한 감시를 견뎌낼 수 있을지 확신할 수 없지만, BP는 아주 대담한 비전을 설정하고 기업 이미지를 높은 수준으로 끌어올리려 한다. 과연 'Beyond Petroleum' 계획이 거대 석유기업의 교묘한 PR 속임수였는지, 아니면 미래적인 에너지 회사의 정직한 새 비전이었는지의 여부가 큰 관심거리다.

비전과 리더십

모든 회사는 공상가가 필요하다. 일반적으로 열정을 품고 사업을 계획하는 설립자가 그렇다. 그들의 꿈은 부자가 되고 유명해지는 것 이상이다. 그들은 전화기의 발명과 PC의 개발처럼 혁신적일 것이다. 그리고 더욱 겸손할 것이다. 기업은 질병을 치료하고 더 효율적이고 편안한 교통 서비스를 제공하거나 쓰기 편하고 값싼 기술력 생산을 위해 운영될 것이다.

비전이 무엇이든 기업에게 명확한 방향과 목적을 가르쳐야 한다. 기업이 무엇을 위해 일하는지 명료하게 말할 수 있어야 한다. CEO는 비전을 옹호하고 실천해야 하며 직원들은 이를 믿어야 한다. 비전이 많은 주목을 받을수록 기업 이해관계자와 함께 기업 이미지를 제고할 수 있다. 사람들은 비전이 있는 기업을 변화가 심한 경제 상황에서도 잘 적응할 수 있는 기업이라고 인식한다. 나아가 산업의 선도자로 보인다면 대중의 사랑을 받는 것은 분명하다. 최근 케임브리지 경영대학원에서 실시한 설문에 따르면, 다국적 CEO들은 호의적인 이미지를 만들기 위해 비전과 리더십을 가장 중요한 요소라고 생각하고 있었다.

"모든 집, 모든 책상 위에 컴퓨터를…" 이는 세계적인 소프트웨어 기업이 된 마이크로소프트의 설립자인 빌 게이츠와 폴 앨런이 한 말이다. 야심적인 그러나 간단한 한 마디 말에는 복잡한 기술력과 시장 공략이 담겨 있다. 그러나 게이츠와 알렌에게 가장 중요한 것은 진정한 공상이었다. 많은 비평가가 그들의 꿈을 비웃었지만, 빌과 폴은 취미로 여기는 장난감에서 일상생활의 중요한 부분으로 변할 가능성을 보았다.

마이크로소프트는 해리스 인터랙티브 기업 이미지 설문의 비전과 리더십 부분에서 4년 동안 1등을 했다. 마이크로소프트의 비전은 시장의 변화에 대해 예견했고, 그러한 변화에 적응하며, 경쟁자들보다 빠르게 투자했다. 마이크로소프트에 활을 겨누고 있는 사람들마저 그의 강력한 비전과 리더십을 부인할 수는 없다. 정부는 독점금지법소송을 제기하며 마이크로소프트의 비전을 독점적이라고 여겼다. 그러나 마이크로소프트는 자신들의 비전을 그렇게 여기지 않는다. 오히려 기술력을 갖고 있으면서 좀더 포괄적인 목표를 갖고 있다고 생각한다. 그리고 전세계 사람과 기업들이 그들의 모든 잠재력을 인식할 수 있도록 하는 것이라고 믿는다. 또한 성공에

현명한 회사들

2002년 해리스 인터랙티브의 기업 이미지 조사에서 비전과 리더십, 미래성장에 유망한 전망을 갖춘 기업으로 평가된 기업 순위이다.

비전과 리더십

1. 마이크로소프트
2. 할리데이비슨
3. 존슨&존슨
4. 델
5. 코카콜라
6. 월 마트
7. 안하우저부시
8. 펩시
9. UPS
10. 월트 디즈니

미래 성장에 대한 유망한 전망

1. 존슨&존슨
2. 월 마트
3. 델
4. 마이크로소프트
5. 홈 디포
6. 할리데이비슨
7. 코카콜라
8. UPS
9. 소니
10. 월트 디즈니

대한 진정한 평가는 소프트웨어의 힘이 아닌, 우리 안의 속박을 푸는 힘이라고 주장한다. 이러한 선언은 혹자에게 가식적으로 들릴지 모르나, 완벽한 전략으로 구성된 비전 선언문은 직원과 고객들에게 영감을 준다.

BP의 경우처럼 기업의 비전은 과거로부터의 분리를 의미한다. 기업들은 오랜 시간 동안 살아남을 비전을 갖고 있다. "우리는 약(藥)이 사람을 위한 것이라는 것을 절대 잊지 않으려고 한다. 이익을 위한 것이 아니다. 이익은 저절로 따르는 것이며 그것을 잊지 않는 한 우리는 절대 실패하지 않는다"라는 설립자 조지 머크의 선언을 50년 넘게 따르고 있는 머크의 경우를 살펴보자. 이 선언은 간결하지만 매우 기억에 남는다.

빈(L. L. Bean)은 창립자 레온 레온우드 빈의 '황금률'을 고수하고 있다. 그는 부츠 사업을 시작한 1912년 무렵, 그의 근본적인 철학은 '좋은 상품을 적절한 이익에 팔고 고객들을 인간적으로 대한다면 소비자는 더 많은 제품을 사기 위해 다시 찾을 것이다'라는 근본적인 철학을 갖고 있었다.

인간애에 비전을 두고 설립된 또 다른 회사가 있었다. 2000년 제트블루 에어웨이(JetBlue Airways)는 신선한 이름과 함께 '비행기 여행은 인간애를 신고'라는 목표를 갖고 경쟁이 치열한 항공산업에 진출한 기업이다. 이 또한 시기적절한 비전이었다. 일등석 고객들마저 좁고 불편한 자리에 대해 불평할 정도로 항공사 서비스의 질이 떨어져 있는 상황이었기 때문이다.

정확히 말하자면, 제트블루의 낮은 가격과 질 높은 항공 서비스는 그다지 참신한 비전은 아니었다. 친절함과 일관적인 서비스로는 이미 사우스웨스트 에어라인이 유명했기 때문이다. 그러나 제트블루의 창립자 데이비드 니들먼은 편안함과 순수함에 보태어 자신의 전략을 확대시켰다. 가죽시트, 위성생중계 TV 프로그램, 기내 요가 서비스 등의 제공이 바로 그것이다.

사람들은 제트블루로 몰렸으며, 2002년에는 549만 달러 상당의 순익을 기록했다. 그러나 곧 문제가 생겼다. 델타 에어라인이 제트블루의 비전을 따라하면서 새롭고 재미있는 이름으로 가죽시트와 낮은 가격대를 공격했다.

항공사들이 얼마나 성공적으로 자신들의 비전을 따르느냐에 따라 승자와 패자는 나뉜다. 완벽하게 비전을 따르기란 사실상 불가능하다. 그러나 기업은 그들의 비전과 가깝게 있어야 하며, 그 비전을 향해 노력해야 한다.

그러나 일부 기업은 경영진이 바뀌고 새로운 사업영역으로 확장해 나갈 때 방황하기도 한다. 월트 디즈니는 ABC 방송국과 미라맥스 필름(Miramax Films) 등 새로운 언론 미디어들을 합병·개발하면서 새로운 방향으로 움직였다. 월트 디즈니의 비전은 일부 이해관계자에게는 더 이상 명백하게 보이지 않았다. 일반 대중들은 아직도 기업의 오락사업 집중이 강하다고 생각하지만, 일부 소비자는 월트 디즈니가 가족적인 뿌리에서 너무 멀어져간다고 불평하고 있다. 그들은 성인전용 스튜디오에서 만들어진 영화를 좋아하지 않으며, 대부분의 미국인이 놀이공원 입장료 인상을 반대하고 있다. 영국의 캔터베리 대주교마저 어린아이 대상으로 한 지나친 상업주의와 마케팅을 비판했다. 디즈니는 이 문제에 대해 이렇게 답했다. "월트 디즈니의 비전은 몇십 년 전 백설공주와 일곱 난쟁이를 개봉하고 놀이공원을 개장할 때부터 품질 좋은 오락사업과 부모와 어린이들이 함께 나눌 수 있는 경험을 제공하는 것이었다. 공동체적 친절과 낙천주의는 월트 디즈니가 노력해 이루려는 것의 가장 중요한 중심부다."

분명히 디즈니는 질투가 날 만한 전통을 갖고 있다. 그러나 재무실적, 주가, 놀이공원사업 등에서의 피해를 회복·개선하면서 미래를 위한 비전을 곰곰이 생각해 봐야 할 시점에 와 있다.

카리스마적인 CEO

카리스마가 강하고 공상가적인 CEO는 기업 이미지에 큰 영향을 줄 수 있다. 프랭크 퍼듀가 닭고기를 위해 무엇을 했는지, 빅터 키암이 전기면도기를 위해 무엇을 했는지를 봐도 그렇다. 사실, CEO의 가장 큰 실패 요인은 비전을 제대로 전달하지 못하는 것이라고 학자들은 주장한다.

기술산업은 많은 공상가적 CEO들을 만들어냈다. 주요 소프트웨어 기술자인 빌 게이츠도 그 중 하나다. 델(Dell)의 창립자 마이클 델도 비전과 리더십의 튼튼한 기업 이미지를 갖고 있는 CEO 중 한 사람이다. 그는 '우리가 하는 모든 것을 달성하는 열정'을 담고 있는 'Dell 정신'이라는 철학도 개발해 냈다.

기업 비전은 흔히 CEO의 성격과 큰 연관이 있다. 결국 CEO는 기업을 대표하는 상징인 것이다. 그러나 진정 위대한 기업은 우수한 CEO가 떠난 후에도 언제나 열심히 노력한다. 그러나 이 말은 뛰어난 CEO의 죽음이나 퇴직이 기업 이미지에 아무런 관련이 없다는 소리는 아니다. 하지만 GE 같은 기업은 전설적인 리더보다 오래 남았다. 왜냐하면 적어도 가장 좋은 CEO들이 예외적인 권위를 확실히 확립했기 때문이다.

GE에서 잭 웰치를 넘어서는 경영에 성공한 제프리 이멜트는 벌써부터 그의 흔적을 만들고 있다. GE의 비전은 토마스 에디슨과 공동으로 설립된 기업의 근본적인 연구에 중점을 두어 개선했다. 최근 이멜트는 뉴욕에 있는 GE 연구소를 개선하기 위해 1억 달러를 투자했고, 기업 슬로건을 '우리는 좋은 제품을 제공한다'에서 '상상실현'으로 바꿨다.

그러나 일부 기업은 비전을 제시하는 지도자를 잃었을 때를 대비한 준비를 잘 하지 않는다. 웬디스(Wendy's)는 2002년 설립자 데이비드 토마스가 죽었을 때에 그의 부재를 너무 크게 느낀 나머지, 그가 죽은 뒤 광고에 그의 이름을 담았다. 토마스는 아직도 웬디스 문화의 큰 부분이며, 그의 겸손한 시작, 가치관, 민중 영웅 현상에 대해 설명하는 것은 기업 홈페이지의 중요한 부분이다. 웬디스와 같은 기업들은 지도자가 떠나도 그들의 비전을 계속 이어가고 싶어 한다. 그러나 너무 오랫동안 과거에 매여 있는 것은 바람직하지 않다. 비즈니스 세계는 매우 경쟁적이라서 기업은 끊임없이 혁신하고 미래에 중점을 두어야 한다.

웬디스는 토마스의 기여에 대해 홍보하기보다 새로운 햄버거를 만들고 서비스의 속도를 빠르게 하는 것이 패스트푸드 산업에서 승리하는 비전이라는 점을 깨달아야 한다.

실용적이고 창조적인 균형

정식 기업사규에는 비전을 어떻게 쓸까? 비전은 다소 애매한 설정일 수 있으나, 명문화 작업이 비전을 구체적으로 만드는 데 도움이 된다. 하다못해 비전의 선언은 직원들과 외부 이해관계자들에게 기업의 목표를 알리는 계기가 된다. 기업의 비전은 야망에 차고 직원을 자극해야 한다. 사업을 확장할 수 있는 정도로 포괄적이어야 하지만 일반적이지 않아야 한다. 일부 선언들은 너무나 단순한 나머지 무의미하게 퇴색되기도 한다. 너무 많은 브랜드가 그 분야의 최고가 되어 주주들에게 보답한다고 선언한다. 한 기업의 웹사이트에 있던 고리타분한 예를 들어보자. '국제적인 선도 기업이 되기 위해 노력한다', '고객들을 먹이고, 입히고, 보살피기' 등의 문장은 결코 직원들을 자극할 수 없다. 그리고 터무니없는 주제를 갖고 있는 회사도 있다. '우리 기업의 힘을 자유롭게 함으로써 고객의 삶을 향상시킨다.' 100년 넘게 제조산업의 상징이었던 포드마저 실망스럽게도 매우 진부한 비전을 갖고 있었다. '세계 최고의 자동차를 제조하고 서비스를 제공하는 소비자 기업되기.'

가장 이상적인 일은 실용성과 창조성의 균형을 찾는 것이다. 기업의 비전은 사람들을, 특히 직원들을 공감시켜야 한다. 그래서 직원들은 비전에 대한 열정을 갖고 있어야 한다. 비전 선언에서의 감동적인 문구는 분명 열정을 불러일으키며, 간결한 문체도 비전을 인상적으로 만드는 데 일조한다.

컨설팅기업인 베인&컴퍼니(Bain & Company)에서 실시한 설문에 따르면, 70%의 기업이 비전이나 목표 선언을 가지고 있다고 한다. 그러나 기업 웹사이트를 조사한 결과, 많은 기업이 그들의 비전 선언문을 소개하지 않고 마치 대단한 비밀처럼 감춰두고 있는 것처럼 보였다. 어쩌면 조직 안에서 합의가 아직 안 되었거나 그들이 무엇에 헌신하고 있는지를 보여주는 것이 창피해서인지도 모른다. 어떤 경우든 기업 이미지에 이바지하고 싶다면, 그들의 이해관계자에게 명백한 비전을 제시해야 한다.

물론 비전 선언은 전통적으로 내려오는 것일 수 있고, CEO가 오랫동안 관리자나 직원들로부터 받은 노력과 수고에 바탕을 둘 수도 있다. 그러나 이사회는 강한 느낌의 선언문은 좋아하지 않기 때문에 반드시 그룹 전체가 이를 만들기 위해 애쓸 필요는 없다. CEO가 직접 쓰고 알려주는 것이 효과적이다. 노련한 전문가의 도움을 얻어서 말이다. 진정으로 독창적이지 못한 CEO들에게는 새로운 선택이 있다. 마케팅 기회를 포착한 일부 인터넷 사이트는 비전 선언문을 속성으로 만들어주는 일을 대행한다. 원 페이지 비즈니스 플랜 컴퍼니(One Page Business Plan Company)는 '빈칸 채우기' 문서양식을 쓰도록 추천하고 있다. 그러나 이들 대행사를 이용하는 CEO들을 공상가적이라고 말하기는 어려우며, 이들은 '예측이 가능한 수준'의 결과만 이룰 수 있을 뿐이다.

실패한 비전

비벤디 유니버설(Vivendi Universal)과 타임워너(Time Warner)의 경우를 살펴보자. 두 기업은 부분적인 합보다 합쳐진 하나가 훨씬 크고 낫다는 사실을 증명하고 싶었다. 이 둘은 미디어본부와 인터넷 재산을 합치고, 놀랄 만한 미디어 콘텐츠와 시너지 효과를 기대했다. 그러나 미디어시너지는 신밀레니엄 시대에 가장 잘못 알려진 기업 비전 중 하나였다. 설정 자체는 듣기에 괜찮았지만, 실행은 엉망이었다. 비벤디 유니버설과 타임워너는 실패한 비전에 대한 대가를 치러야 했다. 그들의 기업 이미지는 훼손되고 일부 경영진은 쫓겨났으며, 몇몇 사업은 매각되고 주가는 급락했다.

이 두 회사는 크게 빌리고 크게 썼으나 현실은 그들의 확장된 비전에 비해 훨씬 좁았다. 인터넷은 기업이 예상했던 것만큼 언론과 오락 콘텐츠 부분에서 효과를 거두지 못했다. 게다가 여러 미디어와 인터넷 회사 간의 분열과 경쟁 속에서 다른 기업 문화를 혼합한다는 것은 무척 어려운 일이다.

비벤디 유니버설과 타임워너는 그들의 거대한 계획을 줄이도록 압박을 받았다. 투자자와 다른 이해관계자들로부터 다시 신뢰를 얻고 기업 이미지

비전으로 사용되는 말들

아래는 다양한 기업 비전 선언들을 발췌한 내용이다. 어떤 것들은 매우 감동적이다. 하나하나마다 기업의 중요성을 담기 위해 노력했다.

"우리가 하는 모든 일을 하나님의 영광으로. 사람들이 개발할 수 있도록 도와주기. 우수함을 추구하기. 수익성 있게 성장하기."──서비스 마스터

"세계적인 맥주회사가 되어라. 전세계 고객들을 풍요롭고 즐겁게 만들어라. 우리의 주주들에게 극대화된 수익을 가져다 주어라."──안호이저 부시

"따뜻함, 친절함, 개인적 긍지, 그리고 기업정신을 갖고 최상의 고객 서비스를 제공함."──사우스웨스트 항공

"우리의 사업을 사회적이고 환경적인 변화에 맞추자. 이해관계자들의 재정적인 요구와 인간적인 요구를 창의적으로 균형 맞추기. 원칙과 실무의 간격을 줄이기 위해 재미·열정·배려를 우리의 일상생활의 한 부분으로 만들기."──보디숍 인터내셔널

"모든 천연 아이스크림과 건강음료를 가장 훌륭한 품질로 만들어내기…재정적인 기초를 두고 기업을 운영하기…사회에서의 기업이 맡은 중요한 의무를 적극적으로 완수하는 방법으로 기업을 운영하기."──벤&제리 홈메이드 홀딩스

"세계의 모든 운동선수에게 격려와 혁신을 제공하기. 몸을 갖고 있다면, 누구나 운동 선수다."──나이키

"우리의 경영에 감동을 받은 모든 사람을 이롭게하고 기분을 상쾌하게 하기 위해 우리는 존재한다. 우리가 신선함, 가치, 기쁨, 즐거움을 우리의 이해관계자들에게 제공할 때, 우리는 성공적으로 우리의 브랜드를 키우고 보호한다."──코카콜라

"우리의 전략적인 취지는 사람들이 훌륭한 일을 하기 위해 좀더 나은 방법들을 찾고 있는 것이다. 고객의 업무과정과 사업결과를 향상시키는 서류기술들, 상품, 서비스를 끊임없이 이끈다."──제록스

"개인을 존중하라. 우리의 고객에게 봉사하라. 우수성을 추구하라."──월 마트

"우리는 삶의 질을 향상하는 일에 전념한다. 우리는 발전을 위한 호기심과 더 크게 생각하는 상상력과, 더 노력하려는 결심과, 더 배려하는 양심을 갖고 있다. 우리의 해결책들은 과감하다. 우리의 방법들은 우리의 집념들이다. 우리의 도구가 우리의 생각이다. 우리의 성공은 보장받을 것이다. 우리의 원칙들은 꼭 지켜야 한다." ——뒤퐁

"노스웨스턴의 포부는 커지는 것보다는 안전성이 우선이다 규모로 1위보다는 policy owner의 이익에 대한 1위를 자리하는 것이 목표이다." ——노스웨스턴 뮤추얼

"자긍심, 열정, 그리고 성과로 우리는 모든 사람의 삶을 더 쉽고 즐겁게 만드는 세계 최고의 가정용품을 만들어내고 있다. 우리의 목표는 월풀의 제품이 모든 가정, 모든 곳에 있는 것이다." ——월풀

"우리는 성실을 추구한다. 고객이 우선이다. 고객에게 관심을 갖고 배려를 한다. 우리는 매일 'perfect 10' 피자를 만든다. 우리는 신속하고 긍정적으로 일한다." ——도미노 피자

를 회복할 수 있는 새 비전을 만들기 위해 노력했다. 그러나 쉽지 않았다.

타임워너와 아메리카 온라인(America Online)의 합병은 신구 언론기업의 조화라며 환영받았지만, 진정한 비전을 찾기 위해서는 자기성찰의 노력을 필요로 할 것이다. 그러나 타임워너의 첫번째 단계는 자산을 팔아서 재정적으로 안정을 찾는 일이었다. 당연하게도 이 기업은 2002년 당시까지 가장 큰 규모인 987억 달러의 손실을 기록했다. 그리고 회사 이름에서 AOL을 떼어버렸는데, 이는 사람들로 하여금 이 문제 많은 합병에서 아메리카 온라인을 잊어버리게 하려는 표면적인 행동이었다.

다시 처음으로

가끔 기업의 비전은 그냥저냥 희미해지기도 한다. 기업은 설립자의 목표에

대한 견해를 잃어버리고 온갖 방향으로 헤맨다. 그들의 주요 고객을 제대로 접대하지 못하고, 직원, 투자자, 그리고 다른 이해관계자들을 혼란에 빠뜨린다. 심지어 소홀히 대하기까지 해 그들의 기업 이미지는 훼손되는 것이다. 그때가 바로 기업의 행동을 바로잡을 때다. 소매상인들은 특히 새로운 경쟁자들에게 대응하려고 노력할 때 집중을 잃기 쉽다.

사무용품 회사인 스테이플스에도 이러한 일이 일어났다. 놀랍도록 빠른 속도로 새 매장을 열고 새로운 제품들을 추가하고 있었다. 그러나 성장이 느려졌을 때, 본래의 비전에서부터 얼마나 멀어졌는지 경고를 받고 알았다. 해결책은 '브링톤으로 돌아가자' 라는 전략이었다. 이 회사는 1986년 매사추세츠의 브링톤에 첫 매장을 열어, 소규모 사무실과 가정용 사무용품들을 제공했다. 그들의 전략은 소규모 사업자에게도 대형사업자만이 누릴 수 있었던 저렴한 가격대로 물품을 제공하는 것이었다. 그러나 전세계에 1,500개의 매장을 확장하면서, 점점 개인 소비자 지향으로 바뀌어 상품은 지나칠 정도로 다양해졌다.

그리하여 스테이플스는 브리트니 스피어스 책가방, 만화 노트패드, 깃털 장식이나 야채 모양의 펜들과 같은 제품들을 치워버렸다. 99달러짜리 서류분쇄기 대신, 더 튼튼한 300달러짜리 서류분쇄기를 배치해 놓았고, 매장에서 699달러짜리 컴퓨터를 빼내는 대신 더 유익한 주문형 모델들을 마련해 놓았다. 스테이플스는 700여 개의 소비자 제품을 없앴고, 450개의 사무실 지향적인 상품들을 마련해 놓았다.

이 사무용품 대형매장은 신속하고 상냥한 서비스를 제공하지 못해 소규모 사무실과 일반 고객들을 실망시키고 있다는 사실을 알고 있었다. 스테이플스 근본 비전의 중요한 부분이었음에도 불구하고 고객 서비스에 대해 착오가 있었던 것이다. 기업의 비전 선언은 "직원들이 고객의 기대를 넘어서 친절하고 유능한 쇼핑 경험을 제공하도록 격려하고, 고객 없이는 우리는 아무것도 없다는 것을 꼭 기억하라" 라고 말한다.

스테이플스 고객은 저렴한 가격과 편리한 위치를 당연한 것으로 받아들인다. 그들이 진짜 높이 평가하는 것은 시간이다. 그들은 모든 책이 어디에 있는지 아는 도서관 사서처럼 스테이플스의 직원들도 모든 제품이 어디에 있는지 알 뿐만 아니라 친절하고 상냥할 거라고 생각한다. "우리는 가장 훌륭한 마케팅 전략을 실행할 수 있다. 그러나 만약 고객이 매장에 왔거나 온라인으로 방문했을 때 제품이 어디에 있는지 찾지 못한다면 이는 돈을 낭비하는 것이다. 우리는 업무 중심에서 고객 지향적인 문화로 바꿔야 한다"라고 마케팅 담당 부사장 시라 굿맨은 말한다.

스테이플스는 서비스를 개선하기 위해서 판매원들의 성과에 따른 성과급 제도를 만들고, 매장관리 특별 수당에서 고객 서비스를 더 중요한 요소로 제정했다. "문화를 바꾸는 가장 쉬운 방법은 금전적 유인이다. 우리는 금요일마다 피자파티를 갖곤 했지만 우리의 판매사원들은 차에 기름을 더 넣을 수 있는 돈을 갖고 싶어 한다는 것을 깨달았다"라고 CEO 로널드 서전트는 말한다. '브링톤으로 돌아가자'는 비전은 2003년 2월 1일 4분기를 마감하면서 75% 수익과 14%나 오른 판매결과를 보여주었다.

비전에 집중하기

기업은 세계의 가속화된 속도변화에 적응해야 한다. 그 말은 비전에 이따금 다시 집중해야 한다는 뜻이다.

최근 일본의 두 개 주요 기업은 그들의 근본적인 비전을 최대한 살리면서도 일부를 대폭 수정했다. 전자제품의 왕인 소니는 언제나 혁신과 품질에 헌신했다. 그러나 현재 워크맨(Walkman)과 플레이스테이션의 제작자는 '네트워크화 된' 세상에서 미래를 본다. 광통신기술의 보급과 광대역 오락산업을 중심으로써 TV의 부활을 믿고 있다. 소니는 TV와 컴퓨터에서부터 휴대전화기와 게임제어장치에 이르기까지 그들의 제품이 인터넷을 통해 연결될 것이라고 확신한다. 고객들은 소니의 음악과 영화와 게임을 집, 사무실, 차안, 길거리에서 접할 수 있게 된다.

"새로운 시대를 위한 소니의 비전은 디지털 도구가 서로 고르게 광대역 네트워크로 연결되어 있는 유비쿼터스 네트워크(Ubiquitous Value Network)라고 부른다. 사람들은 콘텐츠와 서비스를 시간과 장소에 구애받지 않고 즐길 수 있게 될 것이다"라고 소니의 사장 쿠니타케 안도는 말한다. 벌써 소니는 '네트워크로 연결된 공동체(Connected Community on Network)'의 줄임말인 '코쿤(Cocoon)'이라는 상품 계열을 만들었다.

"코쿤은 TV을 통해 쌍방향적이고 지적인 방향으로 사람들의 생활방식을 바꿀 것이다"라고 안도는 장담했다. 만약 소니의 비전이 미래를 예언한다면 혁신적이고 비전과 리더십이 있다는 소니의 기업 이미지는 더 강화될 것이다.

도요타도 새로운 길로 향하고 있다. 2002년 운전을 더 안전하고 편안하게 만드는 새로운 정보제공 기술을 강조하면서 개선된 전략을 발표했다. '도요타가 추구해야 할 새로운 기업 이미지'는 크게 네 가지 요소를 가지고 있다. '지구환경을 생각하고, 세계에게 기쁨을 주며, 모든 사람을 존중하고 삶의 편안함을 추구하자'는 것이 그것이다. 그 중에서 도요타의 2010 글로벌 비전은 도요타의 성장과 환경적 책임에 관한 균형의 중요성 강조다. 도요타의 사장 조 후지오는 중국이나 인도 등에서 자동차 산업이 늘어갈수록 자동차 시장이 국제적인 규모로 발전할 것이라고 예견했다. 그러나 이 성장은 차세대 무공해 자동차의 조기 출시와 수소 자동차 생산증가 등 친환경 활동 계획을 촉진해야 할 것이다. 세계 처음으로 대량 생산된 전기연료 자동차인 프리어스(Prius)를 1997년 12월 도요타에서 소개했다. 그리고 수소자동차도 선보였다.

도요타는 확실히 적용할 수 있는 비전의 중요성을 잘 알고 있다. 2002년 연간보고서엔 그 중요성이 잘 드러나 있다. "자동차 산업은 국제적 동력차 시장과 다음 세대인 기술력에 집중된 거대 경쟁사회에 들어섰다. 사회변화의 요구에 대응하지 못하고 미래에 대해 확고한 비전을 보여주지 못하는 기업은 뒤질 것이다."

독특한 비전

궁극적으로 당신 기업의 주요 사업을 파멸시킬 수 있는 전략을 취해야 할 때, 당신 기업의 비전을 무엇이라고 할 것인가? 이 말이 모순처럼 들릴 수 있겠으나, 이것은 바로 알트리아 그룹이 시도하고 있는 행동이다. 필립 모리스라고 불리던 알트리아 그룹은 책임을 다하는 담배회사가 되기 위해 새로운 비전을 만들며, 다른 어떤 기업의 비전과도 차별화할 것을 약속했다.

알트리아는 비전을 만들 때 기업의 모순된 행동을 조정하기 위해 노력했다. 이 회사는 미식품의약국에 담배의 내용물을 규제하라고 촉구하는 유일한 담배회사다. 필립 모리스 홈페이지는 습관을 바꾸는 일이 간암과 심장병과 폐기능을 예방하는 데 가장 좋은 방법이라고 강조하고 있다. 나아가, 기업 내 청소년 금연부서는 부모가 자식들에게 담배의 위험성에 대해 대화하도록 장려하고, 청소년들이 흡연과 기타 위험한 행동들을 피하도록 지원하는 광고를 만들었다. 그러는 동안 4,000만 명의 미국 성인은 계속 흡연을 했고, 알트리아의 필립 모리스는 적극적으로 담배 브랜드를 시장에 판매했다. 결과적으로 2002년 필립 모리스 USA는 50억 달러의 영업이익을 벌어들였다.

기업복지 담당 부사장 스티븐 패리쉬는 새로운 비전을 만들 때의 도전을 즐기며 기쁘게 받아들인다. 그는 "알트리아는 처음엔 직원들에게 그리고 그 다음으로 전세계에 '우리의 사업을 이끌어나가기 위한 책임을 질 수 있는 방법이 있다'는 것을 보여주어야만 한다"고 말한다. 이 말이 직관적이지 않기 때문에 처음에는 사람들이 의심할 거라고 그는 예상했다. "우리가 금연 프로그램을 더 강조할수록, 일부 사람들은 우리를 이해하고 믿는 데 더 힘들 것이다"라고 그는 주장한다.

감성적인 매력 창출

 가족경영으로 열광적인 충성고객을 형성한 와와 편의점

수 맥하니스는 자신이 제일 좋아하는 동네의 와와(Wawa) 편의점 직원 중한 명이 전근을 간다는 얘기를 듣고는 부엌으로 가 바쁘게 움직이기 시작했다. 먼저 그녀는 그 직원에게 줄 크렌베리 오렌지와 블루베리 머핀 위에 생크림과 쿠키를 얹었다. 그 직원의 마지막 출근 날, 그녀는 하얀 크림과, 파스텔 색의 장식을 한 케이크를 선물했다.

퇴직자인 맥하니스는 "카푸치노를 사러 매일 편의점에 갔기 때문에 여기 고객들을 꽤 잘 안다. 일종의 와와모임 같은 것이다. 내 손녀도 이 곳에서 일하기 때문에 직원들은 나를 나나라고도 부른다"라고 말했다.

대체 이 곳에서는 무슨 일이 일어나고 있는 것인가. 동네 편의점에서의 따뜻하고 푸근한 분위기, 이러한 애정은 이상하게 보일 수도 있겠지만, 와와에서는 일상적인 일이다. 500개가 넘는 편의점을 갖고 있는 중동부 주의 이 가족경영 기업은 많은 고객들로부터 열광적인 충성을 받고 있다. '나의 와와'에 대해 말할 때 고객은 강한 애정을 갖고 있으며, 적어도 하루에 한 번은 매장에 간다고 했다. '나의 와와'는 와와 매장이 '동네의 심장'이며 '가족의 한 부분'이라는 뜻으로, 이는 기업의 모든 광고 주제가 되었다. 한 남자는 '나는 총각이고 와와는 나의 부엌이기 때문에' 하루에도 몇 번씩 와와에 간다고 말했다. 오랜 단골들이 와와의 마케팅 지역 밖으로 이사를 갈 때, 그들은 자신을 방문하는 친척과 친구들에게 와와의 샌드위치를 사다 달라고 부탁할 정도다.

밝고 상냥한 직원들과 변함없이 우수한 품질의 상품은 강한 감정의 유대를 만들어내었다. 만약 당신이 유통업이나 고객주의의 경영을 하고 있다면, 고객들에게 감성적 매력을 만드는 일은 아주 큰 차이를 가져다 줄 것이다. 고객이 당신의 기업에 대해 느끼는 열정은 기업 이미지를 만드는 데에 매우 귀중한 역할을 한다.

필라델피아 교외에 본사를 둔 와와는, 빈번한 강도사건과 관련된 사업치고는 이례적으로 호의적인 기업 이미지를 갖고 있다. 다른 편의점들처럼 와와도 부정적인 평판에 직면해 있었다. 와와의 메릴랜드에 있는 두 명의 판매원이 총에 맞아 죽었고, 2년 뒤 뉴저지에 있는 일부 와와 매장은 폭탄 테러의 목표가 되기도 했다.

그러나 와와의 고객들은 신선하게 만들어진 샌드위치와, 이웃처럼 친절한 직원들을 더 기억하는 듯하다. 맥하니스가 교회에서 불우한 고객을 위한 크리스마스 선물을 준비하고 있을 때, 와와 직원들이 목록에 있는 몇몇 장난감을 사다준 것에 특히 감동했다. 교회에서 경찰관, 소방관, 앰뷸런스 기사들에게 저녁을 대접하며 감사한 뜻을 전하자 와와는 후식으로 아이스크림을 제공했다.

와와라는 특이한 이름은 기업의 호감도 제고에도 도움이 된다. 대부분의 고객에게 알려지지 않은 와와라는 단어는 캐나다 거위를 뜻하는 르니 르나페 인디언(Lenni Lenape Indian) 말이다. 거위 이미지는 기업 로고의 한 부분이 되기도 했다. 와와 임원들은 팀워크 중심의 기업 문화 이동간격을 넓히기 위해 무리지어 날아가는 거위에 비유하기를 좋아한다.

와와에게는 긴 여정이었다. 이 기업은 200여 년 전에 설립되었지만 처음부터 식료품 업체는 아니었다. 다리미공장으로 시작했으나 시간이 흐르면서 유제품과 섬유산업으로 변화했다. 유제품 영업은 '의사에게 보증받은' 우유를 고객들의 가정에 배달했다. 그러나 우유배달원은 시대에 걸맞지 않는 과거의 유물이 됐고, 와와는 다시 변해야 했다. 이 기업은 와와의 신선한 우유와 인간적인 서비스라는 이미지에서 이익을 얻기를 바라며, 1964년 펜실베이니아의 폴섬에 첫번째 편의점을 열었다. 그 와중에 와와는 실수를 범했다. 세 개의 와와 키친(Wawa Kitchens)으로 패스트푸드사업에 투자했으나 1년 만에 모두 문을 닫고 말았다. 그 후 이 기업은 피자헛과 던킨 도넛 등의 브랜드제품을 화려한 광고와 함께 매장에 소개했다. "그 제품들은 곧 조용히 매장에서 사라졌다"라고 사장이며 CEO인 리처드 우드는 말한다. 와와는 다른 기업의 브랜드를 소개하기보다는, 자기 기업만의 브랜드를 확장하고 만들어야 된다는 것을 깨달았다. 그리하여 쇼티 샌드위치, 시즐리 아침 샌드위치, 와와 랩이 태어난 것이다.

기업 경영진들은 그들의 대인관계 경영으로 와와를 '습관처럼 매일의 일과'로 만드는 데에 성공했다고 말했다. 현재 그들의 목표는 '고객들이 와와 없이는 살 수 없는 유통 브랜드가 되는 것'이다. 이는 매우 높고 어려운 목표다. 이 말은 그들의 시선을 고객들에게서 떼지 말고 신경 써야 한다는 뜻이다. 성공은 작고 사소한 일에서부터 시작된다. 예를 들어 와와는 약간의 수입과 사교를 원하는 퇴직자들을 커피 판매원으로 고용한다. 그들은 카운터를 깨끗하게 관리하고, 따뜻하고 신선한 커피를 만들며, 가장 중요한 것은 커피를 컵에 따르고 크림과 설탕을 넣으면서 손님들과 작은 담소를 나눈다는 것이다.

믿음을 쌓기 위해 와와는 그들의 휘발유를 '아주 신뢰할 수 있는 수준'이라고 보증하고, 자격 있는 기술자가 휘발유 때문에 생긴 기계적인 문제라고 지적한다면 그 문제에 대해서는 당연히 배상하겠다고 말한다. 깨끗하고 환한 매장도 와와의 호의도를 높이는 데 한 몫을 했다. 그것은 이 기업이 1년에 50개의 매장을 꾸준히 리모델링하기 때문에 가능한 일이다. "유통업자들의 가장 큰 전략 착오 중 하나는 현재 시설이 구식이고 진부하게될 때까지 방치하는 것이다. 이는 회복이 불가능한 나선형의 하락으로 치닫는 행위다"라고 우드는 말한다.

고객의 삶을 편리하고 쉽게 만드는 것이 와와의 존재 이유이며, 이 기업은한번도 이 사실에 대해 잊어본 적이 없다. 기업의 운영기술팀은 항상 통로나 계산대 주위의 공간을 능률적으로 만들어 고객들의 1분 1초를 아낄 수있도록 노력했다. 예를 들어, 와와는 델리와 샌드위치를 만드는 코너를 계산대와 떨어지게 만들어 기다리는 시간을 줄일 수 있도록 했다. 대부분의다른 매장과는 달리 와와는 복권을 팔지 않는다. 만약 당첨금이 커지게 되면 복권을 사려는 고객의 줄이 길어져 커피나 샌드위치를 사려는 고객이오랫동안 줄을 서서 기다려야 하는 불편이 생기기 때문이다.

1990년대 말 은행들이 다른 은행을 이용하는 고객에게 현금인출기 사용수수료를 부과하기 시작했을 때, 와와는 더욱 큰 인기를 얻었다. 와와는이 기업의 매장에 현금인출기를 놓은 PNC 파이낸셜 서비스 그룹에게 "말도 안 돼!"라고 말했다. 와와의 부사장 하워드 스토켈은 "어느 은행과 계좌를 두고 거래를 하든지 고객은 와와에서 수수료 없이 PNC 기계를 사용할수 있다. 비용부담에 대해 논쟁은 있었지만 고객은 우리에게서 정당함과편리함을 원하기 때문에 그런 결정을 내렸으며, 이 사건은 우리에게 신용과 고객과의 더 많은 거래를 가져다주었다"고 말한다. '은행이 고객들을털었다'라는 재치 있는 헤드라인 광고를 고려해 보았지만, PNC 관료들은좋아하지 않았다. 와와는 덜 자극적인 슬로건인 '공짜로 당신의 돈을 뽑아라'를 골랐다. 와와의 현금인출기 방침은 평생 단골 고객을 만들었다. 에이번의 사회공헌팀장인 로라 카스텔라노는 "와와가 아닌 다른 곳은 가지않겠다. 나는 그들이 고객을 먼저 생각하고 은행에 맞선 행동이 무척 마음에 든다"고 말했다.

와와는 스스로를 심각한 상황에 빠뜨리지 않으며 이를 감성적 매력과 접목시킨다. 예를 들면, 와와는 7월 4일 독립일 축제에서 샌드위치를 제공해 관심을 끌었다. 몇 년 전에는 기록에 남을 만할 3,048cm의 샌드위치를 만들었는데, 이것을 만드는 데 300명의 직원이 필요했으며 3,000여 명의 사람들이 30분 안에 이 샌드위치를 먹어치웠다. 와와 매장을 두 배로 확장해 결혼식장으로 빌려주기도 하는데, 한 관리자는 신부를 처음 만난 곳이던 펜실베이니아의 야들리에 있는 와와 매장의 농산물 코너에서 식을 올렸다. 존 크로닌이라는 고객은 "이 곳은 진정한 이웃들 간의 장소이며, 의욕이 넘치고 고객들이 즐겁게 웃을 수 있는 곳이다"라고 말했다. 이 은퇴한 대학 교수는 자신의 제자가 매장 책임자로 일하는 동네 와와 매장을 특별히 좋아한다.

크로닌 같은 고객들과 감정적인 연결고리를 유지하기 위해 와와 경영진은 그들의 매장에서 모든 시간을 보낸다. 이들은 매주 매장에 들러 고객과 판매직원들과 많은 얘기를 나눈다. 매장관리 임원들은 모든 매장을 1년에 두 번 정도 방문한다. 어느 날, 와와 경영진들은 매장 정면으로 차가 들어오는 사고의 빈도수가 늘어가는 것을 발견했다. 그러자 고객과 직원의 안전을 생각한다는 것을 보여주기 위해 사고를 방지하기 위한 울타리를 세웠다. "한 달에 한 번은 차가 매장으로 돌진하는 사고가 났었다. 우리가 어떤 행동을 취하지 않으면 고객이나 직원이 생명을 잃는 사고까지 발생할 수 있으리라 느꼈다. 우리는 즉시 행동을 취해 기업 이미지를 향상시킨다"라고 리처드 우드는 말한다. 우드는, 직접 간식과 커피를 카트에 가득 싣고 필라델피아에 있는 어린이 병원을 방문해 걱정스레 기다리는 부모들에게 나누어주기도 한다.

와와는 높이 평가된 기업 이미지의 취약함을 한 번도 잊어본 적이 없다. 이 기업은 2001년 9월 11일의 테러 공격 직후의 큰 실수에 대해 사과하느라 약간의 시간을 소비했다. 와와가 휘발유 가격을 인상하자 고객과 정부

관료들은 몹시 화가 나, 와와가 그들을 착취한다며 비난했다. 와와는 자신들의 실수를 인정하고 시정했다.

뉴저지의 밀빌 매장 내에 트럭 주차장을 만들기 위해 6피트 길이의 하얀 떡갈나무를 베어내야 하는 과정에서 와와는 의도와 달리 소란을 일으켰다. 지역 주민들과 고등학교 환경보존 동아리에서 200년이 넘은 떡갈나무를 지켜야 한다며 반대를 했다. 와와는 나무를 벨 수 있는 법적인 권리가 있었지만, 주차창 공간의 일정 부분을 줄이도록 계획을 수정했다. 그러자 와와는 영웅이 되었다. 와와에 감사의 뜻을 기리는 푯말과 함께 그 나무 주위에 울타리가 만들어졌다.

"고객들이 자신들의 생각에 대해 말할 수 있도록 하는 것은 매우 중요하다. 그들은 우리가 하는 일이 맘에 들지 않으면 경쟁을 하는 대신 우리에게 소리를 지른다"라고 스토켈은 말한다.

감성적인 불꽃에 불 붙이기

와와는 전설적으로 좋은 기업 이미지를 갖고 있는 어떤 기업보다도 더 성공적이다. 재정실적, 리더십, 기업 책임, 제품품질 모두 중요하지만, 감성적 매력은 기업 이미지를 만드는 주된 요소가 된다. 흥분과 이끌림이야말로 고객이 당신의 제품을 사용하고, 당신의 기업과 브랜드를 다른 고객들에게 추천하게 만드는 원동력이다.

감성적 매력의 정의를 내리기는 쉽지 않지만, 다음 같은 사례를 보면 그 느낌이 뭔지 짐작할 수 있다. 한 자택 소유자가 홈 디포를 사랑한다며 다음과 같이 말했다. "나는 그 곳에서 몇 시간씩 길을 잃고 쇼핑을 하며, 언제나 사려고 했던 양보다 더 많은 양의 물건을 산다." 또는 야후(Yahoo) 이용자의 경우처럼, "야후는 나의 집이다. 야후는 내가 꿈꾸어 오던 곳이다"라고 말하는 것이다. 또는 '도요타의 가족'이라고 말하는 한 남자가 30만 마일을 탄 캄리(Camry)를 소유하고 있으며 '두근거림'을 안고 또 다른 도요타 차를 살 것이라고 말하는 것이 바로 감성적 매력의 접근이라고 할 수 있다.

기업에 대한 고객의 감정이 늘 이성적이지 않다는 것을 기억해 둘 필요가 있다. 리핀코트 머서(Lippincott Mercer)의 CEO 켐 로버츠는 콘티넨탈 항공(Continental Airlines)의 실내 장식과 승무원의 유니폼을 새롭게 바꾼 것만으로도 간단히 고객들의 기업 호의도를 증진시켰다. 그는 "단지 기내 시트 커버만 바꿨는데도 고객들은 실제로 음식의 맛이 좋아졌다고 생각한다"라고 말한다.

감성적인 매력은 어떠한 대가를 치르더라도 언제나 보호해야 하는 강한 이미지 요소다. 기업과 이해관계자 간의 정의하기 어려운 감성적인 불꽃은 어떤 경우 기업 이미지를 높여 절대로 그 수준을 잃지 않게 하기도 한다. 월트 디즈니가 전략적·금전적으로 많은 어려움을 겪고 있지만, 미키 마우스와 다른 디즈니 동물들은 계속해서 기업에 특별한 힘을 제공해 주고 있다.

그리고 저렴한 가격은 물론 재미있고 친절한 직원의 서비스는 승객들이 계속 사우스웨스트 항공을 이용하도록 유도한다.

최근 기업 스캔들과 경영진의 부패에 대한 발표는 고객들이 많은 기업에 대해 느끼는 감정적인 유대를 훼손시켰다. 2002년 해리스 인터랙티브에서 실시한 기업 이미지 조사에 따르면, 특히 감성적인 매력이 가장 눈에 띄는 하락을 보였다.

감성적인 매력은 아주 복잡한 개념이다. 해리스 인터랙티브 조사에서는 이에 대해 기업에 대한 호의적인 감정·칭찬·존경·믿음이라고 정의했다. 그러나 감성은 그렇게 단순하지 않다. 많은 경험이 기업에 대한 고객의 감정을 만들고, 감성적인 매력과 기업 이미지를 형성하는 추억을 불러일으킨다. 가장 중요한 것은 직원들과 그 제품 및 서비스에 대한 고객과의 오랜 상호작용이다. 기업 광고와 언론 홍보도 고객의 감성에 영향을 준다. 그리

감성적인 매력

아래의 10개 기업은 2002년 해리스 인터랙티브가 실시한 기업 이미지 조사에서 일반 대중들로부터 '감성적인 매력' 부분에서 가장 높은 점수를 받은 기업들이다.

1. 존슨&존슨
2. 할리데이비슨
3. UPS
4. 제너럴 밀스
5. 홈 디포
6. 페덱스
7. 이스트먼 코닥
8. 메이태그
9. 델
10. 코카콜라

고 기업은 가끔 그들이 활동하고 있는 지역 사회와 가까운 유대관계를 발전시켜 가기도 한다.

홈페이지는 고객과의 관계를 깊게 만들 수 있는 완벽한 기회를 제공하지만, 놀랍게도 거의 대부분의 기업이 인터넷상에서 감정적 유대감 형성 기회를 잘 활용하지 못한다. 그러나 코카콜라는 기업의 홈페이지를 감성적인 여행의 일환으로 만들었다. 홈페이지 안에는 코카콜라 햄과 코카콜라 케이크를 만드는 옛날 조리법, 코카콜라 수집에 대한 정보, 오래 된 광고에 대한 추억들 등을 담고 있다.

일부 기업은 그들이 활동하고 있는 지역 사회에 가깝게 다가가기 위해 노력하기도 한다. 그것은 은행처럼 서비스를 제공하는 일부 산업에서는 특히 중요하다. 시티즌 파이낸셜 그룹은 감성적인 매력의 중요성을 깨닫고 기업을 확장한 후에도 작은 마을, 작은 지역 사회 은행이라는 원래의 이미지를 간직하고 있다. 스코틀랜드 로열은행 그룹(Royal Bank of Scotland Group)이 소유하고 있는 시티즌은 뉴잉글랜드 지역에서 대서양 중간 지역까지 확장해가고 있으며 미국에서 가장 큰 상업은행 중 하나로 자리매김 중이다. 그러나 이 은행은 아직도 개인적이고 지역 사회를 지향하는 전략으로 '전형적인 은행이 아닌 은행' 이라고 홍보하고 있다.

프로야구팀 보스턴 레드삭스의 개막 전날 시티즌은 공짜 게임 표와 캐러멜 팝콘, 교통 토큰을 나눠주는 등 시 곳곳에서 대대적인 홍보를 했다. 뉴저지, 펜실베니아, 델라웨어에 있는 멜론 파이낸셜(Mellon Financial)의 350여 개의 영업점을 인수할 때는 지역 사회에서 큰 화제를 불러일으켰다. 필라델피아와 피츠버그에 있는 50만 명의 고객은 시티즌의 오픈 날에 공짜로 대중교통을 이용했다. 한 지점에서는 안내요원들이 노래를 부르며 고객을 맞이했다. 어떤 직원은 고객의 자동차 유리를 닦아주었고 또 다른 고객의 사무실로 아침을 배달했다.

"보통 철물점이나 세탁소만큼 나를 즐겁게 하는 곳은 없다. 세탁소 주인은 나를 잘 알고 있으며, 만약 내 셔츠가 없어지면 이에 대해 배상한다. 그것이 바로 시티즌이 닮고 싶은 모습이다"라고 시티즌의 CEO 래리 피쉬는 말한다.

시티즌의 영업보고서는 사소한 부분들이 중요하다는 강한 지침을 보여주고 있다. 그 모든 재정적 자료와 함께, 시티즌은 두 가지 다른 통계 자료를 담고 있다. "우리는 7년 동안 또 다른 기록을 만들고 있다. 작년 우리 지점은 620만 개의 막대사탕과 29만 4,100개의 강아지 과자를 나누어주었다. 그렇다고 우리가 고양이를 싫어하는 것은 아니다."

고객의 마음을 울리는 광고

광고의 첫번째 목적은 제품을 파는 일이다. 그러나 이것이 기업 이미지에,

특히 불꽃 튀는 감성적인 매력에 얼마나 기여하는지 과소평가해서는 안 된다. 매력적이고, 슬프고, 웃기는 광고는 감정을 강력하게 자극한다. 이스트먼 코닥의 광고들은 신선하고 마음을 사로잡고 감상적이며 웃음을 자아내는 사진들을 보여주고 있다.

불행히도 일부 기업은 그들의 광고에서 한때 보여주었던 감정적인 유대감을 잃어버렸다. 많은 소비자는 AT&T의 광고 '뻗어나가 누군가를 감동시키기' 캠페인을 잘 기억하고 있다. AT&T는 과거의 가슴 따뜻한 광고로부터 후광을 받으며 오랫동안 기업 이미지를 지켜왔지만, 근래의 광고들이 똑같은 감성적인 여운을 만들어 내는 데에 실패하면서 그들의 기업 이미지는 퇴색해 가고 있다.

광고회사들은 감성적인 유대를 만들기 위해 사방팔방으로 노력한다. 인류학자 · 사회학자 · 심리학자들을 고용해 고객이 기업과 브랜드에 갖고 있는 잠재적인 감정을 탐구하려고 한다. 예를 들어, 그들은 소비자에게 기업에 대한 사망신고서를 쓰게 만들어, 이 사망한 기업이 비극적인 사고에 의해 희생된 젊고 한창인 기업이라고 설명하는지, 또는 낡고 오래 돼서 몰락하고 있던 기업이라고 설명하는지를 분석한다.

사치&사치(Saatchi & Saatchi) 연구원들은 패스트푸드 산업에 대한 심리적인 분석을 실시했다. 자동차 안에서 주문된 즉석식사는 예상했던 것보다 훨씬 좋은 경험이었다. 연구원들은 패스트푸드 체인점이 즉각적인 만족, 무관심으로의 퇴보, 어린아이 같은 성향, 타인에 대한 의존 등 인간의 기본적인 욕구를 충족시켰다는 사실을 발견했다. 고객들은 패스트푸드를 '대리모'처럼 본다고 사치 연구원들은 결론지었다.

어느 심리학자가 한 여성 은행직원에게 맥도널드와 버거킹을 만화에 나오는 동물들 중 하나로 표현해 보라고 했더니, 맥도널드를 귀엽고 작은 병아리로, 버거킹을 교활한 고양이로 표현했다. 또한 그녀는 버거킹의 광고에 우주에서 온 외계인을 담아도 좋을 것이라 제안했는데, 심리학자들은 그것이 풍부한 잠재의식적 의미를 갖고 있다고 분석했다. 그들에게 외계인이란 것은 소비자들이 버거킹에 대해 거리감을 느낀다는 것을 나타낸다.

이러한 심리적 연구는 기업이 감성적인 매력을 다양하게 즐기고 있다는 것에 의심의 여지가 없다. 특히 금융 서비스와 기술광고는 많은 고객을 냉정하게 만드는 듯하다. 소비재 마케터들은 소비자의 마음을 울리는 광고를 어떻게 만드는지 잘 이해해야 한다.

기업 이미지 조사의 감성적 매력 부분에서 일반적으로 1위를 하는 존슨&존슨의 경우를 보자. 베이비파우더와 다른 신생아 용품은 존슨&존슨 판매의 작은 부분이지만, 아기들의 경이로움은 기업광고의 중심으로 남아 있다. 최근 광고는 '아이가 있는 것이 모든 것을 바꾼다'라는 테마로 소비자들을 유혹한다. 한 광고는 '당신의 사랑의 결실이 이렇게 작고 머리에 털이 없는 것일 줄 누가 생각했을까?'라며 아이 엄마가 아이를 부엌 싱크대에서 목욕시키는 장면을 내보냈다. 존슨&존슨의 광고담당 부사장 안드레아 알스트럽은 "우리는 앞으로도 항상 첫번째며, 으뜸가는 '갓난아기들의 기업'으로 존재할 것이다. 이는 우리 제품을 사용하는 고객들의 감성적이고 일상적인 경험에서 나온다. 그들은 존슨&존슨의 베이비파우더의 냄새를 기억한다. 그들은 아기를 목욕시키던 기억을 잊지 않는다. 이는 존슨&존슨이 엄마와 아이 간의 유대와 가족의 중요성을 이해한다는 것을 소비자들에게 상기시키는 것이다"라고 말했다.

즐거움이라는 요소

감성적인 매력을 만들어내는 것은 단순히 고객의 기대를 넘어 그들을 즐겁게 하는 것을 뜻한다. 사실 고객과 특별한 관계를 목표로 하는 기업에게 '즐거움'이라는 단어는 최신 유행어가 되었다. 이것은 분명 가치 있는 목표다. 그러나 자칫 남용의 위험을 안기도 한다. 모든 기업이 되도록 고객을 낮추어보는 가운데 고객을 즐겁게 만든다는 것은 큰 도전이다. 토이저러스

(Toys 'Ɽ' Us)마저 요즘에는 '고객의 즐거움'에 대해 말하며, 매장을 다시 재미있게 만들고 있다. 이 장난감 매장은 좋은 서비스를 제공하고 있는지는 몰라도 많은 매장들은 여전히 즐거움을 주는 것과는 거리가 멀다.

그러나 일부 기업은 고객을 즐겁게 하고 감성적인 매력을 구축하기 위해 많은 노력을 한다. 그것이 바로 150개의 체인점을 갖고, 천연 유기농 식료품을 팔며, '100% 만족'하지 못하는 고객들에게 100% 환불해 주고 있는 홀 푸드 마켓(Whole Food Market)의 사명이다. 고객을 특별하게 대접하고 '즐거운' 경험을 제공하면 일반 고객이 아닌 단골이 된다는 것을 깨달았다. 그들은 홀 푸드 마켓의 전도자로 변해 친구들, 이웃들, 동료들에게 얘기하고 알린다. 입소문보다 강한 홍보는 없다.

홀 푸드 마켓은 차별적인 제품과 높은 품질의 서비스뿐만 아니라, 특별한 행사를 주최하면서도 이러한 지지자들을 만든다. 예를 들어, 노스캐롤라이나에 있는 홀 푸드 마켓 매장은 아로마테라피 강의 및 스페인과 이탈리아 와인 시음회를 열었으며, 뉴저지의 메디슨 매장에서는 1분에 1달러짜리 마사지 치료를 실시했고, 매사추세츠의 케임브리지 매장에서는 어머니날 시창작 대회를 후원했다.

물론 일부 기업은 그들 제품의 특성상, 열렬한 지지자들을 갖고 있다. 할리데이비슨의 경우 그들의 고객과 거의 행복감에 도취된 수준의 관계를 유지한다. 70만 명이 넘는 고객이 할리 소유자 동호회 클럽에 소속되어 있으며, 90%가 넘는 오토바이 고객은 할리데이비슨을 다시 살 생각이라고 대답했다. "무엇보다 먼저, 우리는 매우 우수한 제품을 팔고 있다. 그러나 우리는 오토바이를 모는 경험을 통해 고객의 꿈을 실현시킨다"라는 할리데이비슨의 부사장 짐 지에머의 말이다.

고객을 즐겁게 하는 것이 기업으로서는 너무 중요한 요소가 된 나머지 실제로 고객의 즐거움을 측정하는 방법도 생겼다. 산디애고에 있는 스트래티직 비전(Strategic Vision)이라는 리서치 회사는 완전히 감정적인 매력에 바탕을 두어 자동차평가표를 만들었다. '종합 즐거움 지수(Total Delight

고객 관리

홀 푸드 마켓은 고객들을 가장 중요한 이해관계자들로 여긴다. 텍사스의 오스틴에 기반을 둔 이 천연 및 유기농 식품 유통업체는 매장들을 '즐거움 넘치는' 장소로 만들어서, 고객들이 친구들과 만나고, 또 새로운 고객들을 사귀는 지역 사회 만남의 장소로 사용할 수 있는 고객 서비스 믿음을 만들었다.

● 고객은 우리기업 활력의 근원과 같은 존재며, 서로에게 의존한다.
● 고객은 우리업무의 우선적인 목표이다. 그들은 우리업무의 방해존재가 아니다.
● 고객은 원하고 바라는 것을 말하고, 우리의 주목적은 우리가 할 수 있는 최선을 다해 고객을 만족시키는 것이다. 그들은 싸우거나 경쟁하는 상대가 아니다.
● 고객은 우리와 같이 느낌과 감정을 가진 인간이다. 그들을 똑같이 언제나 예의와 존중을 갖고 대해야한다.

Index)' 라고 불리는 이 평가표는 7만 5,000명이 넘는 신차구매 고객의 응답으로 구성되어 있다. 다른 자동차 만족도 평가와는 달리, 이 종합 즐거움 지수는 차를 경험한 고객의 감정적인 스릴을 포함하고 있다. 스트래티직 비전은 특히 경쟁이 치열한 자동차 시장에서 즐거움을 만드는 일은 성공을 위해 아주 중요하다고 생각했다.

이 지수는 그저 단순한 만족도와 제조의 우수함을 뛰어넘어선 것이다. 어떤 기업도 즐거움을 경험한 운전자 없이 뛰어난 차를 만들 수 있다. "우수한 차량은 작동과 성능이 뛰어날 뿐이지만, 즐거움을 주는 차량은 강한 호의적·감성적 불꽃을 만들어 기운을 북돋우고 고객을 감성적으로 움직인다. 즐거움은 헌신을 만들고 헌신은 충성으로 이어진다"라고 스트래티직 비전의 사장 대럴 에드워즈는 밝힌다.

일본과 유럽의 자동차회사들이 스트래티직 비전의 가장 즐거움을 주는 자동차 순위를 장악하고 있으나, 크라이슬러와 GM 모델들도 몇몇 순위 안

종합적인 즐거움

리서치 회사인 Strategic Vision은 운전자들을 즐겁게 하는 자동차를 평가하는 설문을 실시했다. 아래는 2002 Total Delight Index의 각 항목마다 상위 2순위까지의 기업들을 소개했다.

- 경차 : Honda Insight, Suzuki Aerio
- 소형차 : Chrysler PT Cruiser, Volkswagen Jetta
- 중형차 : Volkswagen Passat, Nissan Altima
- 대형차 : Oldsmobile Aurora, Chrysler Concorde
- 소형 스페셜티 차 : Mini Cooper, Volkswagen Beetle
- 중형 스페셜티 차 : Honda Accord Coupe, Mercury Cougar
- 준 고급차 : BMW 3-series, Lexus ES300
- 고급차 : BMW 7-series, BMW 5-series
- 컨버터블(3만 달러 이하) : Pontiac Firebird, Chevrolet Camaro
- 컨버터블(3만 달러 이상) : 아우디 TT, Lexus SC 430
- 소형밴 : Honda Odyssey, Kia Sedona
- 소형 스포츠차 : Honda CR-V, Hyundai Santa Fe
- 중형 스포츠차 : Land Rover Discovery Series II, GMC Envoy
- 대형 스포츠차 : Toyota Sequoia, Ford Excursion
- 고급 SUV : BMW X5, Cadillac Escalade
- 소형 픽업 : Toyota Tacoma, Dodge Dakota
- 대형 픽업 : Toyota Tundra, Dodge Ram 1500

에 들어 있기는 하다. BMW가 고급 자동차 항목을 휩쓸었고, 혼다(Honda), 도요타, 폴크스바겐(Volkswagen)이 다양한 항목에서 높은 순위를 기록했다. PT 크루저와 폴크스바겐 비틀(VW Beetle)과 같이 복고풍 차량들도 즐거움 면에서는 높은 순위를 기록했다.

고객에게 가까이

내가 누구인지조차 알 수 없을 정도로 빠르게 돌아가는 현대에, 인간적 감동은 다른 어느 때보다 더 큰 효과를 얻는다. 그러나 소수의 기업만이 그들의 고객과 다른 이해관계자들과의 의미를 갖기 위해 노력한다. 고객이 받는 기업과의 유일한 접촉은 식사시간이나 잠 잘 시간에 걸려오는 귀찮은 텔레마케팅 전화뿐이다. 게다가 심지어 요즘 일부 기업은 고객의 불만에 컴퓨터 프로그램인 가상통화 상담원의 목소리로 답하고 있다.

이처럼 불쾌한 첨단장치는 인간적인 접촉의 효과를 더욱 요구한다. 바나나 리퍼블릭(Banana Republic)이 그들의 단골고객들에게 작은 검정 가죽 액자와 감사의 글을 보냈을 때, 아주 강한 인상을 남겼다. 그리고 사우스웨스트 에어라인 직원들이 승객과 재미있는 얘기와 재치 있는 농담을 나누던 것을 고객들은 특별한 경험으로 기억한다.

사실 9·11 테러 이후, 사우스웨스트 에어라인이 이를 자제하자 고객들은 비행의 즐거움을 몹시 그리워했다. 농담도 할로윈 복장도 없었으며 개그쇼도 없었다. 사우스웨스트의 1인 코미디 쇼를 다시 시작해 달라는 승객들의 편지들을 받은 후 이 항공사는 다시 재미있는 비행을 시작했다. 사우스웨스트는 2003년을 기점으로 "자, 여러분! 교회처럼 아무데나 앉으세요~ 착한 고객은 앞자리에, 나쁜 고객은 뒤에~" 등의 재치 있는 농담으로 즐거운 분위기를 되찾았다.

많은 기업이 고객에게 더 가까이 다가가기 위해 애쓰고 있으며 그들의 얘기를 마음으로부터 듣기 위해 노력한다. 시티즌 뱅크는 한 달에 약 4만 통의 고객상담을 통해 그들의 만족도와 서비스를 향상시킬 수 있는 방법을 모색하고 있다. 결국 이 은행은 모든 고객을 적어도 1년에 한 번씩은 만나려고 한다.

시티즌은 가능한 언제든지 고객의 반응에 따라 행동이 결정돼야 한다고 강조한다. 예를 들어, 이 은행은 매사추세츠의 한 지점에서 지나치게 오래 줄을 기다리는 것에 대한 불만을 듣고는 세 가지 개선점을 만들었다. 은행원 한 명을 더 추가했고, 비현금 예금을 위한 창구를 하나 더 만들었으며, 고객을 응대하고 그들의 업무를 신속하게 도와주는 '서비스 안내원'을 고용했다.

영업이익과 기업 이미지의 향상이 필요한 저가형 의류매장 체인 업체인 구디스 패밀리 크로싱(Goody's Family Clothing)은 여성들이 뭘 원하는지 파악하기 위해 CEO 밥 굿프렌드를 '좋은 친구' 버스를 태워 중서부에서부터 북부까지 투어를 보냈다. TV 광고는 그의 지역 순회에 대해 발표했고, 여성들에게 '어떻게 하면 우리의 매장을 당신의 매장으로 만들 수 있는지'에 대해 알고 싶다고 말했다.

여성들은 떼를 지어 큰 체형을 위한 '특별 사이즈' 속옷부터 매장 내 좀 더 넓은 복도, 주차장을 지키고 있는 남편을 위한 라운지, 좀더 큰 탈의실, 더 세련된 옷, 임산부나 유모차를 갖고 있는 여성을 위한 가까운 주차장 등 여러 가지 의견을 내놓았다. 그들은 누군가 자신들의 의견을 귀담아 듣는 것에 흡족했다. 한 여성은 밥에게 이렇게 말했다. "나의 말에 기꺼이 귀 기울이는 남자를 찾은 것은 참으로 좋은 일이다."

구디스는 고객과의 관계를 유지하기 위해 홈페이지에 '당신이 원하는 것을 밥에게 말하기'라는 코너를 만들었다. 고객들은 매장 개선에 대해 제안할 수도 있고 커피마시는 공간, 더 많은 계산대, 어린이 놀이공간 등 여러 가지 개선 가능한 개선목록에 투표할 수 있다. 여성시장 등의 전문 분야를 맡고 있는 마케팅 컨설턴트 패이스 팝콘은 "여성들은 기업의 브랜드와 유대를 맺고 싶어 하며, 만약 그들에게 그래야 하는 이유를 준다면 그들은 당연히 할 것이다"라고 말한다. 그녀는 버스 투어를 제안했고, 구디스 고객의 가정을 방문해 그들의 생활방식과 패션 선호도를 배웠다. 이런 연구를 통해 팝콘은 연간 수입이 5만 달러 이하인 여성들을 인터뷰하고 집, 옷장, 옷들을 관찰하여 구디스가 어떻게 그들과의 관계를 맺을 수 있는지 도와주었다.

팝콘은 자신의 옷장을 '놀이터'라고 생각하는 한 중년 여성을 방문해 그녀 집의 여섯 개 옷장을 각각 다른 테마로 지었다(캐주얼, 정장, 신발, 코트, 할리데이비슨, 다락방 보관용). "옷은 그녀의 기분에 영향을 주며, 그녀에게 쇼핑 경험은 굉장히 중요하다는 것을 나는 배웠다."라고 팝콘은 말한다.

경영진은 밖으로 나가서 고객을 직접 만나고 그들의 기분을 느껴야 한다는 팝콘의 말은 P&G나 캠벨(Campbell) 같은 기업들에게도 해당되는 말이다. "P&G의 CEO 래플리는 미국에 있는 세탁방에서 세탁세제와 옷의 얼룩에 대해 얘기를 해봐야 할 것이며, 캠벨의 CEO 도우 코난은 부엌에 있는 여성들을 방문해 그녀들의 찬장을 기웃거려봐야 한다"고 팝콘은 말한다.

PART

2

Keeping

일관되고 꾸준하게 추진한다

위대한 기업들의 브랜드 유지 법칙

1. 철저한 자신의 단점 파악

2. 가까이 존재하는 위험에 주의

3. 회사에 자부심을 갖는 직원문화 창출

4. 인터넷의 통제와 활용

5. 일관된 정책 실시

6. 다른 기업의 이미지 전이에 유의

유리컵, 도자기, 기업 이미지는 잘 깨지고, 잘 고쳐지지 않는다.
– 벤저민 프랭클린

철저한 자신의 단점 파악

 불친절한 판매원과 형편없는 서비스를 인정한 홈 디포

홈디포 매장에서 쇼핑하는 것은 집을 고치는 일보다 더 힘들다. 자신이 직접 물건을 만드는 사람들은 철물점 대형 매장을 꺼린다. 그들은 마치 끝이 없는 미로에서 헤매는 것처럼 느낀다. 동굴 같은 매장의 복도를 돌아다니면서, 위아래를 열심히 찾아보지만 필요한 망치나 화장실 수도꼭지를 찾을 수 없다. 설상가상으로 홈 디포의 트레이드마크인 주황색 앞치마를 하고 있는 매장 직원들마저 찾아볼 수 없다. 어쩌다 그들이 직원을 만나 도움을 청하면, 그들 대부분은 질문에 답하지 못한다. 그리고 고통스러운 탐색 후 고객들은 종종 찾는 제품의 재고가 없어서 결국 빈손으로 매장을 나오기도 한다.

홈 디포의 기업 이미지는 흠이 났다. 해리스 인터랙티브의 연간 기업 이미지 조사에 따르면, 고객의 관심을 끌어 어른들의 장난감 가게라고까지 불리며 2000년에는 4위를 차지했던 홈 디포의 기업 이미지는 2001년에 19위로 하락했다.

2001년 조사에서 홈 디포는 더 이상 재미있는 기업이 아니었다. 한 응답자는 여러 번 화났던 일들을 들려주었다. "바닥 자재에 관해 누군가의 도움을 받는 데 세 번이나 전화를 해야 했다. 또 한 번은 울타리 재료를 사러 갔는데, 그 모든 물건을 우리가 직접 차에 실어야만 했다. 그 곳 직원들에게 도움을 받는 일은 거의 불가능하다."

또 다른 고객은 큰소리로 말했다. "나는 한 가지 물건을 사기 위해 45분 동안 줄을 섰다!"

홈 디포는 그들의 뿌리에서부터 이미 많이 벗어나 있다. 20년 이상의 급성장 후, 이 기업은 친절하고 숙련된 고객 서비스라는 설립자의 약속을 더 이상 실현하지 못했다. 불친절한 서비스의 늪에서 홈 디포는 부정적인 보도의 대상이 되었고, 선반이나 지게차 등에서 떨어진 제품 때문에 생긴 사고와 죽음으로 법적 소송을 받아야만 했다.

이러한 나쁜 뉴스는 때를 맞춰 상황을 더욱 악화시킨다. 홈 디포의 기업 이미지가 점점 약해짐과 동시에, 가정용 건축자재사업의 최대 경쟁사인 로웨(Lowe)의 기업 이미지가 더욱 강화되면서 홈 디포의 숨통을 조였다. 다행히도 홈 디포는 재빨리 대처했다. 즉시 서비스와 안전을 개선하기 위한 조치를 실행했고 고객의 불만을 하나도 놓치지 않으려고 노력했다. 홈 디포는 기업이 그들의 이미지 향상을 바라기 전에 단점을 먼저 극복하고 개선해야 한다는 아주 중요한 교훈을 깨달았다. 능력은 자신의 약점을 아는 것에서부터 나오는 것이다. 홈 디포는 광고에서 스스로의 단점을 말할 수 있을 정도로 용감하진 않았다. 그러나 경영 언론사와의 인터뷰를 통해 부적절한 서비스를 인정하고 개선 계획에 대해 설명했다. 부사장인 개리 주셀라는 "우리 기업의 목표는 언제나 높은 품질의 서비스를 제공하는 것이었고 지금도 그렇다. 서비스를 제대로 하기 위해 세심한 주의를 기울여야 한다. 그러나 이것은 어려운 일이다. 매주 2,230만 명의 고객이 1,500

개가 넘는 매장에 들르기 때문이다"라고 말했다.

서비스를 개선하기 위해 홈 디포는 가장 붐비는 쇼핑시간에 매장 안에 더 많은 판매직원을 배치했고 선반에 물건 올리는 등의 일은 밤늦게 하도록 개선했다. 또한 경험이 없는 아르바이트 직원들을 지나치게 많이 고용했던 것을 깨닫고 정규직 고용을 늘렸다. 불친절한 판매원이 많다는 고객의 불만에 대처하기 위해 인력담당 부서는 '사교성이 풍부한' 사람들을 찾아 고용했다.

판매원 교육도 분명히 많은 개선이 필요했다. 주셀라는 교육담당 부사장으로 발령받자, 30만 명의 판매원에게 3만 개 이상의 제품에 대해 더 많은 지식을 갖도록 하는 책임을 맡았다. 매장 판매원들의 1대 1 지도는 매장 관리자들의 책임이 되었다. 주셀라는 온라인 교육 시스템도 만들었다. 쌍방향적인 컴퓨터 기술을 통해 판매원들에게 제품을 어떻게 설명해야 하는지, 그리고 고객들의 질문에 어떻게 대답해야 하는지 등을 가르쳤다. 그들은 금전등록기를 어떻게 사용하는지, 또 최신 정원손질기구를 어떻게 사용하는지, 그리고 가장 중요한 고객들을 어떻게 대하는지를 배웠다. "우리는 고객을 버릇없이 대하고 환불을 거절하는 비디오를 보여준다. 그리고 모두들 모여서 어떻게 하면 고객에 대한 존경심을 갖게 되는지, 그리고 고객들이 거리낌없이 편한 마음으로 물건을 교환할 수 있게 하는지에 대해 토론한다"라고 주셀라는 말한다.

홈 디포는 다시 그들 서비스 품질에 대해 다시 한번 광고를 할 수 있을 만큼 매장이 충분히 정리됐다고 믿었다. 2003년, '당신은 할 수 있다. 우리는 도울 수 있다' 라는 기업 이미지 캠페인을 만들어서 고객들에게 어떻게 집을 고칠 수 있는지 가르쳐줄 수 있는 조언자와, 제품이 어디에 있는지를 아는 판매직원에 대해 광고했다. 사람들은 홈 디포를 단순한 가게 이상으로 생각한다고 마케팅담당 임원인 존 코스텔로는 말한다. "홈 디포는 항상 집안 보수 공사에 관한 한 믿을 만한 정보처로 여겨져 왔다. 지금 우리는 그 감정적인 유대를 강화하기 위해 노력 중이다."

당신의 서비스

해리스 인터랙티브의 연간 기업 이미지 조사 순위에서 홈 디포는 고객 서비스 부분에서 크게 반등했다. 아래는 2001년과 2002년의 '훌륭한 고객 서비스를 제공하기' 항목에서 응답자들이 뽑은 10개 기업이다.

2002년	2001년
1. UPS	1. 페덱스
2. 메이태그	2. 메이태그
3. 홈 디포	3. UPS
4. 존슨&존슨	4. 타깃
5. 이스트먼 코닥	5. 월트 디즈니
6. 페덱스	6. GE
7. 할리데이비슨	7. 휴렛팩커드
8. 소니	8. 소니
9. 월트 디즈니	9. 존슨&존슨
10. 델	10. 코카콜라

2002년에 홈 디포의 기업 이미지 순위는 해리스 인터랙티브 기업 이미지 조사에서 8위를 차지했고, 훌륭한 고객 서비스 부문에서는 3위를 기록했다. 그리고 많은 고객이 인정할 수 있을 만큼 지속적으로 개선 중이다. 그러나 2003년까지 모든 서비스 단점을 완벽하게 개선하지는 못했다. 많은 직원이 아직도 고객들을 제품이 있는 곳까지 데려다주지 않고 대신 제품이 있는 방향을 손가락으로 가리키고 있으며, 지저분하고 어두운 매장과 속도가 느린 계산 서비스에 대해 불만을 제기하고 있다.

이러한 끊임없는 단점에 대해 잘 알고 있는 홈 디포는 2003년에 예산을 21% 늘려 매장을 단장하고 서비스의 질을 높이는 데 40억 달러를 쓰겠다고 발표했다. 홈 디포는 적극적으로 고객의견을 받아들이고 있다. 영수증

아래 부분에 온라인 설문에 대한 안내가 있어서 직원들의 도움 정도, 계산하기까지 걸린 시간, 매장의 배치와 청결함에 대해 자체적으로 평가하고 있다.

"고객들은 홈 디포에 대해 높은 기대를 갖고 있다. 우리는 이러한 기대에 부응하기 위해서 끊임없이 노력해야 한다. 우리에게는 안주가 아닌 전진만이 있을 뿐이다"라고 코스텔로는 말한다.

약점에 정면으로 대하라

홈 디포처럼, 훼손된 이미지를 갖게 된 기업은 왜 그렇게 되었는지 반드시 이유를 살펴봐야 한다. 불행하게도 많은 기업이 생존을 위해 부정까지도 마다하지 않는 경영을 하고 있다.

항공사들은 높은 가격대부터 직원의 친절도까지 많은 단점을 파악하는 데 더딘 모습을 보여주었다. 자신들의 서비스에 환멸을 느낀 고객을 사우스웨스트 에어라인이나 제트블루가 빼앗아 가는 데 성공하자 주요 항공사들은 그 값을 톡톡히 치르고 있다.

기업은 어떻게 그들의 단점을 인식하는가? 이 인식이 기업의 몰락을 요구하지는 않는다. 기업의 단점은 우선 직원들에게 먼저 드러나게 마련이다. 그러나 경영진은 그 단점을 무시하기 일쑤다. 이는 사소한 단점이 시장조사나 기업 이미지 조사에 치명적인 단서가 된다는 것을 간과한 행동이다. 그렇기 때문에 직접적인 체험보다 더 좋은 방법은 없다. CEO와 경영진들은 사무실을 벗어나 공장과 매장 등을 돌아보며 직원, 고객들과 함께 그들의 관심사에 대해서 얘기를 나눠야 한다.

기업 감시와 불신의 시대에, 기업은 자신의 단점에 대해 솔직해질수록 더 많은 이익을 얻게 될 것이다. 사람들은 자신의 잘못을 인정하는 기업을 더 좋아하는 경향이 있다. 물론 그 단점을 빨리 개선할 뜻을 보여야만 가능하다는 것은 두말 할 나위가 없다. 자신의 잘못을 대수롭지 않게 여기는 기업보다 자신의 실패를 빨리 인정하고 더 노력하고 약속하는 기업이 기업 이미지를 빨리 개선할 수 있다는 뜻이다. 월스트리트에서의 실수 때문에 기업 이미지가 나빠진 두 개 금융기관 경영진의 대조되는 대처법에 대해 생각해 보자.

2003년 연간 주주총회에서 JP 모건 체이스(JP Morgan Chase & Co)의 CEO인 윌리엄 해리슨은 은행의 실망스러운 실적과 월스트리트 리서치 스캔들 연루에 책임이 있었다. "JP 모건 체이스를 포함한 금융기관들은 책임을 져야 한다. 우리가 저지른 행동을 원래 상태로 돌릴 수 없지만 진심으로 후회하고 과거로부터 교훈을 배울 수 있다"라고 그는 주주들에게 말했다. 한 주주가 그에게 엔론과의 문제투성이 거래는 누구의 책임이냐고 물었을 때, 그는 "모든 책임은 나로부터 시작된다. 인정한다"라고 대답했다.

비슷한 시간에 모건 스탠리(Morgan Stanley)의 CEO 필립 퓨셀은 마치 그의 기업은 아무런 잘못을 하지 않은 듯이 행동했다. 지나치게 낙관적인 주식 보고서에 오도된 투자자들의 14억 달러에 달하는 월스트리트 결산비용에 대해 설명할 때, 퓨셀은 성인군자인 척하는 태도로 이 스캔들에 기업이 연루된 사실을 대수롭지 않게 말했다. 그는 기관투자가회의에서 "나는 이 결산에서 모건 스탠리에 대해 소액 투자가들을 걱정시킬 만한 그 어떤 것도 모른다"라고 하였다.

결국 미국 증권거래위원회 회장 윌리 도널드슨이 공개적으로 그를 꾸짖고 나서야 그는 자신의 주장을 취소했다. 모건 스탠리의 나쁜 짓을 감추려고 한 퓨셀의 시도는 기업 이미지를 더욱 훼손시켰다.

최근 계속 일어나는 기업회계 스캔들을 통해 많은 기업은 결국 자신들을 옭아매는 공격적인 회계관행을 통해 그들의 경영에서 단점이 되는 사실들을 숨겨왔다. 브리스톨 마이어스(Bristol-Myers)의 경우는, 판매와 수입을 부풀렸다. 그러나 같은 때에 이 기업은 경영에 심각한 약점을 보이고 있었다. 연구원들은 잠재적인 대박 제품을 파이프라인에 채우는 데 실패했고, 동시에 그 기업의 대표적인 약품들은 저가 생산형 버전으로 출시된 약품들과 경쟁하느라 고군분투하고 있었다. 기업은 그들의 단점을 찾아내고 개선해 가는 데 무한한 시간을 갖고 있지 않다. 게이트웨이(Gateway)의 경우, 기업의 결함을 고치기엔 늦었다. 이 컴퓨터 마케터는 기업의 고객 서비스부터 우스꽝스러운 젖소 무늬의 박스까지 좋아하던 고객들로부터 굉장히 호의적인 기업 이미지를 갖고 있었다. 그러나 시장점유율과 기업 이미지는 곧 하락했고 이들은 결국 책무와 규칙의 결여가 기업실적을 망쳤다고 인정했다. '집중, 규칙, 규격화'를 주장한 최대의 라이벌 델과 경쟁하는 데 실패했다.

게이트웨이는 컨설팅 회사인 베인&컴퍼니의 도움으로 약점들을 보완하려 했다. PC 생산에 규칙을 더하는 한편, PC 중심에서 디지털 TV와 다른 전자제품 쪽으로 움직이고 있다. 게이트웨이가 소니 등의 전자 마케터들과 경쟁하려면 기업이 모을 수 있는 모든 집중과 규칙이 필요할 것이다.

기업 이미지의 피해

홈 디포가 아주 힘들게 깨달았듯이, 형편없는 고객 서비스는 기업 이미지를 손상시키는 주요 단점 중 하나다. 고객을 정말 화나게 하는 것은 무례한 응대뿐 아니라 서툰 서비스다. 왜냐하면 이는 고객의 가장 값지고 중요한 '시간'을 낭비하게 만들기 때문이다.

많은 기업은 서비스가 주는 문제점을 제대로 파악하지도 못하고 있으며 하지도 않는다. 고객은 끝이 보이지 않는 기다림과, 도움을 받기 위해 전화를 했을 때 듣게 되는 자동응답기능에 대해 불만을 토한다. 그들은 서비스에 대한 기대치를 낮추었음에도 불구하고 서비스가 얼마나 형편없을 수 있는지에 대해 아직도 놀라고 있다. 그것이 바로 쉐라톤 호텔&리조트가 '서비스 약속'을 만들게 된 이유다. 그들은 태만한 서비스와 허름한 숙박시설의 오명 때문에 고생하고 있다는 사실을 받아들였다. 그러나 서비스 개선이라는 주장에 회의적인 사람들 때문에 스타우드 호텔&리조트 월드와이드(Starwood Hostels & Resorts Worldwide)가 소유하고 있는 이 호텔 서비스에 대한 새로운 혁신을 단지 발표하는 것만으로는 불충분하다고 결정했다. '당신의 저녁 스테이크 식사가 주문한 지 1시간 후에 나왔다면? 바퀴벌레가 당신의 화장실서 나왔다면? 문제없다. 쉐라톤이 무료 식사나 숙박료 할인으로 보상할 것이다'라는 식으로 돈을 써야만 했다.

물론 서비스가 나빠졌다는 것을 인정하는 것이 첫번째 단계다. 동시에 기업은 근본적인 원인을 알아내 즉시 개선해야 하고, 향후 개선전략도 개발해야 한다.

자신의 고객에게 귀를 기울여라. 맥도널드는 새로운 닭고기 샐러드를 광고하고 있지만 많은 고객은 닭고기를 가장 먼저 떠올리지는 않는다. 맥도널드는 부적당한 광고 슬로건인 '우리는 당신을 웃게 만들기 좋아한다'를 완벽히 실행하고 있지 못하다는 사실을 오래 전부터 알고 있었다. 패스트푸드점에서의 끝없는 기다림이 어찌 웃음을 만들 수 있겠는가. 퉁명스러운 직원들과 비위생적인 화장실, 서투른 음식주문이 어떻게 고객들을 웃게 할 수 있겠는가. 어떤 고객은 포장한 음식을 집에 도착해 펼쳤는데 햄버거에 빵만 있고 고기가 없는 경우도 있었다고 한다. "맥도널드 서비스는 너무 형편없기 때문에 주문한 음식이 맞게 나왔는지 반드시 봉투 안을 확인한다. 뭘 받았을지 모르는 일이기 때문이다"라고 고기 빠진 빅맥을 받아본 경험이 있는 폴 후크는 말한다. 그는 또 "내 아내는 토마토 알레르기가 있어서 토마토를 넣지 말라고 주문한다. 그러나 햄버거 안에는 항상 토마토가 있다"고 한숨 쉬며 말한다.

이러한 실수에 대해 잘 알고 있으면서도 맥도널드의 문제해결은 아직도 멀어보인다. 게다가 40년 전 주식을 공개한 후 처음으로 분기 손실을 경험한 2002년 4분기에 맥도널드는 자존심이 상하고 말았다. 맥도널드에서의 경험이 얼마나 나쁜지를 알아보기 위해 '비밀구매자들'을 식당으로 보내 아무것도 모르는 직원들을 상대로 점심을 주문했다. 그리고 기업은 무료 소비자의견 전화를 설치했다. 직원들의 행동이 빠르고 친절하고 더 정확할 수 있도록 교육시키겠다고 약속했다. 서비스를 빠르게 하기 위해 셀프서비스 간이판매대를 시범으로 설치해 보았다. 결국 패스트푸드 체인점의 존재 이유는 스피드이기 때문이다.

최근 맥도널드는 '웃음'을 주제로 한 광고를 캠페인에서 제외했다. 현재 슬로건인 '나는 맥도널드를 사랑한다'는 이보다 더 진실하다. 사람들은 맥도널드가 서비스 단점에 더 빠르고 효율적으로 대처하지 않은 것을 참지 못한다. 맥도널드는 고객들에게 맥도널드를 사랑할 이유를 서둘러 제시해야 할 것이다.

현실은 가혹하다

현실을 직시하는 일은 사무실에 있는 경영진들에게도 괴롭다. 불쑥 나타난 문제점들이 곧 없어질 거라 믿고 싶어진다. 그러나 사실을 인정하고 어려운 결정을 내리는 것에서 좋은 관리자와 나쁜 관리자의 구분이 생긴다.

문제는 오래 악화될수록 더욱 고치기 어려우며 기업 이미지에 더 많은 피해를 입힌다는 사실이다. AT&T는 구조적인 서비스 문제를 받아들이기까지 너무 오래 지체해서 고객들의 호감을 잃어버렸다. 1990년 초, 미국 대부분 지역의 전화 서비스를 마비시킨 9시간 동안의 네트워크 장애는 AT&T의 기업 브랜드에 심각한 위협을 주는 상황까지 초래했다. AT&T는 소프트웨어의 작은 결함을 탓했고, 이를 보상하기 위해 밸런타인데이에 고객들에게 무료 장거리 통화 서비스를 제공했다. 고객들은 AT&T의 미심쩍은 점을 유리하게 해석하고 받아들이는 것처럼 보였다. 1년 뒤, AT&T 직원이 전화선을 잘못 잘라서 미연방항공청 통신 시스템을 포함한 뉴욕 지역의 장거리

통화 서비스가 끊기는 일이 생겼다. 항공교통과 일부 금융시장의 무역거래가 지체되었다. AT&T의 기업 이미지는 위태로운 상태에 이르렀다. 그러고는 이어 세번째 스트라이크를 먹었다. 기술적이고 인간적인 실수들이 결합한 또 다른 네트워크 소동이 1991년 9월 뉴욕에서 일어났다. 이번에는 기업감시위원회, 국회의원, 경영진들도 분개했다.

2년 동안 일어난 일련의 서비스 소동들은 정보조작의 대가 AT&T에게 최악의 악몽이었다.

그러나 AT&T는 결국 기업의 문제점을 처리했고 신뢰할 수 있는 기업 이미지를 되찾기 위해 주요한 품질개선 프로그램을 개발했다. 그러나 기업 이미지는 똑같을 수는 없다. "우리는 100년 동안 이어온 신뢰가 있었기 때문에 대중들은 우리의 문제점을 두 번이나 좋게 생각하려 했다. 그러나 지금 우리는 매일매일 이를 증명해야 한다. 슬프게도 어떤 통계자료도 우리의 일관된 결과의 역사에 기초해 다져진 대중의 자연스러운 믿음을 다시 가져올 수는 없다"라고 AT&T의 전 홍보담당자 마릴린 로리는 말한다.

커뮤니케이션의 실패

기업의 단점이 그들의 행동에만 있는 것은 아니다. 그들은 열심히 일만 하고 말하지는 않는다. 의사소통의 단절은 공허함을 만든다. 사람들은 기업이 아무것도 하지 않는다고 믿는 경향이 있다. 제임스 킬츠는 질레트의 CEO가 된 얼마 후, 보스턴의 지역 유지들을 만났을 때 이 사실을 발견했다. 놀랍게도 그들은 질레트가 지역 사회 일에 소극적이라고 생각했다. 이러한 사실은 이 기업의 고향인 보스턴뿐만 아니라 미국과 세계의 여러 곳곳에서 기업시민이라는 이미지가 결여돼 있음을 뜻했다.

사실 이 면도기와 건전지 제조사는 벌써 수백만 달러를 기부하고 몇천 개의 무료제품을 자선후원 분야에 기증했다. 문제는 이 기업이 아무런 자선사업 방침 없이 조용하고 무차별적으로 접근하고 있다는 것이었다. 따라서 직접적으로 기부받는 사람들을 빼고는 아무도 이 사실을 모르고 있었다. "1,000달러를 쓰고 50달러어치의 기부에 대해서 말한다면 이는 아무런 효과가 없다"라고 질레트의 사회공헌 담당자인 캐이시 챠우스카스는 말한다.

현재 질레트는 여성암센터, 경제적인 지식, 주거와 응급 보호소 등 세 개의 주요 분야에 전략적으로 집중하면서 훨씬 나아진 커뮤니케이션을 운영하고 있다. 질레트의 경영진은 그들의 지역 사회 참여에 대해서 더 많이 얘기하고 있다. 그리고 웹사이트를 만들고 주인공이 유방암에 걸린 TV 드라마 〈도슨스 크리크〉와 손잡고 홍보했다. 이 TV 활동이 웹사이트의 방문자 수를 세 배로 늘렸다.

페덱스는 라이벌 UPS 영역인 택배 서비스에 자신들의 사업을 확장했지만 많은 소비자는 이 사실을 모르고 있었다. 일반 대중들이 갖고 있는 페덱스의 기업 이미지는 기업이 원하는 만큼 호의적이지 않다. 2002년 일반 대중이 기업 이미지에 대해 어떻게 평가하는지 조사한 어느 연구발표에 따르면, 적어도 부분적으로는 페덱스가 커뮤니케이션 전략이 부족했기 때문에 UPS가 페덱스를 앞섰다. 그러나 '안녕, 미국(Federal)!'과 '꼭 하룻밤 사이에 도착해야 할 때'라는 슬로건, 그리고 익살스럽게 말을 빠르게 하는 남자 캐릭터를 담은 재미있는 광고 때문에 페덱스는 소비자에게 친근히 다가설 수 있었다. 페덱스는 확실히 지금까지 광고 내용처럼 서비스를 제공하지 못했고 배달 서비스의 영역을 확장하면서 좀더 효과적인 커뮤니케이션을 할 필요가 있었다. 페덱스 경영진은 더욱 효율적으로 광고를 해야 할 필요를 느꼈다. 그러나 페덱스의 기업 이미지 담당 임원인 빌 마가리티스는 "아직도 진행 중인 일이고 이 일은 하룻밤 사이에 완성되지 않는다. 부분적으로 나눠진 미디어 환경에서 우리의 확장된 서비스에 대해 우리가 바라는 인지도를 얻기까지는 오랜 시간이 걸린다"라고 말했다. 적어도 페덱스는 얼굴 없는 거대 기업들 중 하나는 아니다. 커뮤니케이션의 실패는 몇몇 기업으로부터 강한 기업 이미지를 개발할 수 있는 잠재력을 빼앗고 있다. 예를 들자면, 대부분의 사람에게 유니레버(Unilever)는 미스터리로 기억된다. 이 기업은 스파게티 소스 라구(Ragu)부터 섬유유연재인 스너글(Snuggle)까지 기업의 브랜드 뒤에 숨어서 기업광고나 홍보를 통해 대중에게 전달하지 않는다. 유니레버의 CEO는 인터뷰 중 광고를 늘리고 이들 제품을 위해 유니레버의 우산효과를 만들고자 생각 중이라고 하였다.

현실적인 CEO

미국의 가장 오래 된 제조기업인 뒤퐁은 1980년대 미국의 가장 큰 오염원이었다. 정부는 뒤퐁을 유해기업 순위의 가장 상위에 올렸다. 이 기업은 시민운동가의 첫번째 타깃이 되었고, 이에 따라 기업 이미지 타격도 심각한 수준으로 나타났다.

환경운동가들은 세계가 뒤퐁의 진실에 대해서 알기를 원했고 '1위 오염자 뒤퐁'이라고 씌인 커다란 현수막을 뉴저지의 공장에 걸었다. 이 사건은 기업을 깨우는 신호가 되었다. 지난 2세기 동안의 보여준 수많은 업적에도 불구하고 부정적인 환경오염 이미지는 호의적인 기업 이미지를 무너뜨릴 수 있다는 사실을 뒤퐁은 깨달은 것이다.

에드가 울러드는 이 사건이 그저 홍보의 문제가 아니라는 것을 알았다. 1989년 그가 뒤퐁의 회장이 됐을 때, 기업의 단점을 직시하고 극복해야 된다는 것을 알았다. 이 기업은 법적인 규제는 지켰을지 몰라도 대중의 기대치에는 못 미쳤다. "우리는 마치 대중들의 요구와 걱정이 과학자와 기술자의 기술적 선택권보다 중요하지 않은 것처럼 행동하고 있었다. 그러나 대중의 의견은 기술적인 사실과 상관없이 반영되고 논해져야 된다"라고 회장이 된 지 1주일 후 연설에서 울러드는 말했다. 그는 뒤퐁이 해양생물을 해치지 않는다는 전문적인 자료에 의거해 뉴저지 해안 쪽 대서양에 쓰레기를 버릴 수 있는 허가를 정부에 신청한 사실에 주목했다. 뒤퐁은, 바다에 쓰레

청소하기

에드가 울러드가 '환경지킴이'의 문화를 조성하는 것과 오염을 줄이는 것을 맹세한 후, 뒤퐁은 손상된 기업 이미지를 개선하는 장기적 임무를 시작했다. 아래의 자료는 뒤퐁의 이미지가 1998년 자회사인 코노코 오일을 분리시킨 것이 부분적으로 반영돼 개선됨을 보여주고 있다.

뒤퐁의 환경적인 파급효과	2001년	1995년
유독 공해물질 방출(백만 파운드)	17.2	32.0
공기중 발암물질(백만 파운드)	0.8	2.0
온실 가스(십억 파운드)	64.6	191.1
위험물질(십억 파운드)	1.46	2.28
환경부담금 적발 횟수	20	31

기 버리는 행위를 반대하는 뉴저지 주민의 감정을 무시하고 있었다. 결국 뒤퐁은 허가신청을 취소했다. 그러나 울러드는 "더 빨리 취하하거나 아니면 처음부터 신청하지 않았더라면 부정적 언론노출을 줄였을지도 모른다"고 지적했다.

울러드 같이 힘있고 솔직한 리더들이야말로 기업이 현실과 실패를 직시하고 도전하도록 밀어붙인다. 그는 환경적인 문제에 대해 직접 부딪히지 않아야 한다고 주장하는 다른 제조업들과 뒤퐁 내부 반대자들에 맞서 꿋꿋이 자신의 의견을 내세웠다. 그는 동료들이 '아직도 단점이 남아 있고 새로운 전략방향을 기획하면서 동시에 뒤퐁의 환경적인 업적에 대해 주목을 받는 것'을 겁내고 있다는 사실을 발견했다.

울러드 이후 뒤퐁은 '환경적인 발자취'를 줄이기 위해 오염을 줄이고 에너지 소비를 엄격히 통제했다. 또한 국립야생동물 연합회 등의 환경단체에 접근해 아이디어를 나누고 정치적 충돌을 해결하고자 노력했다.

뒤퐁은 환경지킴이 문화를 만들려는 시도 중 어려움에 부딪혔다. 환경시민운동가들은 이 기업이 친환경적인 기업 이미지를 만들기 위해 마케팅을 이용해 '기업 환경보호 활동'을 한다며 비난했다. 뒤퐁은 특히 과거의 환경오염 위반혐의와 소송을 아직도 겪고 있다. 가장 최근에는 미국 환경보호국이 뒤퐁의 테프론(Teflon)에 사용된 화학물질의 잠재적 위해성에 대한 조사에 나섰다. 그러나 오늘날의 뒤퐁은 예전에 취한 행동에 대해 비교적 솔직한 모습을 보이고 있다. 예를 들어, 1990년에 비해 지구온난화 방사물질은 68% 줄었고, 지구오염 폐기물 생산은 47% 줄었다. 물론 폐기물 0%, 배출물 0%의 정해진 목표에 도달하기 위해서는 아직 갈 길이 멀지만 말이다.

대중에게 공개하기

기업은 대중에게 자신의 단점을 공개해야 하는가? 대부분의 경우 그래야 한다고 말한다. 공개적으로 알려진 문제점을 극복하고, 자신감을 회복하며, 기업 이미지를 개선하는 데에는 많은 시간이 필요하다. 그러나 단순히 광고를 통해 기업의 단점을 강조하기 전에 기업은 이미 호전되고 있어야 한다.

홈 디포는 광고에서 서비스 개선에 대해 '우리는 당신에게 귀 기울이고 문제를 고치기 시작했다'라고 말했더라면 고객들을 더욱 안심시킬 수 있었을 것이다. 그러나 그들은 단지 매장에서 '다시 한 번 전문적인 도움을 받을 수 있다'고만 말했다.

맥도널드는 기업의 서비스와 품질 문제를 애써 외면했다. 맥도널드는 최근 대중에게 공개한 하디스(Hardee's)로부터 한 수 배워야 한다. 다시 신뢰도를 쌓고 수익성을 제고하기 위해 하디스의 CKE 레스토랑은 자신의 잘못을 말하는 광고 캠페인을 제작했다. 광고에서 CKE의 CEO 앤드류 퓨즈더는 하디스가 근래에 싸구려 서비스와 낮은 질의 음식, 헷갈리는 메뉴 등에 불만을 갖고 있는 고객을 만족시키지 못했다고 시인했다. 광고는 '제일 가기 싫은 햄버거 가게가 제일 가고 싶은 곳이 될 것이다' 라는 슬로건으로 끝난다.

하디스는 패스트푸드 업계의 메인메뉴인 '두꺼운 버거' 가 451그램이며, 1,100칼로리임을 공개했다. 이는 새로운 메뉴 판촉을 돕기 위한 행동이었다. 이러한 공개는 오히려 진정으로 필요한 고객을 유인할 수 있다. 적어도 하디스의 경영진은 이러한 캠페인이 사람들의 주의를 끌기에 충분하다고 믿는다.

GM은 자동차 품질의 약점을 공개적으로 발표하기까지 시간이 오래 걸렸다. 그러나 늦게라도 공개하는 것이 아예 하지 않는 것보다는 낫다. 적어도 GM은 기업 이미지 광고에서 수많은 사람이 오랫동안 알고 있었던 일에 대한 책임을 지고 있는 것이다. GM은 경쟁사로부터 굴욕적인 교훈을 배웠다. GM의 몰락은 분명 놀라웠다. 미국 내 시장점유율이 1980년 45%에서 현재 27% 정도로 낮아졌다.

현재 GM은 회복 중이라고 주장하며 시장점유율을 다시 찾길 바라고 있다. 광고에서 '세상에서 가장 긴 길은 되찾는 길이다' 라는 결연한 의지를 보여준다. 또한 광고는 '30년 전 GM의 품질은 세계 최고였다. 그러나 20년 전에는 최고가 아니었다' 라고 말하며 지난 10년 동안의 기업의 품질 개선 노력에 대해 설명한다.

GM은 과거에도 품질 문제에 대해 암시한 적이 있었지만, 이번 캠페인처럼 노골적으로 드러낸 적은 한 번도 없었다. 이 광고는 용감한 반면 위험하다. 이러한 GM의 인정이 기업 이미지를 눈에 띄게 개선하고 사람들의 관심을 끌 것인지는 분명치 않다. 그러나 한 가지는 분명하다. GM은 훌륭한 품질을 선보여야만 한다. 왜냐하면 소비자들은 GM이 구제받을 만한 자격이 있는지에 대해 매우 회의적이기 때문이다.

가까이 존재하는 위험에 주의

 구조대원이 마신 생수값을 청구했다 혼쭐난 스타벅스

하위 직원에게는 쉬운 결정이었다. 9 · 11 테러 당시 구조대원들이 세계무역센터 근처에 자리한 스타벅스에서 생수를 찾았을 때, 스타벅스 직원이 구조대원에게 돈을 받았다. 몇 시간도 안 돼서 이 얘기는 인터넷을 통해 유포되었고 이메일, 휴식시간의 잡담, 입소문 등 여러 통로로 전세계에 퍼졌다. 순식간에 스타벅스는 반감의 대상이 되었고 주의를 기울여 쌓아온 기업 이미지는 한순간에 추락했다. 재난과 슬픔의 분위기 속에 한 직원의 작은 실수가 이런 상황을 초래한 것이다. 이런 사소한 실수가 때로는 사람들을 격분하게 만들기도 한다.

뉴올리언스 금융담당자 크리스토퍼 존스턴은 작은 가게 주인들이 음식이나 구조대원들이 필요한 물건들을 무료로 지원해 주고 있을 때, 그렇게 큰 회사가 구조대원들이 찾은 생수에 요금을 청구한 것은 말이 되지 않는다고 말했다. 존스턴은 2년이 넘은 뒤에도 스타벅스 불매운동을 계속 벌이고 있다.

이러한 기업 이미지 훼손은 큰 실패에 대한 직원들의 게으르고 자기방어적인 대처에서 비롯되었다. 9·11테러 장소에서 3,000마일 떨어진 시애틀에 자리한 스타벅스 본사에서는 홍보와 관련해 전세계에 최대한 빨리 사과해야 하는 긴급함을 인식하지 못했다. 한 직원의 무책임도 놀라웠지만 사건에 대한 회사의 더딘 대처는 더욱 놀라웠다.

한 이메일에는 '그들이 정말로 돈을 받았다는 게 믿기는가? 당시 근처의 상인들은 당연한 마음으로 선뜻 물을 제공했다. 스타벅스만 빼고! 마치 이 나라가 그들에게 충분한 돈을 벌지 않게 해준 것처럼! 나는 푸라푸치노(스타벅스에서 판매하는 커피 종류)를 누구보다 사랑하지만, 위급한 상황에서도 이익만을 찾으려는 회사는 미국 대중들의 소중한 돈을 벌어들일 자격이 없다' 라고 써 있었다. 또 다른 이메일은 스타벅스 불매를 주장하기도 했다.

결국 스타벅스는 사과를 하고 그 구호회사에 130달러를 배상했다. 그러나 〈시애틀 포스트 인텔리전스〉 신문의 칼럼니스트 로버트 제미에슨이 이 사건에 대해 공개적으로 비난하고 나서자 스타벅스는 비로소 대처했다.

스타벅스는 테러 공격 2주 후인 9월 25일자 보도 자료에서, 그 신문의 기사가 명예를 지키려 노력하고 뉴욕에서 자원봉사를 한 직원들과 테러 장소에서 음식과 음료를 기부한 직원들의 도덕을 훼손시키는 것이라고 했다. 그리고 다음날 1만 4,000갤런이 넘는 양의 커피를 구조운동 단체에 기부하고, 스타벅스를 칭찬하는 적십자 임원의 말을 발췌해 크게 선전하는 방어적이고 이기적인 보도자료를 배포했다.

또한 9월 27일에는 최종적으로 이 사건에 대한 CEO의 말을 매장에 게시했다. '나는 스타벅스의 CEO로서 이 사건에 대해 놀라지 않을 수 없었다. 당연히 물을 기부하는 적절한 행동이 취해졌어야 하는 무섭고 혼란스러운 상황 속에 그런 무책임한 결정을 내린 직원의 행동과 심정을 이해할 수 없다. 어떤 식으로든 이 결정은 변호될 수 없으며, 이는 스타벅스가 추구하는 기대에 부합하지 않는 행위다'라고 오린 스미스는 밝혔다.

그러나 이는 캘리포니아 주 리돈도 시에 살고 있는 지나 데니스와 같은 사람들에게는 너무 늦은 대처였다. 그녀는 9·11 테러 당시 뉴욕의 직원에게 화가 난 것보다 스타벅스의 경영방식에 대해 더 화가 나 있었다. "실수는 할 수 있다. 그러나 참사에 신속하고 의미 있는 대처를 하지 않는 것이 나를 더 화나게 한다. 이 회사는 믿을 수 없을 정도로 자기 방어적이었다"라고 말하는 그녀는 더 이상 스타벅스를 방문하지 않을 것이며 가족과 친구들에게도 자신처럼 하라고 주장한다.

이렇게 심각한 기업 이미지 타격에 스타벅스가 정말 서툴게 대처한 것은 믿기 힘들다. 스타벅스는 미국에서 일하기 좋은 곳 중 하나로 선정되었고, 아동교육 후원과 커피 재배업자들에게 인도주의적 지원과 환경보호 등의 선행을 선전했다. 그것은 소비자에 대한 친절과 기업 이미지에 대한 기업 시민 정신의 중요성을 깨닫게 하는 내용들이다.

스타벅스는 고용 필수항목에 '미소와 친절', '우수한 고객 서비스 제공하기', '다른 사람 돕기를 즐기기' 등을 강조했다. 직원들을 격려하기 위해 회사는 좋은 복지제도와 스톡옵션을 제공했다. 한마디로 말해 스타벅스는 매장 직원들이 기업 브랜드를 대표하고 회사의 라떼와 푸라푸치노의 품질만큼이나 기업 이미지에 영향을 줄 수 있다는 사실을 배웠다. '우리 직원들은, 인간의 정신을 불어넣고 고양시키는 데 세계에서 가장 뛰어난 브랜드를 가지며, 불후의 회사가 되는 목표를 이루는 데 중요한 부분이다. 직원들은 우리가 성장하며 변하지 않는 원칙들을 지키는 데에 기여한다'고 스타벅스의 '커피여행(Coffee Career Journey)' 팸플릿에서 말하고 있다.

이러한 이미지 만들기에 대한 공로와 활동에도 불구하고 스타벅스는 미국의 가장 슬픈 대참사 직후 크게 흔들렸다. 이 사건은 스타벅스의 종업원 커뮤니케이션, 교육 절차, 특히 브랜드 가치 심어주기의 약점을 보여주고 있다. 구조대원들에게 생수요금을 청구하는 직원의 결정은 회사가 크게 선전하던 고객만족, 타인존중, 지역 사회의 '좋은 이웃' 정책이 업무현장까지 전해지지 않았음을 보여준다.

스타벅스는 이 사건에 대처하기 전에 모든 사실을 제대로 보고받고 싶다고 했다. 공공업무와 미디어 관리부서 이사인 오드리 린코프는 "구호회사에 배상과 사과를 하고 AOL 게시판에 있던 글의 삭제를 요청한 뒤 모든 일이 다 풀렸다고 믿고 있었다. 그러나 우리는 문제가 다 해결된 후에도 사람들이 인터넷에서 계속 얘기하는 것을 보고 놀랐다. 시애틀 지역 신문의 칼럼니스트가 이에 대해 기사를 쓰기 전까지 우리는 이 사실이 얼마나 널리 퍼졌는지 몰랐다"라고 말을 이었다.

그러한 반응은 스타벅스가 기업 이미지 위상에 대해 지나치게 자신감을 갖고 있다는 것과 인터넷과 커뮤니케이션의 위력에 대해 모르고 있음을 보여준다. 스타벅스는 기업 이미지가 얼마나 민감한 사항이며 예상치 못한 위협에 얼마나 주의를 기울여야 하는지 몰랐던 것이다.

언제나 주의하기

부주의한 무시나 명백한 오만으로 많은 기업은 그들의 귀중한 이미지를 깎아내리는 끊임없는 위협을 신경 쓰지 않는다. 기업들은 스타벅스와 같은 실수와 서서히 진행되지만 계속되는 기업 이미지 변색에 주의를 기울여야 한다. 꼭 큰 위기의 사고만이 기업 이미지를 훼손하는 것은 아니다. 느리고 눈에 띄지 않는 이미지 하락, 미국 자동차 시장에 진출한 일본의 습격처럼 새로운 제품을 갖고 있는 경쟁사의 선전 등에서 문제가 발생할 수도 있다. 서서히 진행되는 기업 이미지 훼손은 잘 발견되지도 않을 뿐더러, 치명적이며 개선하기도 어렵다. 일부 회사들은 자신의 기업 이미지엔 어떠한 훼손도 있을 수 없다고 장담하지만 이는 지나치게 터무니없는 단언이다. 코카콜라와 같이 튼튼한 기업 이미지를 갖고 있는 미국 회사들도 요즘에는 다른 나라의 반미감정 때문에 각별히 주의를 기울여야 한다.

정보가 빛의 속도처럼 빨리 퍼지고 쉽게 왜곡될 수 있는 요즘에는 대기업일수록 잠재된 위협이 크다. 질레트의 기업홍보담당 부사장 에릭 크라우스는, 지금은 10년 전과 너무 다르며 우리를 가장 힘들게 하는 것은 인터넷과 24시간 케이블 뉴스 때문에 국내의 문제들이 금방 국제적으로 알려지는 것이라고 말한다. 그리고 그는 정보 고속화와 속도를 맞추기 위해 매일 아침 인터넷으로 뉴스를 읽는다고 한다. 질레트는 인터넷 채팅룸과 회사의 브랜드에 대해 위험한 정보의 왜곡을 담고 있는 사이트를 모니터링하는 정교한 시스템도 만들었다고 한다.

가장 이상적인 대처방법은 회사가 위협에 충분히 주의를 기울여 문제가 되기 전에 해결하는 것이다. 이를 이루기 위해 질레트처럼 기업 이미지를 보호하는 담당직원을 임명하고 튼튼한 모니터링 시스템과 내부 커뮤니케이션 시스템을 구성해야 한다.

물론 어떠한 시스템도 완벽할 수는 없다. 따라서 문제가 되기 전에 위협을 해결하는 일이 항상 가능한 것은 아니다. 하지만 방법은 있다. 위험 요소가 해결의 손밖으로 벗어나기 전에 귀를 쫑긋이 세우고 찾아내는 것이다. 이보다 더 유리하기 위해서는 행동계획을 만들고 내부와 외부적으로 대처하는 것이다. 절대 꾸물거려서는 안 되고 자기 방어적이어서도 안 된다. 그리고 일어날 수 있는 모든 상황에 대처할 수 있도록 준비해야 한다.

브리티시 페트롤리엄으로 불렸던 에너지 대기업 BP는 미국 인디언들과 그들의 가장 유명한 전사인 리더에 관해 문제가 생길 것이라고는 상상하지 못했다. 그러나 사건은 바로 그들이 새로운 오일 프로젝트 이름을 크레이지 호스(Crazy Horse)라고 명명했을 때에 터지고 말았다. 크레이지 호스의 후손들은 크게 불쾌해했고, 기업의 책임에 대한 종파를 초월한 단체와 함께 즉시 이 신성한 이름을 상업적으로 이용하는 것에 반대했다.

BP가 문화에 좀더 신경을 썼다면 그런 상황을 초래하지 않았겠지만, 어쨌든 회사는 미국 시장에 잠재된 기업 이미지의 위협을 인식했다. BP는 재빠르고 솔직하게 대처했다. 그들은 이 논쟁이 더 나아가 법정싸움으로까지 확대되는 것을 막았다. 프로젝트의 이름을 선더 호스(Thunder Horse)로 바꿨을 뿐만 아니라, 경영진은 크레이지 호스 종족과 다른 종족의 지도자를 만나 선물을 주고 사과의 뜻을 전하기도 했다.

회사는 미국 인디언들에게 크레이지 호스 이름을 오용한 것을 유감으로 생각한다며, 이 원유개발이 마치 '동정녀 마리아 3공구'처럼 불릴 뻔했다는 것을 이해했다며 BP대변인은 말했다. 결국 BP의 전략은 호의적인 보도를 이끌어냈으며, 회사가 미국 인디언의 문화와 가치관에 대해 사려 깊다며 인터페이스 센터와 다른 기업 책임 그룹으로부터 칭찬받았다.

불행하게도 조심의 중요성은 큰 사고나 재난을 통해서 깨닫게 된다. 버거킹과 같은 패스트푸드 회사들은 유해한 장난감들을 어린이 메뉴에서 회수하라는 고소를 당했다. 어린이들이 일부 장난감 때문에 질식되는 사고가 있은 후에야 회사는 좀더 조심하기 시작했다. 식당 운영자들은 장난감 제작자들뿐만 아니라 패스트푸드 회사들도 사은품의 안전성을 테스트해야 한다고 지적했다.

크루즈 회사들은 승객들의 배탈 때문에 건강과 안전에 관련된 기업 이미지를 훼손하면서 2002년의 예약을 대폭 줄게 한 노르워크 바이러스로부터 교훈을 얻었다. 2003년까지 크루즈 회사들은 또 다른 기업 이미지 훼손 사건을 막기 위해 사스(SARS)를 매우 조심했다. 아시아로의 운항을 취소했고, 홍콩이나 토론토에서 온 승객들은 항해가 금지되거나 건강검진을 받아야만 했다. 훼손된 기업 이미지에 가장 좋은 약은 예방이라는 것을 크루즈회사들은 알고 있었다.

가끔 가장 탁월한 감시자 역할을 하는 미디어들도 정작 자신의 이미지 관리에는 소홀한 편이다. 〈뉴욕타임스〉의 직원은 기업 이미지를 손상시키

이미지 위협

힐&놀턴(Hill & Knowlton)에서 약 600명의 경영진을 대상으로 실시한 조사에서 뉴스미디어의 비판이 기업 이미지에 가장 큰 위협이라고 나타났다. 이것은 부도덕한 태도보다 더 큰 걱정거리였다. 아래는 기업 이미지에 가장 큰 위협이라고 생각되는 응답자들의 대답이다.

- 인쇄물이나 방송에 의한 회사나 회사제품에 대한 비판 : 49%
- 부도덕한 기업태도 : 42%
- 영업을 방해하는 사고나 재난 : 36%
- 소송이나 불리한 법정 판결 : 35%
- 일부 단체의 제품안전 문제에 대한 주장 : 29%
- 국가의 제품이나 직원 안전 문제에 대한 주장 : 24%
- 인터넷상에서 이뤄지는 회사나 회사제품에 대한 비판 : 13%

는 단점과 잘못을 너무도 잘 알고 있었지만, 2003년 청렴한 신문이라는 이미지에 심각한 타격을 주었다. 발행인 아서 슐츠버거가 신문사의 '큰 검은 눈'이라고 부르는 전 동료 제이슨 블레어를 '공공연한 거짓말과 표절행위를 일삼는다'라고 폭로했다. 그러나 기업 이미지에 미치게 될 잠재된 피해를 깨달은 회사측은 잘못된 보도에 책임을 지는 한편, 추가적인 언론의 사기행위는 막겠다고 맹세했다.

그러나 분명 〈뉴욕타임스〉는 부정직한 기자가 기업 이미지 훼손을 가져올 수 있는 가능성에 대해 소홀했다.

적어도 기업들은 이러한 경험으로부터 배우고 기업 이미지의 위협을 찾아내는 시스템을 개발해야 한다.

불매자들을 조심하라

2002년 말, 별 신경을 쓰고 있지 않던 네슬레(Nestle)는 나중에서야 기업 이미지를 보호하려는 대신 그 결점을 정당화하려다 기업 이미지가 크게 손상되고 말았다. 경계하지 않는 것은 기업 이미지의 가장 큰 위험인 기업제품에 대한 불매를 초래한다.

사건의 발달은 25년 전 네슬레가 에티오피아에서 군사정권에 의해 국영화된 자산을 배상하라며 600만 달러를 받아내려 한다는 뉴스에서부터 시작했다. 반(反)기근단체인 옥스팜 인터내셔널에서 일반 개인들까지 네슬레를 비난했다. 50억 달러가 넘는 연간이익을 창출하는 회사가 굶주림으로 고통받는 나라를 상대로 돈을 요구할 수 있을까?

사회운동가들은 즉시 네슬레 CEO 피터 브라백 레트머스의 1999년 연설 '기업 이미지를 뛰어 넘어: 신뢰를 추구함'이라는 제목의 성명문을 입수했다.

> "몇 년 후에 우리는 단기적 주주가치를 극대화했는지에 대한 질문뿐만 아니라 다른 더 어려운 질문들을 받을 것이다. 그 중엔 분명 '기아와 싸우고 있는 개발도상국에 어떤 도움을 줬는가' 라는 질문이 포함돼 있을 것이다."

그의 말처럼 네슬레를 곤혹스럽게 하는 질문이 쏟아져나왔다. 사람들이 네슬레 제품의 불매운동을 하고 기업 경영진들에게 화난 이메일을 보낼 때, 회사는 에티오피아 이슈를 설명했지만 설득력은 없었다. 네슬레는 이 일은 원칙에 관한 문제라며 이러한 배상금은 미래에 에티오피아가 외국 투자자들을 끌기 위해서 꼭 필요하다고 했다. 결국 이러한 소란 뒤 네슬레는 뒤로 물러났고 회사가 에티오피아에서 번 돈 전부는 기근 치유 프로그램에 기부한다고 밝혔다.

이 실수에서 네슬레의 조심성과 경계심의 부족을 엿볼 수 있다. 특히 네

불매운동

2002년 기업 이미지에 대한 해리스 인터랙티브의 조사에서 66%의 응답자들은 아래의 목록 중 적어도 하나의 불매운동을 했다고 응답했다.

● 회사의 제품이나 서비스를 거부했다 : 57%
● 다른 사람에게도 회사의 제품이나 서비스를 사지 말라고 했다 : 49%
● 서명운동에 서명했다 : 18%
● 다른 사람에게 회사의 주식을 사지 말거나 팔지 말라고 했다 : 18%
● 회사의 주식이나 회사의 주식이 보유한 뮤추얼펀드를 팔았다 : 7%
● 반기업적인 메시지를 집이나, 옷, 자동차에 달았다 : 4%
● 기업에 반대하는 시위운동에 참여했다 : 1%

슬레의 기업 이미지 훼손을 감지하지 못한 실수는 매우 놀랍다. 왜냐하면 스위스 회사는 불매운동에 익숙하기 때문이다. 이는 20세기 말 가장 유명한 국제적 불매운동이었을 것이다. 10여 년 동안 사회운동단체들은, 가난한 개발도상국들의 수유 중인 엄마들을 타깃으로 한 유아제품의 공격적인 마케팅 때문에 네슬레의 불매운동을 벌였다. 결국 1986년 불매운동자들과 네슬레는 합의에 이르렀다.

불매운동자들은 기업 이미지를 무너뜨릴 수 있는 강력한 위협 중 하나다. 불매운동자 자신들만 기업에 대해 부정하는 것이 아니라 다른 사람들에게 그 기업의 제품을 사지 말라고 부추기기 때문이다. 불매운동은 옥스팜이나 그린피스 같은 국제적 캠페인일 수도 있고 일반 개인의 운동일 수도 있다.

물론 기업들은 불매운동이 못마땅하겠지만 그렇다고 이를 무시해서는 안 된다. 절대로 개인이나 단체 캠페인과의 커뮤니케이션을 멈춰서는 안 된다는 것이다. 대화를 시작하기 위해 불매운동 리더들과 연락을 해야 하는데, 기업은 이러한 행동을 쉽게 포기해선 안 된다. 때로는 기업이 잘못을 인정하고 기업의 방식을 바꿔야 할 수도 있다. 그러나 그것이 바로 기업 이미지를 강화시키는 행동이다.

1990년, 스타키스트(StarKist) 참치사업은 돌고래들을 해치는 그물로 잡은 참치의 구매를 중단하라는 샌프란시스코 환경단체 얼스 아일랜드 인스티튜트(Earth Island Institute)의 요구를 받아들였다. 불매운동은 판매를 크게 손상시키지 않았으나 돌고래를 사랑하는 학생들로부터 편지를 받은 뒤로 스타키스트는 기업 이미지가 위험선에 있다는 사실을 깨달았다. 스타키스트는 돌고래 도살자라는 기업 이미지를 떠안을 수는 없었다. 회사는 주위를 돌아보고 배려를 잃지 않는 회사로 보이도록 노력하며 '돌고래의 안전'이라는 로고를 참치 캔에 넣었다.

놀랍게도 많은 기업이 불매운동의 위험에 대해서 방관한다. 해리스 인터랙티브의 경영진은 그들의 고객이 이러한 정보에 대해서는 신경을 안 쓴다고 생각했다. 그들은 사람들이 어떻게 그들의 제품을 추천하고 그들의 주식에 투자하게 만드는지를 배우고 싶어한다고 믿었다.

대부분의 기업은 닭에게 비인도적인 대우를 하고 있다고 주장하는 '동물을 윤리적으로 대우하는 사람들(People for Ethical Treatment of Animals)'의 KFC 불매운동이나 지구온난화를 우려하는 환경단체의 주장에 신경 쓰지 않는다. 그러나 환경운동가들의 불매운동 같은 대규모 불매운동에 대해서는 알고 있다. 이라크 전쟁 중에는 전세계 사람들에게 미국 제품을 사지 말라는 움직임도 있었다.

그리고 드러나지 않은 수백만 명의 조용한 불매자들도 있다. 누구든 불매자가 될 수 있다는 점을 기억하라. 해리스 인터랙티브의 조사는 66%의 응답자들이 기업에 반대하는 불매운동에 참여했으며, 이들은 부유하고 제대로 교육받은 사람들이라고 했다. 자유주의 대학생이나 극단론자 그룹일 것이라는 전형적인 예상이 빗나간 것이다.

개인적인 불매자들은 미디어에 나오는 시민운동단체와 달리 눈에 띄지는 않지만 그들은 불매뿐만 아니라 친구와 이웃에게 지대한 영향을 미치는 고객들이다. 그들을 발견해 내기란 쉽지 않지만, 기업 웹사이트나 채팅방 등에서 회사의 제품과 서비스에 대해 나쁜 의견을 주장하는 것을 발견할 수는 있다.

마치 자발적인 불매운동으로는 충분하지 않는 듯 웹사이트상에서도 다이아몬드 월너트 컴퍼니(Diamond Walnut Company), 갭(The Gap), 니먼 마커스(Neiman Marcus), 세계은행(the World Bank) 등의 기업과 단체들을 상대로 불매운동을 벌인다. 그리고 소비자 행동주의나 '행동하는 시장 민주주의' 등을 요구한다. 이제 기업은 불매자들에 대한 경계를 더 이상 늦출 여유가 없다.

누구 책임인가?

기업 이미지는 너무나 귀중하고 상처입기 쉽기 때문에 언제나 경계가 필요하다. 많은 CEO가 그들의 기업 이미지에 최종 책임을 갖고 있다고 말한다. 물론 그 말은 그들이 기업의 재무제표의 최종 책임을 갖고 있다는 의미다. 하지만 그들은 회사의 부사장이 기업 장부를 들춰보기를 바라거나 의지하려 한다.

기업은 그들의 기업 이미지에 관한 일상 임무들을 한 부서나 임원에게 맡겨야 한다. 누가 이미지를 보호하고 기업의 탐지기로서 책임을 지는지 명백해야 한다. 가끔 기업 이미지 관리책임에서 마케팅 담당자와 커뮤니케이션 담당자 사이의 괴리가 생기기도 한다. 마케팅 최고책임자는 보통 이미지를 만드는 일을 하고, 커뮤니케이션 담당 팀장은 밖으로 알리는 일을 한다. 이 두 가지 업무는 자칫 어긋날 가능성이 높다.

일부이긴 하지만 점차 많은 기업이 기업 이미지 담당자로 한 사람을 임명하고 있다. CFO(chief financial officer)와 CMO(chief marketing officer)가 그

예다. 그런데 CRO(chief reputation officer)는 왜 안 되나? 글락소스미스클라인은, 기업 이미지 담당 부사장이라는 직위를 만들어 던칸 버크를 임명했다. 그는 "언제나 적극적으로 기업 이미지를 관리하고 큰 기업에 있으니 늘 공격의 타깃이 될 수 있다고 상기시켜주는 한 명의 임원이 필요하다. 가장 어려운 일은 준비하는 것이다"라고 말했다.

시어즈 로벅(Sears Roebuck)도 회사가 매일 15~20개의 크고 작은 위기상황을 겪는다며 최근 기업 이미지 관리를 강화했다. 가장 중요한 것은 어디에 집중을 하느냐는 것이다. 고객조사는 시어즈의 결정을 도와주었다. 이 조사는 고객들이 시어즈에 대한 뉴스를 들었는지, 그들의 회사에 대한 인식이 호의적인지 부정적인지 등의 질문을 담고 있다. 최근 퇴직한 홍보 · 정책 담당 임원 론 컬프는 "우리는 치킨 리틀(Chicken Little)의 부정적인 얘기에 사람들이 관심을 갖게 되는 상황을 원치 않는다. 우리는 보도자료를 내보내기 전에 철저히 검사하고 잠재된 논란을 조절한다. 소비자들은 세탁기가 제대로 도착하기만 하면 우리가 이슈에 신경을 안 쓴다고 생각한다"라고 말했다.

낸시 다이글러는 자신을 머크의 이미지 지도자로 생각한다. 기업 커뮤니케이션 실장인 그녀는 IR, 윤리경영실, 미디어관리와 미국 밖의 공중업무 담당자들과도 가깝게 일하면서 더 많은 집중과 공동 작업을 수행하려고 노력했다. 제약회사의 약품 가격인상에 반대하는 정치가들과, 환자들의 끊임없는 비난 때문에 이미지 훼손을 입고 있어서 그녀는 매우 바쁘다.

디아글러는 '머크가 속 쓰림 치료약의 가격폭등에 대한 비난을 받고 있다' 거나 '머크의 관절염약 광고는 규제위반 혐의를 받고 있다' 등의 신문 헤드라인이 나올 때마다 회사측의 얘기를 전하는 데 참여한다. 그러나 그녀는 불우한 사람들을 위한 머크의 약물보조 프로그램 등 회사의 긍정적인 행동을 알리는 것을 더 원한다. 머크 직원들은 최근까지 그들의 기업이 사회적 책임 활동에 대해 알리는 일에 형편없었다고 생각한다.

디아글러는 "기업 이미지를 보호하는 일은 정말로 머크 내 모든 사람들의 책임이다. 그러나 나는 열다섯 명의 부서원과 기업 이미지 관리를 이끌어나가고 있다. 현실적으로 이러한 이슈들이 생기는 것을 막기는 어렵다. 끝까지 어떻게 관리하느냐 하는 것은 중요하다"라고 말했다.

논란에 대해 대처하는 것만이 경계하는 일은 아니다. 기업들은 갑작스러운 소동보다 좀더 주의 깊은 자세를 보여줘야 한다. 그들은 기업 이미지를 훼손할 수 있는 사소한 문제에도 많은 주의를 두어야 한다. 알트리아 그룹에서 기업 아이덴터티 업무 임원을 맡고 있는 데이비드 실비아는 필립 모리스라고 불리던 회사의 새로운 이름을 만들고 새로운 기업 이미지를 만드는 책임을 맡았다. 실비아는 "과거에 우리는 기업 이미지를 중요하게 관리하지 않았다. 그러나 지금 우리는 새로운 아이덴터티를 갖고 알트리아로 상쾌한 시작을 하고 있다"고 말했다. 실비아는 초기에 '알트리아' 라는 이름이 뉴스 미디어와 대중에게 어떻게 인식되고 있는지 집중해서 보았다. 예를 들어, 라디오나 TV 리포터들이 이름을 잘못 발음했을 때에 그는 올바른 발음이 녹음된 '인터뷰' 를 보냈다. 그리고 '알트리아 아이덴터티 챌린지' 라는 퀴즈를 회사의 웹사이트에 만들어서 사람들이 알고 있는 새로운 브랜드에 대한 지식을 시험했다. 만약 지금 바르게 알리지 않으면 모든 것이 수포로 돌아간다고 실비아는 말했다.

실비아는 알트리아의 이미지를 감시하기 위해 인력, 법무, IR, 정책, 기획, 공중업무 등 여러 부서에서 사람들을 모아 '브랜드 위원회' 를 만들었다. 그들은 알트리아의 기업 이미지를 지키는 경찰관이다. 위원회는 그들의 부서 안에서 기업 브랜드와 기업 이미지 관리의 중요성을 알릴 것이며, 이는 오레오 과자와 말보로 담배 브랜드를 관리하는 만큼 중요하다고 실비아는 믿는다.

위대한 기업들의 브랜드 유지 법칙 3

회사에 자부심을 갖는 직원문화 창출

 직원은 기업의 가장 큰 응원군이라는 **시티즌**의 경영철학

시티즌 파이낸셜 그룹은 스스로 일컫기를 '일반적이고 평범한 은행'
이 아니라고 한다. 그러나 그보다는 '다정하게 껴안아주고 싶은
은행'이라는 슬로건이 더 어울릴지도 모른다.

은행의 새로운 신조는 "고객을 안아주어라. 미소 지어라. '고맙습니다'라
고 말하라. 한 마디로 자신이 대우받고 싶듯 고객들을 대하라. 고객들이
'와, 이 사람들 너무 좋다'라고 말할 수 있는 이유를 만들라"고 가르친다.
그러나 요즘처럼 고객 서비스가 형편없을 때는 매우 감성적이고 비현실적
인 신조로 들린다. 그러나 시티즌은 농담이 아닌 진실로, 고객이 사랑받는
다고 느낄 수 있기를 바라며 많은 노력을 하고 있다.

그렇다면 시티즌은 직원들이 신조를 행동으로 옮기도록 어떻게 동기를 부
여하고 있는가. 모든 것은 시티즌 그룹의 로드아일랜드 지점 프로비던스

의 회장이자 CEO인 래리 피쉬로부터 시작된다. 그의 첫번째 일과는 매일 아침 회사에 출근하자마자 은행의 일부 직원에게 칭찬의 메시지를 보내는 것이다. 그는 그들에게 감사편지 또는 좋은 성과에 대한 축하편지를 쓴다. 그는 이메일이 직접 손으로 쓴 편지보다 인간적인 면이 부족해 보인다고 생각하기 때문에 이메일을 사용하지 않는다. "나는 사람들과 감정적으로 교감하기 위해 시간의 절반 이상을 사용한다. 사람들은 자신의 주머니 속 돈 이상의 것을 위해 일한다. 그들은 또한 마음의 열정을 위해서 일한다" 라고 피쉬는 말한다.

누구도 한 기업을 그 기업의 직원만큼 옹호할 수는 없다. 그러나 직원을 효율적 기업 이미지를 강화할 수 있는 사람으로 만들기 위해서는, 직원들을 지원하고 동기를 부여하는 기업 문화를 만들어야만 한다. 그러면 그들은 강한 충성심으로 기대치 이상의 성과를 올리게 된다.

피쉬는 직원들을 토닥거려 시티즌을 위한 응원단처럼 충성도를 강화한다. "나는 우리 직원들을 키워야 한다. 회사에서 행복을 느끼는 직원들 없이 사업은 성공할 수 없다. 행복한 직원들은 웃으며 신속하게 전화에 응대한다"라고 그는 말한다.

그의 친절한 말은 직원들로 하여금 시티즌에 헌신적으로 힘을 쏟게 만들었다. 은행업무 담당임원 및 부사장인 테리 레이몬드는 그녀 스스로 시티즌 가족의 일원이며 시티즌에 중요한 공헌자로 느낀다고 들려주었다. 피쉬가 그녀의 이름을 부르고 그녀의 업무 성과에 대한 축하 메시지를 보내는 일련의 행동들은 그녀의 자존심을 고양시킨다. '사람들의 귀에 가장 달콤한 노래는 그들의 이름을 불러주는 것이다' 라는 데일 카네기의 유명한 문구를 인용하며 그녀는 말한다. "래리를 위해서 직접 일하는 것처럼 느낀다. 그는 내가 더욱 헌신하고 열심히 일하도록 만든다."

피쉬는 레이몬드와 같은 매니저들에게는 닮고 싶은 모델이 되기도 한다. 그녀는 결혼이나 가족의 장례 등 직원들의 중요한 행사들을 챙기는 습관을 피쉬에게서 배우기 시작했다.

시티즌은 직원들이 그들의 생각과 관심사를 상사나 최상위 경영진에게까지 편히 말할 수 있도록 장려했다. 피쉬는 매일 서너 명의 지점장을 불러 통계보고를 받고 그들에게 필요한 것이 무엇인지 묻는다. 그들은 인력보충에 관한 사항, 사무실 식물로 제라늄을 키우는 것, 지역 소규모 팀에게 100달러 정도의 기부금을 보내는 것 등을 건의할 수 있다. 피쉬는 또 두 달에 한 번씩 열다섯 명의 직원과 점심을 먹고 그들에게 '고객에게 올바로 실천할 수 있도록' 회사의 가치관에 대해 설명한다. 직원들은 분명 점심 후 업무에 복귀해 점심에 들었던 것에 대해 동료들과 얘기를 나눌 것이라고 생각하기 때문이다. "나는 결국 한 번의 점심식사로 150명의 사람들과 대화를 나눈 셈이다"라고 피쉬는 말했다.

피쉬는 직원들이 고객에게 부당하게 비난을 당하거나 매도될 때 직원의 편을 든다. 그는 형편없이 직원을 대하는 고객이 17만 2,000달러의 예금을 갖고 있는 사실을 떠올렸다. 그럼에도 불구하고 피쉬는 고객에게 전화해서 문제가 있었음을 인정하고 그 고객이 시티즌과 거래를 끝내줬으면 더욱 고맙겠다고 말한다. 고객이 깜짝 놀라 당신은 그렇게 할 수 없을 거라고 말했지만 피쉬는, "아니요, 나는 그럴 수 있습니다"라고 말하고는 그 고객에게 당좌수표를 우편으로 보냈다. 피쉬는 "고객의 행동이 항상 옳은 것은 아닙니다"라고 말했다

동시에 피쉬는 직원들에게 요구하는 것이 있다. "나는 1,000명의 직원 이름을 알고 있다. 그래서 나는 나를 위해 일하는 사람들에게 기대를 건다"며 자랑스러워한다. 그는 최고경영자 후보를 인터뷰할 때 그들이 시티즌 문화를 이해하고 있는지를 확인한다. 또한 그들이 거기에 맞추기 위해 무엇을 할 것인지 묻는다. 이 곳은 빠른 속도와 활기가 넘치는 곳이지 명상하는 곳이 아니라며 그는 설명한다. 또한 그 후보자들이 조직을 위해 무엇을 계획하고 있는지도 묻는다. 그리고 그들의 일상적인 근무생활이 어떤지도 물어본다.

"우리의 업무는 빨리 시작합니다. 만약 당신 내부의 바이오리듬이 저녁 지

향적이라면 적응이 힘들 수도 있습니다."

그 스스로 사무실과 사생활에서 넘치는 에너지와 높은 도전정신을 보여주어 시티즌의 기업 문화를 느끼도록 한다. 그는 샌프란시스코와 알카트라즈 사이의 얼음물에서도 수영을 한 적이 있으며 킬리만자로를 오르기도 했다.

시티즌의 가장 어려운 점은 성장하면서 종업원들의 정신을 유지하는 것이다. 1990년대 초부터 시티즌은 은행을 계속적으로 인수했고 직원의 수가 1,500명에서 1만 5,000명이 넘을 정도로 확장했다. "확장해 가면서도 우리는 여전히 동일한 기업 문화를 유지하고 직원들 역시 그렇게 느낄 수 있도록 해야 한다. 우리의 직원과 고객에게 작은 규모의 은행처럼 행동해야 한다"라고 마케팅담당 부사장 테레사 맥로플린은 말한다. 은행이 분산화되어 다섯 개 지역으로 나뉘어 각기 다른 사업부장, 공공정책부서장 등 다양한 직원을 갖는 것이 도움이 되었다. 새로 채용된 대다수 직원 역시 시티즌이 고귀한 가치가 있는 신조를 지켜나갈 수 있도록 도왔다.

시티즌의 광고 캠페인은 고객과 직원 모두를 겨냥해 만들었다. '전설적인 서비스'라 불리는 이 캠페인은 모범적인 서비스를 제공한 종업원들을 강조한다. 한 광고에서는 운전자 전용창구 창문이 고장나 고객을 위해 은행원이 비를 맞으며 고객이 차에서 예금을 할 수 있게 업무를 봐주고 있었다. 또 다른 광고에서는 대출직원이 소비자의 집에서 가계대출을 완료했다. 그리고 한 살 된 아이의 집으로 곰인형을 배달한 매사추세츠 지점의 직원 얘기도 있다.

"이러한 사례들은 시티즌의 브랜드 이미지에 생명과 감정을 불어넣는다. 고객들이 '저 사람들은 정말 다르다. 정말 일반적인 은행이 아니다'라고 말하게 만든다"라고 맥로플린은 말했다.

시티즌은 직원들의 이러한 태도를 독려하기 위해, 아동보호장려금, 힘든 일이 닥쳤을 때 재정상의 지원, 가계구매보조, 관대한 병역휴가정책 등 광범위한 종업원 복지혜택을 제공한다. 시티즌은 친절한 직원에게 명예를 주고 보상하는 일을 중요시한다. 2001년 추수감사절에는 회사의 성장에 대한 보답으로 부사장 이하 5,000명이 넘는 종업원에게 100달러에서부터 400달러 사이의 '성공 보너스'를 제공했다. 매년 시티즌은 1주일 동안을 바비큐, 미니골프 대회, 가족대결 게임, 코미디 쇼, 장기자랑 등의 직원감사 행사로 할애한다(최고경영자들은 마법사 모자를 쓴다).

"사람들이 자신이 일하는 곳에 대해 자부심을 갖는 일은 매우 중요하다"라고 마법사 중 하나인 피쉬는 말한다.

기업 홍보사절단

직원이 기업 이미지에 미치는 가치를 알고 그들을 기업의 홍보사절단원으로 만들 수 있는 래리 피쉬의 경우는 다른 CEO들에 비해 예외적이다. 고객, 납품업자, 주주, 정부관계자 그리고 그 외의 사람들과 함께 최전선에서 일하고 있는 사람은 직원이다. 직원이 당신의 기업 이미지에 미치는 영향은 막대하므로 그들은 당신의 충직한 아군이어야만 한다. 그들은 당신 최고의 팬이 될 수도 있고 최악의 적이 될 수도 있다.

직원은 고객과의 거래에서 가장 큰 영향력을 가지고 있다. 많은 기업이 잘 알고 있는 것처럼, 형편없는 서비스는 기업 이미지에 큰 피해를 입힌다. 그러나 최고경영자의 비서에서부터 우편실 직원에 이르기까지 기업 이미지에 미치는 미세한 영향에 대해 대부분의 기업은 과소평가하고 있다. 근무 외 시간의 직원들 태도와 의견도 상당히 중요하다. 직원들은 그들의 친구, 이웃, 친척들이 회사에 대해서 어떻게 느끼는지에 영향을 준다. 일반인의 어느 특정 기업과의 유일한 경험은 그 기업의 직원들을 통하는 경우가 대부분이다. 직원들에 의한 기업 이미지는 기업에 대한 호의도와 비례한다.

인력 컨설팅회사인 타워스 페린의 조사는 직원들의 업무수행이 고객만

최고의 회사

2002 해리스 인터랙티브 기업 이미지 조사에서, 대중들은 가장 일하기 좋은 곳과 좋은 직원들을 갖고 있는 기업들을 아래와 같이 평가했다.

가장 일하기 좋은 회사
1. UPS
2. 존슨&존슨
3. 코카콜라
4. 홈 디포
5. 월트 디즈니
6. 이스트먼 코닥
7. 할리데이비슨
8. 페덱스
9. 메이태그
10. 사우스웨스트 에어라인/소니/마이크로소프트

가장 좋은 직원들을 갖고 있는 회사
1. 존슨&존슨
2. UPS
3. 델
4. 홈 디포
5. 할리데이비슨
6. 월트 디즈니
7. 사우스웨스트 에어라인
8. 페덱스
9. IBM
10. 코카콜라/메이태그

족도와 강한 연관이 있고 이러한 고객만족도가 건실한 기업 이미지와 재무적인 성과와의 상호관계에 있다는 것을 알아냈다. 그러나 타워스 페린은 팀장들 중에 직원들을 성공적으로 관리하고 있는 이는 극히 일부에 불과하다는 사실을 발견했다. 소수의 직원만이, 그들의 팀장이 효율적으로 대화하고 있고(28%), 직원들을 일할 수 있게 힘을 주고(24%), 목표와 방향을 제시해 주며(21%), 좋은 성과를 인식하고 보상해 준다(21%)고 했다.

2001년 근무 회사에 대한 조사는 직원들의 낮은 충성심과 헌신도를 밝혔다. 직원과 회사와의 관계를 연구하는 리서치 회사 워커 인포메이션에 따르면, 단지 24%의 응답자만이 회사에 진정한 충성심이나 헌신을 느낀다고 답했다. 64%의 응답자는 그들의 회사에서 일하는 것에 자부심을 갖고 있다고 대답했으며, 그보다 적은 수의 사람들은 강한 애착을 갖고 있다(45%)고 했고, 자신들의 고용주가 그들의 충성심을 얻을 만하다고 생각한다(43%)고 했다.

몇몇 회사의 경우 직원들의 충성심은 더욱 낮다. 최근 회계부정 사건과 경영진의 욕심 때문에 직원들은 더 의심이 많아지고 회사를 신뢰하지 않게 되었다. 나아가 고용 불안정, 형편없는 도덕관, 지나치게 많은 업무량은 직원들의 회사에 대한 헌신을 퇴색시켰다.

"기업은 직원들을 기업 이미지 관리에 참여시키는 데 더딘 모습을 보였다. 직원들은 기업의 비즈니스 전략과 기업 이미지를 공유해야 할 필요가 있다. 그들은 그들이 고객과 공급자, 지역 사회와 갖는 관계가 전략에 어떤 영향을 주는지 이해할 필요가 있다"라고 여론조사기관의 부사장인 제임스 핑크는 말했다.

그러나 많은 회사들이 기업 이미지 관리 과정에서 직원들이 할 수 있는 중요한 역할을 인식하고 있다. 시어즈 로벅은 최근 장래가 유망한 스무 명의 매니저를 뽑아 지역 비영리단체의 임원이나 자원봉사자로 일하게 하고 있다.

최근 시어즈는 직원들과 친밀한 관계를 유지하고 있다. 회사는 직원들의 정서와 걱정거리와 문제를 초기에 찾아내기 위해 매달 한 번씩 온라인 설문을 실시한다. 게다가 직원들에게 최신 기업 활동을 알리기 위해 CEO는 정기적으로 온라인 뉴스레터를 발송하고 있다.

일부 회사는 직원들을 가장 큰 후원자로 만드는 것이 회사에 이익이 된다는 것을 안 지 오래다. 가정용품업체인 S. C 존슨 & 선은 '우리의 근본적인 강점은 직원들에게 있다고 생각한다' 고 기업철학에 써놓고 있다. 사내 복지혜택을 누리면서 안식휴가를 떠나는 등의 개인생활 균형 프로그램을 만들어서 '충전' 의 시간을 갖고, 한 달에 두 번 '회의 없는 날' 을 갖는다. 회의 없는 금요일에 직원들은 더 능률적으로 일할 수 있으므로 주말에 집으로 일을 안 가져가도 된다.

거의 1세기 전에 굿이어 타이어 & 러버(Goodyear Tire & Rubber)는 직원들이 기업 이미지에 크게 영향을 미친다는 것을 인지했다. 굿이어의 사장 세이버링은 굿이어의 모든 사무실과 공장에 '우리의 좋은 기업 이미지를 지키자' 라는 표어를 걸었다. 세이버링은 1915년 〈새터데이 이브닝 포스트(Saturday Evening Post)〉에 실린 광고에서 '돈보다 더 크고 넓고 깊은 활력을 우리에게 달라. 이것은 수천 명의 사람을 기쁘게 하고 일에 믿음을 갖도록 만든다. 이것은 우리의 사업을 통합된 생각의 민주주의, 흔한 노력의 민주주의, 목적과 원칙의 민주주의로 만들었다' 라고 말했다.

개인적 보상은 직원들을 당신의 가장 큰 지지자로 만드는 일이다. 많은 기업이 성과에 따라 보너스를 지급하고 있다. 콘티넨탈 에어라인은 정시에 도착하는 비행목표를 달성한 직원에게 약간의 현금 보너스를 지급한다.

다른 기업들도 기업 이미지 제고를 유도하기 위해 직원들에게 저녁식사로 보상하거나 상을 준다. 존슨&존슨 대상은 매년 헌혈과 공동복지모금 캠페인, 저축채권구매에 가장 많이 참여한 사업부와 그들의 직원들에게 수여된다.

페덱스는 '특히 생명을 위협하는 상황에서 인간의 복지를 위해 일하는' 직원들에게 인도주의의 상을 수여하고, '뛰어나게 우수한 성과나 고객 서비스를 강화하는 이타적 행동을 하는' 직원들에게는 황금 펠리콘(Golden Falcon) 상을 수여한다. 기증된 장기 배달을 신속하게 처리한 담당자와 낯선 사람에게 유괴된 여자 아이를 구해낸 기술자들이 이 수상자에 포함되었다.

기업 이미지 구축은 기업 내부에서부터 시작하기 때문에, 내부의 커뮤니케이션과 브랜딩 프로그램은 필수적이다. 목표는 모든 직원을 기업 브랜드 담당자가 되게 하는 것이다. 그러나 가장 먼저 직원들은 기업 브랜드의 의미와 그들의 일이 어떻게 이것과 연관이 있는지를 이해해야 한다. 기업철학과 다른 기업시민 활동이 자극이 될 수 있으므로 직원들에게 알리는 것도 중요하다.

어떤 점에 있어서는 전세계에 퍼져 있는 수천 명의 직원과 커뮤니케이션하는 것이 광고를 통해서 대중들에게 다가가는 것보다 더 어렵다. 내부 커뮤니케이션이 성공적이기 위해서는 관리규칙, 사보, 불규칙적인 이메일 이상이어야 한다. 개인적인 접촉을 대신할 수 있는 것은 없다. 직원들은 토론과 논쟁이 있는 회의를 통해 기업 이미지, 기업 가치, 목표를 배워야 한다. CEO 및 다른 고위경영진과의 빈번하고 솔직한 커뮤니케이션은 중요하다. 그리고 그것은 직원들이 경영진에게 질문과 고민을 말할 수 있는 쌍방향 커뮤니케이션이어야 한다.

만약 단순하고 지루한 격려 정도라면 내부 마케팅은 냉소적으로 보일 것이다. 직원을 불러모으려면 영감과 진정으로 마음에 와 닿는 커뮤니케이션을 해야 한다. 경영진은 제2의 천성이 될 때까지 브랜드 약속을 지키는 가치관과 행동을 강화해야 한다. 직원이 고객에게 전달하는 기업 이미지는 바로 그들이 나아갈 방향인 것이다. 결국 직원들이 기업에 대한 주인의식과 자격을 가지고 있어야 한다.

북미 BMW는 이틀 동안의 오리엔테이션을 통해 신입사원들과 강한 연대를 만들려고 하고 있다. 직원들은 이 자리에서 BMW 브랜드가 상징하는 것이 무엇인지, 고성능과 운전하는 즐거움이라는 기업 이미지를 계속 지키는 것의 중요성에 대해 배운다. "모든 직원은 회사의 홍보사절단이다. 우리는 그들에게 차를 운전해 볼 수 있는 기회를 자주 제공하고 특별가격으로 임대해 준다. 그렇게 함으로써 그들도 그들 자신이 제품과 연관되어 있음을 느끼고 제품에 열광하게 된다"라고 마케팅 본부장 제임스 맥도웰은 말한다.

문화 클럽

기업 문화는 헌신적인 직원들의 기업을 만들기 위해서 매우 중요하다. 만약 고객과 주주들이 기업 이미지를 지지할 수 있는 최고의 실적을 원한다면 직원들이 신나게 일할 수 있는 작업환경을 조성해야만 한다.

브랜드컨설팅 회사 리핀코트 머서(Lippincott Mercer)의 회장이며, CEO인 켄 로버트는 "중요하지만 흔히 못 보고 지나치는 좋은 기업 이미지 구성요소들 중 하나가 직원들이 출근했을 때 느끼는 놀람과 흥분이다. 그것은 직원들에게 고객들을 크게 만족시킬 수 있는 경험과 회사에 대한 정서적 친밀감을 형성한다"라고 말한다.

이러한 기업 문화를 형성하는 것은 끊임없이 주의를 요하는 어려운 일이다. 어떠한 회사도 기업의 책임에 대한 헌신과 눈부신 기업 이미지를 가지고 있는 전설적인 아이스크림 제조사 벤&제리보다 더 잘 이해하고 있지 않다. 사회봉사와 환경보호는 벤&제리 문화의 중요한 부분이지만 직원들이 소비자에게 제공할 맛있는 아이스크림을 만드는 과정에서 즐거움을 갖는 것도 중요하다.

벤&제리 문화는 다른 기업에 적용되지는 않을 것이다. 그러나 모든 회사는 벤&제리처럼 문화를 키우고 강화하는 시도를 해야 한다. 벤&제리는 2000년 유니레버에 인수된 후 '우리의 지구를 개선하기'에 대한 지속적인 헌신과 즐거운 업무 환경을 직원들에게 재확인해 주어야 했다. 이는 상호교환적으로 기업에 대한 직원들의 헌신을 강화시키고 대중들로부터 호의적인 기업 이미지를 유지하는 데 도움이 되었다.

벤&제리는 과거와 지금의 기업 문화를 평가하는 문화 클럽을 다양한 부서에서 온 열다섯 명으로 결성했다. 글로벌 피플 서베이(Global People Survey)는 회사에 대한 직원들의 태도를 평가하고 직원들은 기업의 가치관에 대해 토론하기 위해 포커스 그룹으로 회의를 가졌다.

"내가 벤 & 제리에서 발견한 차이점은 헌신·열정·재미의 정도에 차이가 크다는 것이다. 이 결과는 나에게 현실에 대한 눈을 뜨게 해주었다"라고 유니레버의 베테랑이며 벤&제리의 CEO인 이브 코테는 말했다. 그는 유니레버에서 벤&제리에 혁신적인 경영시스템을 가져왔다. 벤&제리는 매우 독창적이지만 정리가 안 되어 있었다고 그는 말한다.

코테는 직원들이 벤&제리 기업 문화의 많은 부분을 계속 유지하도록 독려했다. 가령 회사에서 청바지를 입거나 근무일에 자녀를 회사로 초대할 때 개를 데리고 오는 것을 허용했다. 직원의 자녀들은 그들만의 아이스크림을 만들어보고 과자 반죽실에서 그들만의 종이상자를 제작해 보기도 하며 본사 옆에 있는 연못 근처를 거닐기도 한다.

코테는 그런 기업 문화가 얼마나 쾌활한지를 목격했다. 그리고 그는 이를 바꿀 의도가 전혀 없었다. 'CEO 재미있게 그리기 대회'에 참여하는 것이 직원들에게 얼마나 즐겁겠는가? 벤&제리에서 직원들은 상상력을 동원해 CEO를 그리고 식당에 그들의 작품을 전시한다. 이 대회의 제목은 '코테의 세 얼굴(The Three Faces of Yves)'이다.

버몬트에서 온 프랑스 직원을 환영하기 위해 직원들은 베레모를 쓰고 아이스크림으로 에펠탑을 만들고 내부 커뮤니케이션 시스템을 통해 에디뜨 피아프의 음악을 들려준다.

벤&제리의 직원들은 분명 회사에 대해 자부심을 갖고 있다. 직원들이 시장을 보러가서 벤&제리 아이스크림 진열을 다시 하는 것을 보는 일은 드문 풍경이 아니다.

크리스티 헤이머트가 여행 중에 있을 때 사람들이 그녀의 벤&제리 가방을 보고 정말로 그 곳에서 일하며 또 재미있는 직업이냐고 물어봤다. "이 가방은 진정한 자부심을 갖게 한다. 사람들은 당신이 IBM 서류가방을 갖고 있을 때와 다르게 반응한다"라고 홍보담당 이사인 헤이머트는 말한다.

회사의 단결심은 낮은 이직률을 뜻한다. 벤&제리가 문을 열었을 때 인력 팀엔 이력서로 가득했다. 사람들은 여기에 발을 들여놓기 위해 무료 인턴십에 대해 물어왔다.

이렇게 열정에 가득 찬 직원들처럼 고객들 또한 벤&제리에 대해 열정적으로 생각하게 만들고 싶어 한다. 벤&제리는 최근 '밀접해지자'라는 프로그램을 만들어 직원들이 고객과 더 많이 교류하고 고객에 대해 배우도록 했다.

직원들은 고객의 편지에 답을 하고 소비자 포커스그룹에 참가하거나 판매담당자, 배달직원이 함께 매장에 들러 소비자들의 생각을 조사했다. 일부 직원은 공장견학을 맡겠다며 지원했으며 벤&제리 매장에서 아이스크림을 뜨겠다고 지원하는 이들도 있었다.

"이동할 때 우리는 주요 고객에게 전화해서 점심식사나 아침식사에 초대한다. 그것은 정말 고객과 가까워지는 일이다"라고 마케팅 부서장인 워크프레스는 말한다.

벤&제리의 목표는 모든 부서에 헌신적인 '소비자 운동가' 그룹을 만드는 것이다. 여러 행사에 참여한 직원들은 높은 고객관리 수준에 도달했다.

내부의 적

직원들을 기업 이미지 챔피언으로 만드는 데 실패한 회사들은 큰 위험을 겪고 있다. 직원들은 기업의 가장 화난 적이 되어 기업 이미지를 손상시킬 수 있다.

화가 난 직원들은 기업의 실적을 떨어뜨릴 뿐만 아니라 바깥 세상에 기업을 부정적으로 알릴 것이다. 직원들이 편견에 치우친 의견을 말할 수 있음에도 불구하고 그들은 기업의 내부인이고 소비자들과 관계를 쌓아왔기 때문에 높은 신뢰를 받는다.

에이번은 미국 전역에서 방문판매를 하는 여성 판매원의 영향이 얼마나 큰지 잘 알고 있다. 그들은 이 화장품 기업 이미지의 전부를 뜻한다. 그들은 여성들의 집을 방문하고 에이번에 대한 대중의 인식에 큰 역할을 한다. 에이번의 CEO 안드레아 정은 기업이 소매 매장에서 제품 판매를 시도할 때, 그들을 외면할 수 없다는 것을 알았다. 만약 그녀가 제대로 그러한 의도를 전달하지 않았더라면 에이번 45만 명의 가정방문 판매원이 반란을 일으킬 수도 있었다. 다행히 일부 방문판매를 유지시키는 것과 판매원들을 안심시키는 일은 적절했다.

에이번이 J.C. 페니 매장으로 들어가기 약 1년 전부터 안드레아 정은 '전략적 커뮤니케이션 계획'을 시작했다. 그녀와 다른 최고경영진들은 최고 실적 판매원들을 만나서 페니에서 고가에 팔리는 화장품이 여성 판매원을 통해 방문판매하는 제품들과 직접적으로 경쟁을 하지 않도록 만드는 에이번의 계획에 대해 상세히 설명했다. "우리의 최고실적 판매원들은 큰 신뢰를 갖게 되었고 다른 판매원들에게 우리의 메시지를 전했다. 우리는 계획을 세워 우리의 판매원들이 가장 먼저 알 수 있도록 했다. 이것은 솔직하고 끊임없는 커뮤니케이션을 필요로 한다." 에이번은 또한 인터넷에 떠돌아다니던 페니의 계획에 대한 부정확한 소문에 재빨리 대처했다.

결국 페니와의 소매 벤처는 실패했고 중단되었다. 그러나 에니번은 판매원들과의 독립적인 유대를 훼손하지 않고 새로운 유통판매 채널을 시험하는 데 성공했다. 실질적으로 내부만족도 설문에서 사기는 항상 높은 수준을 보여줬다고 그녀는 말한다.

불행하게도 소수의 회사만이 직원과 이러한 호의적인 관계를 유지하고 있다. IBM은 1999년 대외적으로까지 불거진 논쟁 때문에 많은 직원을 화나게 했다. 회사는 직원들을 연금복지 프로그램에서 현금정산계획으로 바꾼다고 발표하여 많은 손해를 입게 되는 고령직원들을 화나게 한 것이다. 오랫동안 열심히 일한 직원들에게 이렇게 냉정하게 대할 수 있는가? 몇 달 동안의 공개적인 반발 후 IBM은 한 발 물러서서 40년 이상 일한 직원은 원래 계획된 프로그램을 유지할 수 있도록 했다. 그러나 IBM의 연차회의와 웹사이트에서 직원들은 IBM을 '연금도둑'이며 '수만 명의 헌신적인 직원의 퇴직대책을 손상하고 있다'고 논쟁을 펼쳤다. 결국 그들은 IBM을 상대로 법정소송에서 이겼다. 2003년 연방법원은 회사가 고령의 직원들을 부당하게 차별했다고 판결했다.

노동조합과의 유대관계는 각별한 주의와 신경이 필요하다. 아메리칸 에어라인 사업부는 일부 경영진의 비리를 드러내지 않아 2003년 봄에 직원들과의 관계가 심각하게 손상되었다. 파산을 피하기 위해서 회사는 노동조합에 상당한 양의 임금삭감을 수용해 달라고 요청했다. 그러나 회사측은 조합에게 최고경영진의 무상 보너스와 연금에 대한 세부적인 내용을 알려주지 않았다. 이러한 경영진의 비리가 뉴스에 나왔을 때 회사의 신뢰도는 하락했다. CEO 도널드 카티는 신뢰회복을 위해 사퇴했다. 그러나 직원들의 애사심을 얻으려면 이보다 더 많은 것을 감내해야 한다.

조합의 리더와 노동자들이 탐욕스러운 기업 이미지를 강조하면 기업 이미지는 훼손된다.

베리존 커뮤니케이션즈는 자사 직원들에 의해 벌어진 대중 캠페인의 목표가 되었다. 화가 난 베리존 직원들은 강렬한 TV 광고와 NBC의 〈투데이 쇼〉 인터뷰에 나와 수천 명의 직원을 해고하려는 회사를 비난했다.

워커스(Communication Workers of America)와 그들의 가족이 출연한 광고는 시청자들에게 감성적으로 다가갔다. 9·11 테러 이후, 뉴욕에서 전화서비스 복구를 위해 열심히 일한 고마움의 표시로 직원들이 베리존으로부터 받은 것은 해고뿐이라고 불평했다. 해고된 노동자의 얼굴을 이용한 이 캠페인은 2002년 크리스마스 휴일 직전에 방송되어 많은 동정심을 불러일으켰다.

NBC 인터뷰 중 설치직원이었던 미쉘 웨어가 케이티 코릭에게 말했다. "나는 가족보다 베리존을 먼저 생각했다. 그것은 나의 큰 잘못이었다." 전국적으로 방영된 인터뷰는 베리존의 기업 이미지에 측정 불가능할 정도로 큰 피해를 입혔고 소원하게 대한 직원의 서운함이 얼마나 위험할 수 있는지를 보여주었다.

그러나 놀랍게도 베리존은 미디어를 통해 반격했다. 자신들의 정리해고를 옹호하고 직원들의 비싼 광고 캠페인을 공격하는 전면광고를 함으로써 많은 직원과 고객에게 기업 이미지를 악화시켰다.

다양성과 기업 이미지

성별, 인종, 배경 그리고 성(性)정체성과 상관없이 모든 직원에게 우호적인 근무환경을 만드는 일은 기업 이미지에 큰 도움이 된다. 기업들은 소수인종의 고객을 유인하기 위해 기업의 지위를 다양화하고, 혁신적인 직원과 사업을 하고 싶어 하는 고객들을 만족시켜야 하며, 투자자들에게 그들의 주식을 매력적으로 보이게 만들어야 한다.

소수인종 취업 담당자 알렌 보스턴은 "많은 미국 기업이 우리가 그들 직원의 다양성을 진단해 주길 원한다. 다양성이라는 우리의 기업 이미지는 분명히 우리의 자산이다"라고 말한다. 유능한 인재공급을 위해 이 회계법인은 고등학교와 대학교에서 회계학 석사학위와 MBA 학위를 취득하도록 격려하는 여러 소수인종 프로그램을 갖고 있다.

일부 기업은 다양성의 긍정적인 이미지가 직원 커뮤니케이션과 기업광고에 얼마나 유용한지 잘 알고 있다. 회사들은 특히 미디어가 평가한 다양성 있는 업무환경에 대해 기업 순위가 높은 것을 자랑스러워한다. 만약 기업이 가장 힘들게 경쟁하는 순위가 있다면 그것은, 엄마들이 가장 일하기 좋은 회사 순위다.

몇십 년 전부터 다양성에 헌신한 IBM의 기업 이미지는 긍정적인 결과를 가져왔다. IBM은 여성을 승진시키는 선구자였고(1943년의 첫 여성 부사장), 동등한 고용기회를 주었으며(1953년의 정책 증서), 동성연애자 직원들을 지지했다(1984년의 성정체성 보호). 결과적으로 여성과 소수인종들은 회사와 다양성 프로그램의 지지자가 되었다.

계속되는 다양성의 전통은 재능 있는 직원들을 유인하고 유지하도록 돕는 강한 기업 이미지로 해석된다.

직원의 다양성은 잠재고객과 공급자가 갖고 있는 기업 이미지를 강화한다. 캘리포니아 주 얼바인에 있는 사진관 이누트 포토(inute Photos Etc.)의 대표 미첼 골드스톤은 IBM의 다양성 이미지 때문에 IBM의 고객이 되었다. "우리 회사는 IBM이 동성애자 전문가들을 환영하기 때문에 IBM을 선택했다. 우리는 이러한 IBM의 노력을 크게 성원할 수는 없지만 사람들에게 IBM 사이트를 방문해 다양성의 중요함에 대한 정책을 배우라고 장려한다. 우리는 IBM과 이 회사의 제품, 그리고 직원들을 가족처럼 좋아한다"라고 그는 설명했다.

그러나 다양성 이슈들은 회사에게 가장 어려운 부분이기도 하다. 인종차별에 대한 불만부터 정치적으로 옳지 않은 행동들까지, 일부 회사는 직원들과의 관계를 상하게 했고 그럼으로써 그들의 기업 이미지도 손상시켰다.

좀더 큰 회사들은 여성과 소수인종을 차별한다는 비난을 받고 있다. 인종차별에 대한 법정소송은 회사 내부와 외부 이해관계자까지 부정적인 기업 이미지를 만든다. 텍사코(Texaco)의 직원에 대한 차별대우 보고서와 경멸적인 인종평은 1996년 큰 이슈가 되었다. 이 정유회사는 즉시 사과하고 다양성 관련 교육계획을 발표했으나 기업 이미지는 이미 크게 손상된 후였다.

소수인종들이 제기한 인종차별 법적소송은 존슨&존슨, 코카콜라, 월 마트와 같은 가장 사랑받는 기업의 이미지마저 훼손했다. 진정한 월 마트 직원들은 월 마트를 격려하거나 설립자인 샘 월튼으로부터 내려오는 10피트 방침(언제든지 고객이 10피트 가까이에 오면 고객의 눈을 보고 그를 반기며, 도움이

다양성을 존중하는 회사들

DiversityInc.com은 아래의 회사들을 훌륭한 다양성을 갖고 있는 회사로 선정했다. 이는 직원들의 인종·민족 분류 및 여러 다양성 이슈들을 물어보는 설문을 바탕으로 선정되었다.

1. 포드
2. 패니 메이(Fannie Mae)
3. 아메리칸 익스프레스
4. 버라이즌 커뮤니케이션즈(Verizon Communications)
5. IBM
6. 세이프코(Safeco)
7. 딜로이트 & 투시(Deloitte & Touche)
8. 이스트먼 코닥
9. 뱅크 오브 아메리카(Bank of America)
10. 제록스

필요한지를 묻는다)을 따를지도 모른다. 그러나 일부 여직원은 회사와 같은 견해를 갖고 있지 않았다. 그들은 월 마트를 상대로 월급과 승진의 차별대우에 대한 법적소송을 제기했다.

회사는 무심한 실수로 소수인종 직원들과의 관계를 해칠 수 있다. AT&T는 사보에 연루된 '원숭이 사건'을 통해 괴로운 교훈을 얻었다. 대부분의 기업광고처럼 사보에 악의는 없었다. 그러나 이 사보가 1993년 9월 직원 우편함에 배달되었을 때 직원들은 바로 분노했다. 화난 흑인직원들은 세계지도에서 한 지역, 즉 아프리카를 제외한 모든 지역 사람들이 전통의상을 입은 모습을 보여주는 만화에 경악했다. AT&T는 왜 원숭이가 아프리카를 대표하는 것으로 그렸을까? AT&T는 이 실수를 프리랜서 일러스트레이터와 내부의 허술한 편집과정의 탓으로 돌렸다. 그러나 이 논란은 확산되었다. 시민단체는 AT&T의 장거리통화 서비스의 불매운동을 벌였으며 항의시위를 전개했다. 서부 기독교지도자협회는 AT&T의 경영진과 왜 더 많은 팀장들이 흑인이 아닌지에 관해 토론하는 기회를 요청했다.

AT&T의 경영진은 마치 회사가 심판을 겪고 있는 것처럼 느꼈다. 그리고 기업 이미지는 심각한 주의를 필요로 했다. 직원들과 흑인 사회에, 사과뿐 아니라 사보 발행을 중단하고 마음 상한 직원들을 위한 특별한 전화선을 만들었으며 흑인남성 직원을 다양성 이슈에 대한 기업홍보 부사장으로 승진시켰다.

이 불행한 사건은 바로 인종에 대한 무관심과 편견에 관해 기업 이미지와 믿음이 얼마나 깨지기 쉽고 약한 것인지를 보여준다. AT&T는 과거 오랫동안 소수인종 채용과 개발 프로그램으로 자부심을 갖고 있었다. "그러나 깊은 감정적 이슈에 믿음은 너무 깨지기 쉽다. 믿음을 지키는 일은 엄청난 조심이 필요하다"라고 '원숭이 사건' 발생시 AT&T의 홍보실장이었던 메릴린 로리는 전한다.

위대한 기업들의 브랜드 유지 법칙 4

인터넷의 통제와 활용

인터넷 루머를 역으로 활용한 **코카콜라**의 지혜

- 캔 위에 쥐의 소변 자국이 묻어 있는 코카콜라를 마시고 한 남자가 죽었다.
- 코크의 트레이드마크를 뒤집어 왼쪽에서부터 읽으면 이슬람어로 '모하메드(Muhammed)도 없고 메카(Makkah)도 없다' 라는 뜻이다.
- 코크와 MSG(화학조미료) 성분이 있는 음식을 섞으면 강한 최음제가 된다.

코카콜라에 대한 위의 유언비어를 믿는가? 대부분의 사람은 믿지 않는다. 대부분의 사람은 이러한 유언비어를 그냥 웃어넘긴다. 그러나 위의 유언비어는 코카콜라라는 기업의 성실함과 제품을 공격하려는 다른 많은 시도와 함께 인터넷 웹사이트, 채팅 룸, 이메일을 통해 널리 퍼져나갔다. 코크는 회사의 자부심과 우상 같은 기업 이미지를 120년 가까이 지켜오고 있다. 산타클로스의 현대적 이미지를 광고에 넣었으며 우주공간에서 처음 소비된 청량음료이기도 하다. 따라서 당연히 코크는 기업 이미지에 대한 어떠한 위협도 심각하게 받아들이지 않았다. 하지만 요즘에는 특이한 위험을 제공하는 인터넷에 각별히 신경을 쓰고 있다. 인터넷은 어떠한 이유에서든지 누구나 기업 이미지를 무차별적으로 공격할 수 있는 잠재력을 갖고 있는 통제 불가능한 국제적 토론장이다.

1990년대 후반 인터넷의 파괴적인 잠재력은 코카콜라에 더욱 명백히 드러났다. 다른 10명의 사람에게 이 이메일을 전달하면 콜라를 무료로 받을 수 있다는 내용의 이메일이 나돌았다. 곧 실망한 소비자들이 회사에 전화를 해 무료음료를 요구하는 바람에 코크는 이 유언비어에 대해 부인하는 보도자료를 인터넷 뉴스 사이트에 올렸다.

1998년 코크는 인터넷 모니터링 회사를 고용해 소문을 찾아내고 대처하도록 했다. 그러나 2002년까지 고객만족을 담당하는 부서는 쥐의 소변이 묻은 코크 캔에 대한 소문을 포함한 더 많은 유언비어에 대한 전화와 이메일을 받았고, 코카콜라 경영진은 더 강경한 대응을 취했다. 총 책임자는 인터넷 숙련자이며 회사의 첫 쌍방향 커뮤니케이션 부서장인 케리 보러스였다. 그녀의 전략은 '눈에는 눈 이에는 이'였다. 그녀는 유언비어를 코카콜라 홈페이지에 공개하고 싶었다. 그녀는 이처럼 과감한 움직임이 유언비어의 신뢰성을 떨어뜨리고 고객들을 안심시킬 수 있다고 믿었다. "좋지 않은 뜬소문은 정면으로 공격해야 그 힘을 꺾을 수 있다. 이런 유언비어들의 영향을 정량적으로 측정할 수는 없지만, 우리의 방침이나 제품 안전을 의심케 하는 것들이 우리의 이미지에 해를 미친다는 것은 직관적으로 알 수 있다"라고 그녀는 말했다.

그러나 일부 최고위층 경영진은 이것이 좋은 생각인지 확신하지 못했다. 그들은 대부분의 사람이 이러한 유언비어가 존재한다는 것을 모르고 있는데 왜 수천 명의 사람들 앞에 이러한 유언비어를을 공개해야 하는지 의아했다. 그러나 보러스는 계속 주장했고 2002년 코크를 테러와 연관 짓는 이메일이 빠르게 유포되고 있을 때, 마침내 경영진은 그녀의 전략에 수긍했다. '고마워하는 이방인 얘기'는 식료품 가게에서 한 아랍계 남자가 돈이 없어 어려워할 때 한 관대한 사람이 그에게 돈을 빌려주었다. 그러자 그 아랍계 남자는 특정한 날 이후로는 그 어떠한 코크 제품도 마시지 말라고 경고했다고 한다. 코크는 제품의 안전성과 품질을 보장하는 성명서를 발행했으며 이 유언비어에 대한 조사를 지역 법률집행기관과 연방조사기관에 의뢰했다.

현재 소비자들은 코크 홈페이지를 방문해 'Contact Us' 버튼을 클릭한 후 '전설과 소문'을 클릭하면 코크에 대한 사실과 헛소문을 알 수 있다. 중동 지역 소문, 제품과 포장, 성분으로 나누어진 전설과 소문의 다양한 질문에 분명하고 논리적인 답을 제공한다. 그리고 코크는 중동 지역 소문 웹페이지에서 레바논의 삼나무 숲을 살리는 프로그램을 포함한 그 지역에 대한 사회공헌 활동을 알리고 있다. 한 달에 1만 6,000명이 넘는 사람이 이 코크 유언비어를 보고 있다.

보러스는 이러한 유언비어에 답하기 위해 다른 부서와도 긴밀하게 일하고 있다. 예를 들어, 코크의 캐러멜 색소가 암을 일으킨다는 소문과 캔에 있는 알루미늄이 알츠하이머병을 유발한다는 유언비어에 반박하기 위해 회사 내 과학조사팀에 문의했다.

코크는 새로운 유언비어가 힘을 얻게 되면 리스트를 업데이트한다. 보러스는 코크가 수익의 일정 부분을 이스라엘에 기부하고 있다는 유언비어를 재빨리 부정했다. 이 유언비어는 특히 중동 지역에 빨리 퍼졌다. "우리는 정말로 어처구니없는 유언비어도 그냥 삭제하지는 않는다. 우리는 그 유언비어를 공개하고, 고객들은 우리 브랜드에 애착을 갖고 있기 때문에 우리에게 고마워한다. 유언비어를 본 우리의 고객들은 글래디스 아줌마(Aunt Gladys)라는 코너에 그 내용을 말할 수 있다. 이것이 우리의 기업 이미지를 강하게 지키는 것이다"라고 보러스는 말했다.

경고 : 적의 영토에 들어가기

대부분의 사람은 인터넷을 두고 눈부시게 유익한 도구이며 정보, 커뮤니티, 상거래의 신기한 근원지라고 생각한다. 그러나 만약 당신이 당신 회사의 기업 이미지 책임을 맡고 있다면 당신은 인터넷을 잠재적 위험영역으로 여겨야 한다. 당신의 회사 이름을 검색 엔진에서 검색해 봤는가? 코카콜라를 검색해 보면, 1초도 안 돼서 30만 개가 넘는 사이트가 검색된다. 이 긴 리스트의 두번째 페이지에는 코크가 어떻게 이빨을 썩게 하고 나무와 철을 부식시키는가에 대한 우스꽝스러운 노래를 담고 있는 '코카콜라 노래' 라는 제목의 사이트가 뜬다. 정확히 말해 이 사이트가 코크에 위협이 되는 것은 아니다. 그러나 이 사이트는 가톨릭 수녀에 대한 저질스러운 의견도 담고 있다.

세번째 페이지에는 청량음료의 부식 특성에 대해 꽤 길게 말하고 있는 사이트도 포함하고 있다. 이 사이트는 '많은 주에서 고속도로 순찰원들이 트럭에 코크를 2갤런씩 싣고다니며 교통사고 후 고속도로에 묻은 피를 제거할 때 쓴다', '코카콜라 농축액을 트럭에 싣고다니기 위해서는 위험물질이라는 표시판을 사용해야 된다' 등의 주장을 담고 있었다. 코카콜라는 고속도로 순찰원들이 원기회복제 외에도 콜라에 물을 섞어 쓰면 더 효과적이고 저렴한 도로 청소도구로 쓰고 있는 사실에 대해서는 모르고 있었다고 말했다.

당신 기업명으로 인터넷 검색을 시도해 봤다면 당신은 인터넷에 대해 다른 생각을 갖게 될 것이다. 인터넷은 유언비어의 중심이 되었다. 그러나 영향력은 크게 달랐다. 인터넷은 약 7억 3,000만 명의 사람들에게 전달된다. 2006년에는 1조 명을 예상하고 있다. 냉수기(채팅 프로그램의 이름) 대화 때처럼 뜬소문도 남을 헐뜯는 말이 된다. 일부 사이버 평론가는 행동대원이며, 또 다른 사람들은 화난 직원과 고객들이다. 기업 비판가들은 이메일, 채팅, 소비자불만 웹사이트를 통해 기업 이미지를 훼손하고 있다. 물론 정당한 비판은 나쁘지 않다. 1998년과 1999년 인터넷 게시판에 언론의 '분식회계' 와 '비리' 에 대한 글들이 올라왔다. 그러나 대부분 이상한 소문이거나 말도 안 되는 정보, 또는 해로운 거짓말들이었다. 이런 것들은 애써 무시해야 한다.

잘 알려진 유명 기업이 인터넷상에서 어떻게 회자되고 있는지 예를 들어보자.

스타벅스는, 전세계에 있는 스타벅스 매장을 다 돌아보는 목표를 갖고 있는 한 열렬한 팬이 운영하는 사이트와 이를 비롯한 소수의 팬 사이트를 갖고 있다. 스타벅스는 또한 이 커피회사에서 일했던 경험을 '악마를 위해 일했다' 고 말하는 전직 종업원과 바닐라 라떼를 제외한 모든 음료를 마신 뒤에 탈이 났다고 불만을 제기하는 고객의 사이트 등 더 많은 안티사이트도 있다.

구직 사이트 'www.vault.com' 의 대화창에서 홈 디포의 직업원들은 CEO인 로버트 나델리를 오즈의 마법사라고 부르며 비난한다. 왜냐하면 직원들은 그를 판매부진, 고객들의 서비스 불만 그리고 직원들의 불만을 해결할 방법을 전혀 모른 채 커튼 뒤에 숨어 있는 연약한 대머리 아저씨로 보기 때문이다.

한 괴팍한 사진사는 코닥에게 사기를 당할 줄은 몰랐다며 불만 사이트 'Sucks500.com' 의 이스트먼 코닥 섹션에 글을 올렸다. 100만 달러 상당의 카메라 환불을 해준다는 제안에 불만을 표하며 그는 이렇게 적고 있다. "이 제안은 사기처럼 보이고 이것은 집단소송의 이유가 돼야 할 것 같다. 나와 같이 할 사람?"

아메리칸 익스프레스를 깎아내리는 'FuckedCompany.com' 사이트에서는 초록색의 카드를 갖고 있는 사람들을 '세상에서 가장 큰 신용사기' 의 피해자라고 부른다.

인터넷을 타고 확대되는 소문의 영향력에 대해서 정확히 말하기는 어렵지만, 분명한 것은 기업 이미지를 변색시킨다는 점이다. 방문자들이 기업

점점 확대되는 인터넷

기업들은 세계적인 사용자들을 갖고 있으며 계속 커져만 가는 인터넷을 심각하게 받아 들여야 한다. 향후 몇 년 동안 인터넷은 1억 명의 사용자를 더 유인할 것으로 예상된다. 아래는 전세계에 있는 인터넷 사용자에 대한 인터내셔널 데이터(International Data)의 예상이다.

- 2000년 : 394.7 (단위 : 백만 명)
- 2001년 : 500.2
- 2002년 : 615.4
- 2003년 : 730.6
- 2004년 : 836.6
- 2005년 : 941.2
- 2006년 : 1,053.2

에 대한 생각을 털어놓는 사이트 플레닛피드백(PlanetFeedback)은, 사이트에서 가장 열심인 고객들은 적어도 다른 여덟 명에게 그들의 경험을 말한다고 추정했다. 그 중 많은 사람들이 다양한 의견을 갖고 있으며, 그들은 집안용품 구매의 대부분을 좌우하는 풍족한 여성들이다. 플레닛피드백은 홍보담당자부터 기업에 이르기까지 의견에 바탕을 두고 의뢰인들에게 소비자의 유형에 대한 정보를 제공한다. 최근의 화제는 미국을 휩쓸고 있는 비만의 원인으로 음식제조업과 패스트푸드 레스토랑을 비난하고 있다. 플레닛피드백은 긴장하고 있는 기업에게 맥도널드가 해피밀에 경고문을 넣은 것처럼 규정을 명시하자는 의견을 제안했다.

"진보적인 기업은 인터넷에서 그들에 대해 말하는 모든 얘기를 들을 수 있는 민감한 귀를 가져야 한다"고 1999년 P&G의 동료 마케팅 담당자와 함께 플레닛피드백을 창립한 피트 블랙셔는 말한다. 그는 P&G에서 템폰(Tampon)이 석면성분을 갖고 있다는 유언비어 진화를 담당하면서 처음으로 인터넷의 힘을 깨달았다고 한다. 지금은 P&G도 탬팩스(Tampax)의 홈페이지에 석면성분에 대해 부인하는 '오해와 미신' 이라는 섹션을 운영하고 있다.

항상 경계하라!

공격을 받고 있다는 사실마저 모르고 있다면 어떻게 자신을 방어하겠는가? 적을 경계하는 감시원을 세워라. 이는 아주 간단한 개념이다. 그러나 놀랍게도 매우 소수의 기업만이 인터넷에서 그들에 대해 어떻게 말하고 있는지 모니터하고 있을 뿐이다. 2002년 PR 회사 힐&놀턴과 〈치프 이규제큐티브〉 잡지가 후원한 설문에서 16%의 기업만이 인터넷을 자세히 모니터링하며 39%만이 정기적으로 감시하고 있다고 대답했다. 그러나 전체 43%의 기업은 인터넷을 아예 보지도 않는다고 응답했다. 대체 누가 책임을 맡고 있으며 무슨 생각을 하고 있는 것인가?

지식은 사이버 공간에서는 힘이다. 기업들은 채팅룸, 게시판, 온라인 뉴스 미디어 등을 모니터링하고, 경쟁사와 비판가들이 운영하는 웹사이트 등을 방문해 기자나 애널리스트들이 먼저 찾아내어 신문의 헤드라인을 장식할 만한 소문을 찾아내야 한다. 기업들은 'www.Urbanlegend.com', 'www.TruthOrFiction.com', 'www.snopes.com' 등의 웹사이트에서 유언비어에 대한 정보를 얻을 수 있다.

매일 인터넷을 감시하는 것은 돈과 인력을 필요로 한다. 기업들은 흔히 e-워치(e-Watch), 싸이벨리언스(Cyveillance), 넷디테크(Netdetec) 등의 인터넷 모니터링 회사를 고용해 기업에 대한 정보를 찾는다. 비용은 의뢰 기업과 수집하는 정보의 범위에 따라 1년에 5,000달러부터 5만 달러까지 차이가 있다. "화재보험과 같은 것이다. 만약 나쁜 일이 닥쳤을 때 기업에게 그 소문이 너무 멀리 퍼지기 전에 행동을 취할 수 있다는 안정감을 준다"라고 e-

워치의 부사장 낸시 셀은 말한다. 1995년 미네소타에 있는 세인트폴의 한 지하실에서 두 형제에 의해 만들어진 e-워치는 현재 800여 명의 고객과 PR 뉴스와이어를 소유하고 있다.

질레트는 인터넷에 가장 세심한 주의를 쏟고 있다. 이 기업은 면도칼, 칫솔, 건전지 브랜드에 관한 정보를 수집하기 위해 하루 약 800만 개의 웹페이지를 감시하는 모니터링 회사를 고용했다. 마치 미사일처럼 미리 프로그램된 '거미들'은 특정의 단어나 어휘를 찾기 위해 웹을 돌아다닌다. 이 정교한 검색 시스템은 사람의 이름인 질레트 등과 같이 관계없는 정보들을 피하기 위해 검색어를 찾는다.

그리고 질레트 직원들은 회사의 브랜드가 언급된 정보들 중에서 위험소지가 있는 것들을 선별한다. 그들이 설명한 1,000여 개 중 소량의 정보만이 더 많은 주의를 요한다. 그러나 이러한 소량의 정보가 질레트의 기업 이미지에 심각한 위협을 줄 수도 있다. 이러한 순찰을 통해 질레트의 듀라셀(Duracell) 브랜드를 사칭하며 정품의 품질기준에 따라오지도 못하고 폭발위험까지 있는, 법적인 문제까지 일으키는 싸구려 건전지를 판매하는 웹사이트들을 찾아냈다.

질레트에서 기업 이미지 팀원들은 인터넷 모니터링을 책임지고 있지만 이러한 일은 정보기술, 법률, 브랜드 경영부서 등을 모두 필요로 하는 공동작업이다. 인터넷 유언비어를 해결하는 데 일괄적으로 정해진 방법은 없다. "질레트에 대한 잘못된 내용이 있을 때 우리는 올바른 판단을 내려야 한다. 얼마나 잘못되었는가, 없애야 할까, 아니면 고쳐야 할까, 또는 법적인 대응이 해결책인가 등을 고려해야 한다"라고 질레트의 국제대외관계 부서장인 폴 폭스는 말한다.

그러나 이러한 정교한 검색 시스템도 언제나 좋은 결과만을 가져오는 것은 아니다. "인터넷에 정보를 올리는 것이 잘못된 정보를 내리는 것보다 훨씬 쉽다"라고 폭스는 말했다. 예를 들어, 동물보호 웹사이트는 질레트가 1996년 이후 소비자 제품이나 재료를 동물에게 임상 실험한 적이 없음에도

누가 인터넷을 지켜보고 있나?

많은 기업은 그들의 기업 이미지가 사이버 공간으로부터 어떤 영향을 받는지에 대해 거의 신경을 쓰지 않고 있다. 놀랍게도 인터넷에서 가장 많은 비난의 대상이 되고 있는 금융 서비스나 소비자 제품과 서비스의 일부 산업들이 가장 적은 관심을 보이면서 방심하고 있다. 힐&놀턴과 〈치프 이규제큐티브〉지에서 실시한 설문에 따르면, 기술산업과 정보통신 산업 분야의 대기업들이 가장 조심하고 주의를 쏟으며 경계하고 있다고 한다.

각 산업에 따른 인터넷에서 자신들에 대한 정보를 모니터링하고 있는 정도
- 사업 서비스 : 매우 자주 15%, 주기적으로 37%, 전혀 안한다 45%
- 고객상품/서비스 : 매우 자주 20%, 주기적으로 29%, 전혀 안한다 49%
- 에너지/공익사업 : 매우 자주 5%, 주기적으로 57%, 전혀 안한다 38%
- 금융서비스 : 매우 자주 13%, 주기적으로 35%, 전혀 안한다 52%
- 건강관리 : 매우자주 21%, 주기적으로 55%, 전혀 안한다 21%
- 제조업 : 매우 자주 12%, 주기적으로 43%, 전혀 안한다 43%
- 기술/통신 : 매우 자주 35%, 주기적으로 47%, 전혀 안한다 18%

각 매출에 따른 인터넷의 자신들에 대한 정보를 모니터하고 있는 정도
- 5,000만 달러보다 적은 매출 : 매우 자주 13%, 주기적으로 34%, 전혀 안한다 53%
- 5,000만~5억 달러 사이 : 매우 자주 17%, 주기적으로 38%, 전혀 안한다 44%

불구하고 질레트를 반대자 명단에 올리고 있다.

인터넷의 적들은 프로급이다

화난 직원들과 고객들이 그들의 불만을 인터넷에 올리는 것은 기업 이미지에 분명 걱정되는 위협이다. 그러나 진짜 위험은 가장 세련된 안티사이트를 만드는 환경보호운동가나 인권운동가들과 같은 프로들이다.

'은밀한 상표(Behind the Label)'라는 단체는 크리스마스 때 사람들에게 갭 매장에서 선물을 구매하는 것을 막는 이메일을 보냈다. 이 이메일은 TV 방송국에서 볼 수 있는 광고 동영상을 첨부하고 있었다. 그 광고에 나오는 모델과 의상은 기존의 갭 광고를 연상케 했으나 전달하고 있는 메시지는 달랐다. "나는 미국 흑인 여성들을 빈민가로 밀어냈다. 나는 그저 쇼핑을 하고 있었다"라고 한 젊은 여성이 말하자 다른 여성이 덧붙인다. "나는 박봉의 임금을 줬다. 이것은 그저 먼바지였다."

논란이 되고 있는 이슈에 대해 기업의 진정한 입장이 헷갈릴 수 있는 유사 인터넷 사이트들이 특히 문제다. 인도의 보팔에 있었던 유니언 카바이드(Union Carbide) 공장의 치명적 가스사고 18주년 추모일에, 유니언 카바이드의 주주인 다우 케미컬 정식 사이트와 매우 유사한 사이트가 생겼다. 2002년 12월의 이 웹 속임수는 너무나 전문적이고 정교하게 이루어져서 전문가들마저 정식 다우인 줄 알았다.

이 두 사이트는 빨간색 다이몬드 모양의 다우 로고, 동일한 그래픽, '재미로 해봐!'라는 헤드라인마저 같았다. 그러나 내용을 읽어보면 한 사이트는 공식 사이트이고 다른 하나는 다우의 안티 사이트다. 공식사이트는 장애어린이들을 위한 놀이터를 만든 다우의 업적에 대해 말하지만, 안티사이트는 축구팀 관련 비유법을 쓰면서 유니언 카바이드와 '팀 동료'가 된 지금 왜 보팔 사고에 대해 해결해야 하는지를 다우에 알렸다.

반격을 준비하라

군사적인 생각을 갖고 있는 사람들과 대화를 시도해 보라. 그러면 가장 기초적인 전략은 적의 위협을 제압해 무력화하는 것이라고 말할 것이다. 이 말은 인터넷에서 위협을 발견한 즉시 대응하라는 뜻이다. 이 대응은 위협의 속성을 평가하고 무해하다고 결정하는 것처럼 간단할 수도 있다. 그러나 인터넷상의 터무니없는 소문은 빛의 속도로 전달된다는 사실을 잊지 마라. 기업 이미지에 대한 인터넷상의 위협은 단 몇 분 만에 수백만 명의 사람들에게 전염시킬 수 있는 위험한 바이러스로 생각하면 된다. 적절한 대응은 신속하고 지체 없이 실행되어야 한다.

그러나 모든 협박에 반응할 필요는 없다. 근거 없는 소문을 신뢰하기는 쉽지 않다. 그리고 심지어 지나친 반격은 뉴스미디어가 보도하지 않을 사건의 내용을 더 확대시키는 위험의 소지가 있다.

그러나 기업은 이미지에 해를 미치는 정당한 위협에는 꼭 대응해야 한다. 종업원들은 기업을 대표하는 사람인 양 채팅룸에 들어가 제품과 서비스에 대한 불만을 개인적으로 해결하려고 노력할 수 있다. 기업 경영에 피해를 주는 심각한 주장들은 더 면밀한 조사와 섬세한 대응이 필요하다.

안티사이트는 가장 위험하면서도 가장 다루기 쉬운 사이트다. 웹사이트는 루머를 담고 있는 이메일이나 채팅룸의 게시판보다 수백만 명의 더 많은 사람에게 영향력이 있다. 그러나 웹사이트의 주인이나 운영자는 추적해 찾아낼 수 있기 때문에 다루기 쉽다. 반면, 유언비어는 근원지를 찾아낼 수 없으며 다른 이메일 주소에서 또 다른 이메일 주소로 옮겨다닌다. 인터넷 사용자들이 '답장'이라는 버튼 하나로 '친구 리스트'에 있는 모든 사람에게 쉽게 보낼 수 있기 때문에 빨리 퍼진다.

유언비어와 안티사이트는 쉽게 없어지지 않기 때문에 코카콜라처럼 기업 홈페이지에 고정 코너를 마련하는 것이 의미 있을 수도 있다. 일부 기업은 이러한 전술이 유언비어 확장을 부추길까봐 걱정하지만 인터넷 유언비어는 수명이 길어 쉽게 진압되지 않는다.

이는 바로 토미힐피거(Tommy Hilfiger) 경영진이 창립자의 인종차별주의적 유언비어를 홈페이지에 올리기로 결정했을 때 알아낸 사실이다. '토미 유언비어(Tommy rumor)'를 클릭하면 힐피거가 〈윈프리 쇼〉에서 그의 옷을 입는 미국 흑인이나 소수인종에 대해 부정적인 발언을 한 적이 없다는 힐피거, 오프라 윈프리, 친유대주의 단체의 성명을 볼 수 있다.

기업이 부인하지 않자 토미힐피거는 이 유언비어가 진짜라고 생각하는 사람들로부터 이메일을 받고 난 후에 특별한 웹사이트를 만들었다. 그러나 토미힐피거는 지나치게 공개적으로 5,000만 명의 사람들에게 유언비어를 부인하는 TV 광고를 보여주고 싶지 않았다. 사람들이 혼동해 이 디자이너가 정말로 소수인종에게 치욕적인 발언을 했다고 생각할까봐 우려했다.

회사는 지금까지도 매우 중요한 미국 흑인 시장에서 토미힐피거의 기업 이미지를 훼손하고 있는 이 소문과 싸우고 있다. 이 디자이너는 부유층 클럽과 도시 힙합세대들 모두에게 선호되는 디자인 스타일을 만들어내는 어려운 성과를 이루었다.

직원들은 이 유언비어에 어떻게 대처할 것인지 훈련받았으며, 토미힐피거가 한 번도 쇼에 나온 적이 없다고 증언하는 오프라 윈프리의 핸드북과 비디오테이프를 갖고 있다. 디자이너는 이 유언비어 이메일을 퍼뜨리고 다니는 사람들을 알아내기 위해 사립수사원까지 고용했고, 미국노동부 직원을 비롯한 다른 회사의 고위임원까지 포함한 여러 사람을 고발조치했다.

토미힐피거는 고발된 사람들의 회사나 단체의 최고경영진, 고문, 인력부서장들에게 보고했으며 그들은 징계조치나 해고조치를 받았다. 그리고 토미힐피거는 이 좋지 않은 소문을 이메일로 받은 사람들에게 다시 연락을 취해 이 소문이 사실이 아니라고 밝혔다. 그러나 10년 넘게 회사를 괴롭혀온 이 유언비어를 누가 만들었는지는 아무도 밝히지 못했다.

리스크 컨설팅 회사로서 토미힐피거에 관련된 소문에 대해 일을 한 크롤은 '사이버 조사와 컴퓨터 토론' 부서를 조직해 많은 인터넷 피해 기업들의 주목을 받고 있다. "인터넷의 특성상 거짓과 진실이 비슷해 보인다"라고 크롤의 임원인 앨런 빌은 말한다. 그가 겪은 많은 사례 중 하나를 살펴보자. 한 은행의 대출담당자가 인터넷 게시판에서 마약중독자라고 비난받았고, 한 매장은 웹사이트에서 아동성희롱자들이 가장 좋아하는 곳이라는 비난을 받았다. 빌은 이 루머를 올린 사람들을 추적했지만 그들에게 게시물을 삭제하도록 만들기는 어려웠다. 그러나 그는 게시판 운영자에게 마약중독 자라는 글을 삭제하게 하였고, 인터넷서비스 공급자가 매장을 타깃으로 하는 웹사이트를 닫도록 하는 데 성공했다. 이러한 빠른 대처가 없었더라면 이 두 사례는 엄청난 사건으로 비쳐졌을 것이고 법정소송까지 받으며 언론에 보도되었을 것이다.

몇몇 기업은 9 · 11 테러 직후 인터넷상에서 피해를 입었지만 소문들을 진화해 기업 이미지가 거의 하락하지 않았다. 그러나 악의적인 소문을 효과적으로 진화하기 위해서는 적지 않은 시간과 노력이 필요하다. 던킨 도 넛(Dunkin Donuts)은 인터넷에 돌아다니는 아주 불온한 소문을 조사하고 대응하는 데에 1분도 지체하지 않았다. 애국적인 열정과 일부 사람들의 아랍 사람에 대한 불신을 이용한 이 이메일은, 뉴저지와 뉴욕에 있는 여러 던킨 도넛 매장의 점원들이 미국 국기를 불태우고 상점을 아랍어로 뒤덮었으며 세계무역센터 파괴 이후 소리지르며 좋아했다는 내용이었다. 9월 12일 모든 지역에서 이 소문에 대해 들었고 고객을 비롯해 커피원료 공급자들까지 놀라지 않을 수 없었다. 그래서 세계 최대의 도넛-커피 체인점과 위기관리 대행사는 긴급태세에 들어갔다. 그들은 이 사건을 조사한 경찰관들과 도넛 가게의 안전보안 비디오테이프를 보고 매장 직원들과 대화를 나누었다. 유언비어에 대한 증거를 하나도 찾지 못한 후에 던킨 도넛은 악의적 소문 이메일 수신이 확인된 모든 사람에게 소문을 부인하는 이메일을 보냈다.

외국계 자동차 회사들도 또 다른 9 · 11의 타깃이었다. 혼다, BMW 같은 회사들은 돈과 차량을 기부했음에도 세계무역센터 붕괴현장 복구에 기부하지 않았다는 이메일이 나돌았다. 이 사실무근의 소문은 인터넷의 수천 명의 사람들에게 전해졌고, 사람들은 포드, 제너럴모터스, 다임러크라이슬러의 공로를 칭찬했다. 일부 신문사들은 무책임하게 이 소문의 사실을 확인하지도 않은 채 보도했다.

이 소문은 더 부풀어져 2001~02년 겨울엔 최고조가 되었고, 미국 수입 차량 판매 협회는 소문의 진상을 밝히기 위해 모든 자동차 회사의 공헌을 상세하게 설명하는 이메일과 편지를 보냈다. 그럼에도 불구하고 2002년 여름까지 이 소문을 잠재우지 못했다.

법정은 궁여지책

해로운 루머나 인터넷의 타깃이 된 기업은 회유적인 책략으로 문제를 해결할 수 있다. 만약 그 방법으로 해결하지 못한다면 증거를 갖고 반격하는 것이 적절한 대처다. 그러나 가끔 법정재판이 유일한 방법이 되기도 한다. 문제는 헌법 수정 제1항, 발언의 자유권리 때문에 소송이 때로는 성공적이지 못한 결과를 초래하는 점도 있다. 게다가 장기간의 싸움은 언론에 널리 알려져 괴롭고 시끄러운 문제를 만들기도 한다.

던킨 도넛은 지역 매장에 크림우유가 없다는 이유로 'www. dunkindonuts.org'라는 불만 웹사이트를 만든 데이비드 펠톤을 상대로 법정소송을 고려해 보았다. 그러나 던킨측은 장기간의 거친 싸움을 피했다. 펠톤과의 협상 후, 'www.dunkindonuts.org' 도메인을 구입해 이 사이트의 방문자들을 'www.dunkindonuts.com'으로 보냈다. 사람들은 던킨 도넛의 메인 사이트란에 불만을 올릴 수 있지만 이 사이트는 회사의 제품을 파는 것에 주로 집중하고 있다.

던킨에 조언을 준 홍보 및 위기관리 회사인 콘의 부사장 마이크 로렌스는 "존경과 자제력으로 불만을 가진 사람들을 대해야 한다. 화난 고객을 고소해 그를 영웅으로 만들고 싶지는 않을 것이다"라고 말했다.

그럼에도 불구하고 인터넷 유언비어에 대한 법적 대응은 가끔 필요하다. 인터넷 법은 변하고 있고, 현재까지 인터넷 운동가, 화난 고객들, 그리고 다른 사이버 비평가를 상대로 한 기업의 소송결과에 대해 여러 다른 결과가 있다. 각 사례는 한두 개 다른 점이 있어서 일반적으로 말하기는 힘들다. 그러나 안티기업 인터넷 사용자들이 그들의 인터넷 사이트가 토론장이거나 정식회사의 패러디라는 것을 분명히 알리기만 하면 헌법수정 제1항의 제약을 받지 않는다.

만약 오보가 기업 이미지를 훼손할 뿐만 아니라 매출이나 주식가격에 영향을 준다면 법정소송이 유일하고 빠른 해결책일 수 있다. 루슨트 테크놀로지와 에뮬렉스(Emulex)를 포함한 몇몇 기업은 허위 보도자료에 의한 피해자가 되어 일시적인 주가하락을 겪었다. 그러나 사건의 진상이 밝혀지자 가해자들은 모두 사기혐의를 받았다. 루슨트 경우, 목표순익을 달성하지 못할 것이라는 허위자료를 발표한 증권투자자를 체포했다. 주식은 3.6%나 떨어졌다.

그러나 재판은 인터넷에 기업에 관한 부정적인 발언을 할 수 있는 주주들의 권리를 인정한 적도 있다는 점을 기억하라. 퍼블릭시티즌 법률회사(The Public Citizen Litigation)는 홀리스에덴 제약(Hollis-Eden Pharmaceuticals)의 게시판에 비방 글을 올린 캘리포니아에 있는 주주들을 성공적으로 변호했다.

가끔 상반되는 결정도 있다. 예를 들어, 'www.wallmartcanadasucks.com' 과 'www.lockheedmarinsucks.com' 와 같은 웹사이트에 대한 법정이의는 실패했지만, 중재재판에서 기업 비방가들을 인정하지 않고 논쟁의 도메인 'www.vivendiuniversalsucks.com' 을 회사에게 주었다.

"이것은 빠르게 변하고 있는 법의 한 부분이다. 그러나 아직도 복잡한 이슈가 많이 있다. 예를 들면, 인터넷이 국제적이기 때문에 'sucks' 라는 단어가 아무 의미가 없는 나라에 기업이 고소를 하면 어떻게 되는가?"라고 하버드 법대의 버크만 센터 책임자인 다이안 카벨은 말했다.

일부 기업은 기업명과 'sucks' 와 'I hate' 라는 단어가 들어가는 도메인을 먼저 등록해 선점하기도 하지만 사람들이 노스웨스트 항공의 안티인 'NorthWorstAir' 와 유나이티드 항공의 안티인 'www.Untied.com' 과 같이 다른 도메인을 찾는 것까지 막기는 어렵다. 'Suck' 나 비슷한 단어의 선택이 많으므로 이 방법은 비효율적이고 결국은 쓸모없는 전략처럼 보인다.

기업 비방가들은 가끔 단순히 기업의 법적대응을 예고하는 편지만으로 겁을 먹기도 한다. 그러나 법적경고는 늘어나고 있는 인터넷 판례 데이터와 기업횡포로부터 개인을 보호하려는 경향 때문에 앞으로는 덜 효과적일 수 있다. 전자프론티어재단(The Electronic Frontier Foundation)과 하버드 대학, 스탠포드 대학, 버클리 대학, 샌프란시스코 대학, 매인 대학의 법대 클리닉에서는 'Chilling Effects Clearinghouse(www.chillingeffect.org)'를 만들어서 사람들에게 허용될 수 있는 표현의 자유와 사용가능한 상표등록 침해를 구별할 수 있도록 도와주었다. 이 사이트는 사람들이 어려운 법률 용어를 이해하도록 돕는다.

친구를 친구라고 여기는 것이 진짜 친구다

어떠한 이유로 당신은 몇 년 넘게 Q-tips(면봉)라고 불리는, 어디에나 있는 이 솜뭉치를 사용하는 여러 방법을 찾아냈다고 가정하자. 당신은 이 신기한 발견을 사람들과 공유하고 싶어서 복잡하고 귀찮은 과정을 거쳐 'One and Only Q-tips Home Page'라는 웹사이트를 만들었다. 사람들은 여기서 작은 도구 Q-tip이 얼마나 유용한지 배우게 된다. 예를 들어, 훌륭한 비상 칫솔이 될 수도 있고, 고양이 눈에 눈곱이 낄 때 Q-tip으로 닦으면 된다.

많은 회사가 이 웹사이트의 주인을 만나고 싶어할 것이다. PR 부서는 전국 신문의 '스타일'이나 '리빙' 섹션에 이 사이트에 대한 기사를 올리려고 노력할 것이다. 광고책임자들은 재미있는 Q-tip의 사용법을 갖고 광고를 만들라고 대행사에 말할 것이다. 어떤 사람은 이 웹사이트를 만든 사람에게 컨설턴트 자리를 제의할지도 모른다.

그래서 Q-tips의 진짜 제조사인 유니레버가 친절하면서도 한편으로 특이한 이 웹사이트를 찾아냈을 때 어떻게 했을까? 이 기업은 고소할 것이라고 위협하며 사이트를 닫으라고 했다. 현재 이 사이트를 만든 사람은 Q-tip 사용방법을 설명하는 새로운 홈페이지를 만들어냈다. '또 힘없는 사람이 큰 대기업에게 혼쭐 나겠군'이라고 말하는 이 새로운 사이트는 원래 사이트 폐쇄 책임자인 유니레버의 변호사 이름과 주소를 써놓았다. Q-tips 웹페이지 고안자이며 변호사인 페이스 카민스키는 현재 이 브랜드에 대한 불매운동을 전개하고 있다. 그리고 그녀는 유니레버와 아무런 법적 문제가 없도록 그 전과 똑같은 사용법들을 보여주지만, 면봉 그림 대신 당구대 그림을 보여주는 'the one and only Cue-tips Homepage'를 만들었다.

이제는 세계 최고의 기업 이미지를 갖고 있는 다른 한 기업이 비슷한 상황에 놓였을 때 어떻게 대처하는지 보자. 과거를 그리워하는 존슨&존슨 고객들은 반창고의 역사에 대한 인터넷 사이트를 만들었다. 이 사이트는 여러 해 동안 반창고 상자의 변천사 사진을 담고 있다. 존슨&존슨이 사이트를 찾았을 때 무슨 일이 일어났을까? 존슨&존슨 담당자는 친절한 이메일을 보내어 제품에 대해 더 많은 정보를 보냈다. 이 반창고 사이트는 '반창고는 존슨&존슨의 대표적인 제품이지만 사이트의 운영은 존슨&존슨과 아무런 관련이 없다'고 명백히 밝혔다. 그러나 정말로 관심이 있는 사람들을 위해 이 사이트는 존슨&존슨 홈페이지로 바로 갈 수 있는 링크를 마련했다. 일반인의 작은 의견이 큰 가치를 줄 수도 있다.

위험이 숨어 있는 곳에 기회도 있다

인터넷이 기업 이미지에 위험만을 주는 곳일 뿐이라는 선입견을 갖지는 말자. 사실 인터넷은 기업 이미지를 제고할 수 있는 새로운 기회를 제공하기도 한다. 사이버 공간의 네티즌들은 수입과 학력이 평균 이상이며 그들 중 많은 이들이 대중의견에 영향을 준다. 정치적으로 적극적인 이들 사용자는 인터넷 사용의 선구자다. 그들은 일반인보다 더 많은 정보를 전달할 것이다. 인터넷을 통해 기업에 대한 좋은 점과 나쁜 짐을 빠짐없이 전달하겠지만, 나쁜 경험에 대한 말이 가장 멀리 퍼진다. 버슨마스텔러의 조사에 따르면, 인터넷에 영향을 받는 사람들은 평균적으로 11명에게 좋은 경험에 대해 말하고 17명에게 나쁜 경험에 대해 말한다고 한다.

기업은 그들의 홈페이지 방문자들을 등록하고 고객, 공급자, 투자자, 정부와 규제관료의 이메일 주소를 취합함으로써 주요 인터넷 사용자들에게 다가갈 수 있다.

인터넷은 기업이 이메일을 통해 정기적으로 연락을 하여 이해관계자들과 강한 유대관계를 만들어 언론 미디어가 그들의 메시지를 여과 없이 전달할 수 있도록 한다. 항공사들은 이메일을 이용해 2001년 9월 11일 이후 서비스 축소와 금융적인 상황에 대해 고객들과 직접적으로 커뮤니케이션을 한다. 그리고 기업은 인터넷 사이트를 연차보고서와 보도자료의 디지털화 이상으로 만들어서 기업 이미지를 제고할 수 있다. 독창적인 웹사이트는 CEO의 정감 있고 인간적인 사진을 보여주어 덜 기업적인 느낌을 줄 수도 있다. 델은 CEO 마이클 델의 여러 연설뿐만 아니라 '마이클의 컴퓨터 목록'과 '언론이 본 마이클' 섹션을 홈페이지에 만들었다.

버슨마스텔러의 지식연구실장 레슬리 게인로스는 "영향력 있는 홈페이지 방문자들과 신뢰와 가치관을 공유하는 것은 기업에 매우 중요하다. 그들은 기업에 대한 부정적인 면을 없애고 호의적인 면을 키운다. 불행하게도 회사들은 그들의 웹사이트가 기업 이미지를 제고시킬 수 있다는 사실을 잘 모르고 있다"고 말했다. 그녀는 100개가 넘는 웹사이트 중에서 12%만이 CEO의 사진을 보여줬다고 했다.

기업은 또 웹사이트에 이슈와 문제점을 올려놓으면서 사람들의 의견을 얻을 수도 있다. 제3세계 노동착취 공장에서 신발 제품을 만든다는 비난을 오랫동안 받아온 나이키는 기업 이미지를 개선하기 위해 인터넷을 활용했다. 인권운동가들은 웹사이트를 만들어 'Just Stop It', 'Just Do It- Boycott Nike'라는 문구와 아시아나 남아메리카의 과도한 노동을 한 사람들이 가난한 생활을 하고 있다는 내용을 사람들에게 보여주고 있다.

현재 나이키는 회사의 입장을 보여주기 위해 Nikebiz 웹사이트 방문을 제의하며 운동화를 제조하는 베트남 공장의 가상 투어를 할 수 있도록 조치했다. 신발을 만들며 공장의 교육 시스템을 받고 있는 여성들을 보면서 방문자들은 나이키의 경영방침, 노동자들의 임금과 혜택, 베트남 경제에 기여하는 나이키의 사회공헌 활동에 대해 알 수 있다.

8,000명이 넘는 사람이 이 가상 공장 투어에 클릭했고, 대부분 유익하다고 생각했다. 그러나 일부 의심이 많은 사람은, 회사가 교묘하게 공장 업무 환경 중 나쁜 부분은 삭제한 채 홍보한다고 오해하고 있음을 나이키는 알고 있다.

나이키 대변인들은 채팅방과 인터넷 게시판에 게시된 비방가들의 글에 답변을 달고 반대의견을 제기했다. 회사는 특히 사회정의 이슈에 관심 있으며, 주요 고객인 10대와 대학생들이 갖고 있는 기업 이미지 훼손에 대해 많은 신경을 썼다. "50개가 넘는 나라, 850개가 넘는 공장에 대해 완벽한 공급망은 없다. 그러나 우리는 개선하고 있고 인터넷 사이트에 있는 온라인 투어와 다른 정보들은 분명히 우리의 기업 이미지와 신뢰도를 향상시켰다"라고 나이키의 글로벌 경영부서장인 바다는 말했다.

최악의 기업 이미지를 갖고 있는 기업들도 인터넷을 이용해 그들의 해결방법과 상황을 설명할 수 있다. 스캔들과 주식폭락을 겪고 있는 일부 기업도 이러한 일들을 인터넷을 이용해 널리 알리고 있다. 그러나 그들의 신뢰도가 땅으로 떨어진 이상, 기업은 최대한 솔직하고 정직하게 말해야 하며 가식적인 태도를 피해야 한다.

재정적으로 힘들고 정부로부터 조사를 받고 있는 이동통신회사 글로벌 크로싱(Global Crossing)은 인터넷에 상세한 정보를 싣고 부도에 대한 정확한 정의도 함께 알렸다. 그러나 이 사이트는 기업의 어려움에 관한 내용만 담고 있는 건 아니었다. 회사를 믿을 만할 열 가지 이유의 리스트도 함께 소개돼 있었다. 그러기에 희망은 영원하다.

위대한 기업들의 브랜드 유지 법칙 5

일관된 정책 실시

기업 브랜드를 경시한 IBM이 얻은 교훈

리 그린이 1993년 IBM의 CI 담당자가 되었을 때 그는 기업 브랜드가 '끔
찍한 상태'임을 알았다. 그러나 그 끔찍함의 정도가 얼마나 심각한지는 몰
랐다.

그가 IBM 사람들에게 기업과 제품 로고 견본을 보내달라고 요청했을 때
그는 30개나 40개 정도는 받을 것이라고 예상했다. 결과적으로 그는 800
개가 넘는 로고를 모았다. 그린은 IBM의 사명 위에 '펑(POW)!'이라고 만
화의 말풍선 안에 써 있는 과거의 로고와, 미키 마우스와 IBM을 파트너로
나타내는 또 다른 과거의 로고들을 가리키며 "IBM의 로고는 상상하는 것
보다 훨씬 많이 질이 떨어졌다"라고 말했다.

모린 맥과이어는 1994년 국제광고 및 프로모션 국장으로 승진했을 때 똑
같이 놀랐다. 당시 규모가 큰 컴퓨터 기술전시회인 컴덱스에서 IBM직원

들은 27개의 부스에 각 제품 브랜드를 홍보하는 각각의 로고를 갖고 있었다. 그 부스들은 작은 영토처럼 보였다. 맥과이어는 '컴덱스에서 진짜 IBM은 존재하지 않았다'는 것을 동료들에게 보여주기 위해 모든 부스의 사진을 찍었다. 이런 혼돈은 왜 생겼을까?

많은 사람은 한때 무적이었던 컴퓨터 산업 내에 피할 수 없는 붕괴가 있을 것이라고 예상하고 있었다. IBM이라는 브랜드를 더 이상 중요하게 여기지 않으며, 회사가 붕괴될 것이라고 믿은 직원들은 자신들을 ISSC(Integrated Systems Solutions Corporation)와 ESD(Entry Systems Division) 등 부서의 이름으로 나타냈다. IBM의 문제는 셀 수 없을 정도로 많았지만 가장 많은 지적을 받은 것은 분열된 기업 브랜드였다. "정말로 혼란이었다. 마케팅의 일관성이라는 것은 전혀 없었다"고 현재 해외 마케팅 및 통합마케팅 부사장인 맥과이어는 말한다. IBM은 분산되었고 제품담당자들은 자기들만의 광고대행사를 고용하고 자기들만의 다른 메시지를 만드는 독립적인 에이전트들이었다. 1993년 루이스 가스너가 지금의 유명한 변화를 계획하기 위해 IBM에 입사했을 때 회사는 70개가 넘는 광고대행사와 거래하고 있었다. 가스너의 목표는 분명했다. IBM의 강한 기업 이미지를 만들기 위해 기업의 중심과 일관성을 다시 쌓아야 했으며 일관된 의견으로 말하는 것을 배워야 했다.

모든 커뮤니케이션과 마케팅 메시지는 기업 브랜드를 강화하기 위해 같이 일해야 한다. 이해관계자들은 자기들이 이해할 수 없는 기업에 대해 좋은 감정을 갖고 있지 않다. "우리의 정체성이나 제품에 분열된 설명은 기업에 혼란이 있음을 알려주는 것이다. IBM은 통합된 해결책을 팔기 때문에 고객들이 전반적으로 인식하는 것이 IBM에게는 특히 중요했다"라고 그린은 말한다.

가스너가 취한 최초의 행동은 아메리칸 익스프레스에서 같이 일했던 애비 콘스타만을 IBM의 명실상부한 기업 마케팅 실장으로 고용한 것이었다. 그녀는 IBM의 기업 이미지를 조사하고 복잡한 대행사들을 분석했다. 그녀는 IBM이 아직도 대중들과의 신뢰를 어느 정도 유지하고 있다는 점을 발견했지만 직원들이 회사가 악화되게 방치한 사실과 많은 고객을 배려하지 않은 것에 대해 화가 났다.

곧 IBM은 뜻밖의 충격적인 조치로 광고계를 놀라게 했다. 오길비&매더 (Ogilvy&Mather)라는 하나의 광고대행사 아래 전세계 광고를 통합하는 것이었다. IBM과 오길비는 브랜드의 동질적인 모습을 만들기 위해 일했다. 그들은 800개의 로고를 스크랩하고 세계 어느 나라의 어느 제품이나 서비스를 홍보하는 데 있어 같은 기업 이미지를 전달할 수 있는 광고를 개발했다. 그들은 정식 로고의 전통적인 모습을 선택했다. 1972년 '스피드와 역동성'을 표현하기 위한 가로 줄무늬 위에 IBM 이름이 새겨진 디자인이었다. 그러나 광고는 새로 개발해야 했다.

오길비의 첫번째 캠페인은 '작은 행성의 해결사'라는 체코 수녀들로부터 페르시아 노인들까지 세계적인 출연진들이 그들의 모국어를 말하며 화면 밑에 자막을 보여주었다. 이 광고는 IBM의 국제성을 강조하며 전세계에 IBM을 더 인간적이며 빈틈없고 혁신적인 새로운 기업이라고 홍보했다. 1980년대 찰리 채플린을 흉내 낸 재미있는 리틀 트램프(Little Tramp) PC 광고 이후, IBM 광고가 처음으로 화제를 불러모은 광고였다. "우리는 매우 흡족했다. 마이크로소프트의 빌 게이츠가 수녀가 나오는 우리의 광고를 보고 '이것이 IBM 것이냐?'라는 말을 들었을 때 말이다"라고 맥과이어는 말했다.

IBM은 컴퓨터 서비스에 많은 무게를 두는 전략으로 전환하고 현명한 기업 브랜딩에 대한 결정을 내렸다. 1990년대 중순 'e-비즈니스'라는 신조어를 만들어 지금까지 계속 광고의 통일화된 슬로건으로 사용하고 있다. IBM의 경영진은 e-비즈니스 전략이 직원들을 하나로 모았으며 회사가 다시 힘을 갖고 분명한 방향으로 가고 있음을 인식시켜 주었다고 믿는다.

메시지의 질과 일관성만이 중요한 것은 아니다. 양도 중요하다. 기업 브랜드와 이미지에 현재 진행되고 있는 광고 캠페인이 중요하다는 것을 깨달은 IBM은 광고와 마케팅 예산을 두 배로 늘렸다. 기업들이 그들의 단골고객과 정기적으로 커뮤니케이션하고 있지 않을 때 그 공백 속에서 부정적인 인식이 생겼다.

물론 기업 브랜딩은 광고와 마케팅 자료들을 넘어선 것이다. IBM에서는 차별화된 시각적 정체성을 갖기 위한 디자인 부문의 제품 디자인도 포함한다. 이 디자인 작업을 모두 지켜본 그린은 IBM의 모습이 '깨끗하고 단순하면서 우아한 모습'이라고 특징지었다. 제품들은 고객의 환경에 잘 어울리도록 대부분 검정색이었다. 자체 조사에서 IBM은 사람들이 눈에 잘 보이는 로고가 없어도 경쟁사들의 제품과 IBM의 제품을 구별할 수 있음을 알아냈다.

지금 IBM은 일관성 있는 기업 브랜드의 이미지를 회복했고 마케팅 담당자들은 관리를 소홀히 하지 않을 것이다. 그들은 소비자가 IBM의 브랜드를 사용할 경우에 대비해 상세한 기준과 지침을 개발했다. e-비즈니스 로고에서의 빨간색 'e'의 사용에만 여러 개의 규정이 있다. '빨간색의 효과를 떨어뜨리는 칼라 위에 놓는 것을 피하라, 헤드라인이나 원문 안에 절대로 넣지 말아라, 3D나 백열광 등 번지게 쓰는 것을 피하라' 등이다.

인터넷 IMC 본부는 현재 마이크로소프트, 델, 휴렛팩커드 등의 경쟁사들 광고에서처럼 '지식 마케팅'과 관련된 광고캠페인, 광고와 브로슈어에 사용하는 IBM의 사진과 이미지들에 대한 정보를 제공하고 있다.

IBM은 직원들을 위해 '브랜드 관리 매뉴얼'과 '브랜드 관리기법'에 관한 인트라넷을 개발했다. IBM의 경영진은 회사가 너무 크고 광범위하기 때문에 직원들이 소중한 브랜드와 트레이드마크를 사용할 때 지침이 필요하다고 생각했다. 그들은 직원들이 종합적인 효과를 생각하지 않고 결정을 내리는 성향이 있다는 사실을 알았다.

이 인트라넷 사이트는 직원들에게 브랜딩 과정과 다른 기업과의 브랜드 제휴시의 규정, 표지판이나 문방구류, 명함에 트레이드마크를 사용할 때의 디자인 지침을 가르치는 '브랜드 학교'라 불리는 매우 실용적인 사이

우스꽝스러운 로고들

1990년대까지, IBM의 기업 이미지는 분열되어 있었다. 제품 담당자들은 제멋대로 자기들만의 광고와 로고를 만들었다. 현재 IBM은 일부 옛날 로고를 '불명예의 전당 (Hall of Shame)'에 올려놓으며 기업 이미지가 얼마나 악화되었었는지를 기억하고 있다. 아래는 불명예의 전당에 소장된 3개 로고이며, 맨 밑에 있는 로고는 '스피드와 역동성'을 표현하는 가로 줄무늬의 IBM을 보여주는 정식 로고다.

● 불명예의 전당에 오른 로고

● 정식 로고

트였다. 리 그린은, IBM의 트레이드마크인 'e비즈니스'에서 빨간색 'e'를 사용해서 만든 '이버트(e-bert)'라는 만화 주인공을 가리키며 "사람들은 우리의 주요 브랜드 자산을 사용할 때 지나치게 규칙을 어기는 경향이 있다"고 말했다. 그것은 그를 놀라게 했고, "그것은 옳지 않은 행동이었다. 왜냐하면 이것은 우리 기업브랜드의 매우 중요한 요소를 사소하게 만드는 것이기 때문이다"라고 덧붙였다.

물론 지난 과거의 실수보다 더 좋은 가르침은 없다. IBM이 기업 브랜드를 관리하지 않았을 때 어떤 일이 일어났었는지 직원들에게 상기시키기 위해 회사는 1993년부터 아직도 디자인 센터에 800개의 로고를 전시하고 있다. IBM은 이것을 불명예의 전당(Hall of Shame)이라고 부른다.

일관성과 명백함

좋은 기업 이미지는 오랜 시간 동안 일관성 있는 커뮤니케이션을 필요로 한다. 똑같은 메시지를 보내는 것은 똑같은 기업 로고나 균일한 고객 서비스, 일관적인 광고 주제를 통해서든 아니든 기업 이미지에 놀랄 만한 성공을 가져다 준다.

불행하게도 다수의 광고 캠페인과 제품, 서비스 간의 불일치 때문에 주제에서 벗어나 사람들을 혼란에 빠뜨리기도 한다. 시간이 지나면서 이것이 기업의 정체성과 이미지를 약화시키기도 한다. 소비자, 종업원, 투자자, 다른 주요 이해관계자들은 당신의 기업이 무엇을 나타내고 주장하는지 더 이상 알지 못한다. 혼란스러운 기업을 좋아하기란 힘든 일이다.

ITT는 확실히 일관성이 부족하다. ITT가 보험사업과 호텔, 카지노사업을 분리하자, 남아 있는 산업의 제품들은 정체성의 위기를 겪었다. ITT 인더스트리라고 불리면서 회사는 연관되지 않는 사업들로 브랜딩의 혼란을 겪었다. "그들은 지나치게 브랜드를 세분화했고, ITT라는 공통된 접두사를 쓰면서 너무 많은 브랜딩 체계를 갖고 있었다"라고 세계적인 디자인 업체 랜도의 부사장 하이에스 로스는 다시 브랜드를 정리하며 말했다.

ITT는 기업명 교체를 고려해 봤지만 랜도는 반대했다. 왜냐하면 ITT는 대중이 이 회사가 무엇을 하는지 잘 알지 못해도 아직도 국제적인 인지도 덕분에 이익을 얻고 있었기 때문이다. 사실 ITT가 무엇을 제조하는지 조사했을 때 모든 사람은 각기 다른 답을 갖고 있는 듯했다. ITT는 'International Telephone & Telegraph'의 줄임말이기 때문에 사람들은 이 회사가 전화기를 만든다고 생각하거나 TV을 만든다고 짐작했다. 그러나 ITT는 하수 펌프, 전기 커넥터, 군용물품과 같은 대형 기계들을 만든다.

ITT는 이름을 바꾸는 대신 엔지니어링 과정에 바탕을 두고 새로운 브랜드 이미지를 개발했다. 새로운 슬로건은 '생활을 위해서 설계되었다' 였다. 새로운 로고 '계획된 블록들' 은 ITT의 사업 범주를 나타낸다. "기업 브랜드를 세우기 위해서 우리는 엔지니어들이 입는 옷의 주머니까지 로고를 새겨 놓았다"고 로스는 말했다.

아메리칸 익스프레스는 ITT가 했던 만큼 혁명적인 기업혁신 과정을 겪지 않았다. 그러나 정체된 기업 이미지에서 벗어나고자 했다. '저를 알고 계십니까(Do you know me)?' 라는 고전적인 광고는 유명했지만 유명하지 않은 사람들의 얼굴이었다. 1980년대까지 회사는 초록색과 금색의 카드에서 새로운 슈퍼프리미엄 플래티넘까지 확장했고 마케팅 캠페인도 잘 맞물렸다. '회원들은 특권과 혜택이 있다' 라는 슬로건과 애니 레이보비츠가 찍은 연예인들의 사진은 지적이고 예술적인 톤을 만들었다.

그러나 현재 이 신용카드와 여행 서비스회사는 스물다섯 개 정도의 다양한 카드를 가지고 있고 마스터카드, 비자, 디스커버 등과 치열한 경쟁을 하고 있다. 일부 소비자들은 아메리칸 익스프레스 카드가 더 이상 특별하지 않고 낮은 대출금리, 리베이트, 보너스 항공 마일리지를 주는 다른 카드들과 다를 바 없다고 말한다.

아메리칸 익스프레스는 기업 이미지를 다시 튼튼하게 하기 위해 각 카드들을 강화하고 기업 이미지를 맨 앞에, 가장 중심에 두어야 한다. 기업 브랜드를 소유하며 각각의 카드를 홍보하는 것에 너무 지나치게 집중했다는 것을 깨달은 아메리칸 익스프레스는 '당신의 삶을 보람 있게' 라는 슬로건과 함께 더 폭넓은 광고 캠페인을 만들었으며, 레이보비츠의 인상적인 사진들을 다시 이용하기도 했다. 그러나 이런 조치는 계속 고객에게 보답한다는 것에 중점을 둔 마케팅적인 접근이었으며, 과거의 광고와 같은 재치와 섬세함은 부족했다.

가끔 같은 기업의 뚜렷하게 다른 부분들은 상반되는 이해관계와 기업 이미지 관리 과정을 어렵게 하며 한목소리로 말하지 않는다. 이것은 두 개의 아주 다른 기업 간의 합병 후에 특히 두드러진다. 델라웨어의 안정된 화학제조사인 뒤퐁은 텍사스의 대형 석유제조사인 코노코를 1981년에 인수했으며 위험부담이 있는 무소속의 문화를 갖고 있는 기업을 설립했다. 뒤퐁의 관료들은 그들의 코노코 동료들이 가끔 에너지 방침에 대해 의견충돌이 있고 항상 정부 관료들에게 일관된 태도를 보이지 않은 것을 기억하고 있었다. 1995년 코노코 경영진이 유전을 개발하는 계약을 할 때 그러한 의견 마찰은 공개적으로 드러났다. 일부 뒤퐁 임원은 클린턴 정부에서 이란과 거래하는 것을 반대했고 결국 이 계획을 무효로 만들어 버렸다. 1998년 이 두 기업의 일관된 이미지를 지키며 서로의 기업 이미지 관리를 더 쉽게 하기 위해 코노코는 뒤퐁으로부터 분리됐다.

물론 일관성이라는 뜻이 변하지 않는 것이라는 의미는 아니다. 가끔은 기업 브랜드를 신선하게 바꿀 필요가 있다. 이와 관련해 UPS는 좋은 모범 사례를 보여주고 있다. 이 기업은 기업 이미지를 업데이트하는 단계를 밟고 있으며, 소포배달 서비스 이상의 서비스를 추구하고 있다. 그러나 브랜드의 전통을 지키며 변화를 모색한다. 이 기업은 매끄러운 모양으로 변화시켰으며, 광고에서는 트럭과 유니폼 색깔인 갈색을 상징하는 '브라운'이라고 홍보했다.

배트맨 vs 스파이더맨

이것은 세계 최강의 초능력을 가진 영웅 간의 싸움이었다. 싸움이 일어난 곳은 덴마크였다. 72년 된 플라스틱 조각 맞추기 장난감 레고(Lego)의 다음 주인공을 결정하는 싸움이었다.

주인공에 대한 이견의 충돌은 뜨거웠지만 배트맨은 벽을 타고다니는 스파이더맨의 상대가 되지 않았다. 망토 입은 십자군이라는 애칭의 배트맨 시리즈는 지나치게 어둡고 어른스럽다고 레고의 글로벌 브랜드 담당자 프란세스코 시코렐라는 말했다. 그러나 그는 스파이더맨은 선악의 싸움을 호의적으로 느끼게 했다고 덧붙였다. 또한 폭력적인 제품들은 일관성 있는 기업 이미지를 훼손할 것이라는 사실을 알고 있었다. 스파이더맨에 이어

레고는 〈스타워즈〉와 〈해리 포터〉의 세트를 만들었다.

그러나 레고에게는 기업의 전통과 원칙을 지키는 것이 더 쉽다. 기업은 성장하고 경쟁을 겪으면서 신제품을 개발하고, 다른 사업을 인수하며, 새로운 시장을 목표로 삼는다. 기업의 가치관을 조금 벗어나더라도 화제의 영화나 최근 뉴스와 연관 있는 장난감을 제작하고 싶은 유혹을 느낄 수 있다. 일부 기업은 이라크에서 일어나고 있는 전투를 이용해 돈을 벌려고 크리스마스 장난감을 만들었지만 레고는 이 유혹을 참았다. 회사는 바이오니클(Bionicle) 제품과 스타워즈와 같은 폭력적인 특성의 제품을 만들기는 했지만, 이들 제품은 상상 속의 산물이기 때문에 용인할 수 있었다.

'재밌게 놀자'라는 뜻의 덴마크 단어 두 개를 줄인 말인 레고는 기업의 가치관을 지키면서도 큰 성공을 이루었다. 이 상징적인 브랜드 레고는 여러 잡지와 무역단체로부터 1999년 '세기의 장난감'으로 이름 붙여졌다. 이 기업은 320조 개가 넘는 장난감 맞추기 조각을 팔았다고 추정한다. 그러나 더 이상 이 조각들만으로 레고를 성장시킬 수는 없었다.

레고는 1940년대 중반 원래의 나무 조각에서 플라스틱 조각으로 바꾸며 사업을 다각화했다. 레고는 전통과 혁신의 더 나은 균형을 찾아야 했다.

레고는 신제품을 넘치도록 만들었으나 기업 브랜드에는 아주 작은 관심과 신경밖에 쓰지 않았다. 레고는 조각 맞추기를 넘어서 놀이공원, 의류, 보드게임, 책, 책가방, 손목시계, 비디오게임, 잡지, 소프트웨어, 컴퓨터로 조정되는 로봇까지 다양화했다. 그 과정 중, 마인드스톰스(Mindstorms), 테크닉(Technic), 스파이보틱스(Spybotics) 등의 새로운 브랜드를 만들었다. 그러나 모든 것이 성공하지는 않았다. 일부 제품들은 레고의 기업 이미지를 손상시켰다. 레고는 안전성에 대한 오래 된 자부심을 갖고 있었으나 유아용장난감 사업 부문에서 처음으로 제품 리콜을 시행하기도 했다. 1998년 장난감 딸랑이가 일부 아이들의 목구멍에 막힐 수 있다는 위험 때문에 회사는 약 70만 개의 장난감 딸랑이를 리콜했다.

그러나 근본적인 문제는 다양한 제품개발이 아니었다. 문제는 레고가 어떻게 새로운 브랜드들을 관리했느냐 하는 것이었다. 레고는 경쟁을 계속하고 어린이들의 바뀌어가는 삶과 기호에 맞추어가는 것 말고는 선택의 여지가 없었다. 뒤늦게 레고는 어린이들의 놀이습관에 대처했다. 어린이들은 이제 조각 쌓기와 같은 전통적인 장난감을 멀리하고 그 대신 비디오게임, 스케이트보드, 전자 장난감 등의 신기한 장난감을 선호했다.

마침내 레고는 회사의 브랜드 관리에 질서와 기강이 부족하다는 것을 깨달았다. 이 문제를 해결하기 위해 기업 브랜딩과 이미지관리 전문 컨설턴트에게 도움을 요청했다. 마이켄 슐츠는 코펜하겐 경영대학 교수이며 숙련된 브랜드 구축가다. 그녀는 레고 사업단위 팀장들과 함께 브랜드 전략 대책본부의 한 일원으로 제멋대로인 브랜드의 질서를 잡기 위해 일했다. 슐츠 교수는 주로 모브랜드의 의미를 재정비하고 기업 브랜드의 위계질서 하에 새로운 제품 브랜드들을 자리매김했다.

레고는 '시코렐라(Ciccolella) 브랜드 관리 포지션'을 만들었고, 광고와 홍보를 일부 대행사로 통합했으며, 제품들을 여러 카테고리(만들기, 탐험, 얘기, 행동, 미래)로 정리했고, 포장을 새로 디자인했다. 새로운 상자들은 색상과 로고의 위치, 표준화된 그림과 그래픽의 균일함을 보였다. 회사는 시장조사를 통해 어린이들이 레고 브랜드를 인식하는 것이 그들이 예상했던 것보다 국제적인 차이가 적다는 사실을 알았다.

"레고의 주요 가치는 믿음이다. 사람들에게 그것이 어떠한 의미를 갖는지를 우리는 조사나, 개발, 금융을 통해 말한다. 그들의 일상적인 업무에 가치관이 영향을 주는가? 그들이 어떻게 말을 하는가?"라고 시코렐라는 말했다. 문화는 많은 의견대립을 통해서 변화한다. 직원들의 의무와 책임이 제품 브랜드 관리에서 기업 브랜드 시스템으로 바뀌면서 슐츠는 그 동안의 많은 실수들을 보았다.

시코렐라는 회사가 계속 확장하면서 레고의 기업 브랜드가 너무나도 엄격하게 통제되는 것을 바라지 않는다.

최근 여자 아이들을 타깃으로 하는 시장 진출은, 레고가 거의 시도해 본

레고 브랜드의 기본 원칙

레고의 기업 브랜드에 대한 주요 요소와 개선된 브랜드 관리 시스템

● 기업의 미션

　우리들 한사람 한사람으로부터 어린이들을 자라게 하는 것. 우리들 한사람 한사람이 배움과 개발의 잠재력을 보여주는 것

● 기업의 신념

　어린이는 우리의 역할 모델이다. 그들은 호기심 많고, 창의적이고 상상력이 넘친다. 그들은 발견과 놀라움을 받아들인다. 그들은 타고난 학습자들이다

● 기업의 가치

　자기표현, 끊임없는 아이디어, 흥미로운 배움, 적극적인 재미, 신뢰

● 브랜드 개성

　예상치 못한, 카리스마적인, 틀에 박히지 않고, 모험적인, 똑똑한 문제 해결사, 재치있는

● 브랜드 포지셔닝

　창조해 낼 수 있는 힘

● 브랜드 관리 및 조직

　글로벌 브랜딩에 대한 수석부사장제도 만들기, 광고와 홍보 대행사들을 통합하기, 브랜드와 제품개발팀을 한 팀으로 만들기, 국제적인 원리에 맞게 효율적으로 마케팅하기

적 없는 장식용품과 다른 패션 물건을 만드는 공작 세트다. 회사는 어른들의 시장으로 시야를 넓히고 있다. 벌써 회사는 레고 시리어스 플레이(Lego Serious Play)로 그들의 다양한 색 조각들을 전략수립을 업무로 하는 비즈니스 담당자들과 컨설턴트들에게 판매하고 있다.

최근 덴마크에서 실시한 기업 이미지 조사의 감정적인 접근, 제품의 품

질, 사회적 책임의 항목에서 레고는 높은 순위에 올랐다. 레고의 약점들은 재무적인 실적과 비전 그리고 리더십이었다. 그러나 시코렐라는 레고가 아무리 재무실적을 개선한다고 해도 이것이 강한 기업 이미지의 큰 요소가 될 수 없을 것이라고 전한다.

고객에 대한 경험을 브랜딩하기

일관성을 유지하는 일은 커뮤니케이션하는 것 이상이다. 고객경험은 기업 브랜드의 한 부분이며 호의적이고 예상이 가능해야 한다. 스타벅스가 뉴욕, 시애틀, 바르셀로나 등지에 자리한 커피숍의 분위기와 제품의 품질을 똑같이 했을 때 기업 브랜드와 이미지를 강화할 수 있었다.

그러나 다른 기업들은, 특히 규모가 커진 기업들은 이 일관성을 유지하지 않았다. 고객관계관리(Customer Relation Management)는 요즘 유행하는 단어가 됐지만 많은 서비스업계에서는 아직 받아들이지 못하고 있다. 신뢰할 수 없는 서비스와 품질로 많은 산업의 기업 이미지를 훼손하고 있는데, 특히 레스토랑과 유통업이 주류를 이룬다. 대부분의 소비자가 쉽게 느낄 수 있듯이 버거킹과 홈 디포 매장들은 균일하게 만들어지지 않았다.

그러나 예외의 경우도 있다. 특히 주목할 만한 곳은 '브랜드된 고객경험'을 제안하며 카지노산업에서 최강의 이름을 지키고 있는 하라 엔터테인먼트(Harrah's Entertainment)이다. 하라 브랜드는 여행객들과 고소득층보다는 소액도박자들을 타깃으로 삼는다.

하라는 뉴저지의 애틀랜틱시티에서부터 일리노이의 졸리엣과 라스베이거스에 이르기까지 모든 도박장에서 도박자들이 똑같은 경험을 할 수 있도록 하는 것을 통해 기업 이미지가 강화되는 사실을 깨달았다. 호텔방들은 동일하며, 많은 체인점은 같은 종류의 뷔페와 커피하우스, 스테이크 하우스들을 갖고 있다. 하나의 카지노들은 각자 마르디 그라스 축제와 같은 테마를 갖고 있으면서도 똑같은 게임을 동일한 배치와 외형으로 제공한다.

"가장 중요한 것은 어떤 카지노에 있든 상관없이 우리의 직원으로부터 고객이 동일하게 서비스 받는 일이다. 당신이 만약 애틀랜틱시티에서 플래티넘이나 다이아몬드로 대우받는 고객이라면 네바다에 있는 우리의 지점에 와도 낯선 사람이 된 것처럼 느끼지 않을 것이다. 나는 텍사스 주 플라노에 사는 한 여성으로부터 편지를 받은 적이 있다. 그녀는 주로 루이지애나 쉬리브포트 카지노를 이용하지만 다른 대여섯 군데의 카지노도 가보았다며, 그녀의 목표는 열세 개 주에 자리한 스물여섯 개의 우리 카지노를 모두 가보는 것이라고 했다"며 회장인 필립 스태어는 말한다.

하라는 도박자들의 습관을 관리하고 VIP 고객에게 다양한 보상을 제공한다. 그리고 정교한 정보기술 시스템을 통해 일관성 있는 고객 서비스를 이루어 냈다. 하라의 CEO 개리 러브만은 하버드 대학 교수 출신이라는 이례적인 경력으로 도박사업에 입문했다. 그는 하버드 경영대학의 경영학 교수였으며 충성고객관리 프로그램을 개발·유지할 수 있도록 서비스 관리 전문가들을 데리고 왔다.

이 회사는 전국적인 토털 리워드 플레이어 카드(Total Rewards player cards)를 통해 고객 데이터를 수집·분석하고 도박자들의 프로필을 마케팅과 프로모션에 이용했다. 이 시스템은 직원들이 고객의 개인정보를 빨리 익힐 수 있게 한다. 데이터베이스에 고객의 생일까지 입력되어 있기 때문에, 슬롯머신이 고객에서 '생일 축하합니다'라는 메시지를 보여주는 것은 이례적인 일이 아니다. 현재까지 하라는 2,500만 명의 고객 데이터베이스를 갖고 있으며, 그들로부터 정기적으로 피드백을 받고 있다.

여피증후군

BMW는 1980년대 새로운 소비자들인 여피들을 유혹했다. 그들은 '젊고,

빠르게 전문가로 성장하는 직업'을 갖고 미국의 트렌드를 이끄는 가장 과시적인 소비자들이었다. 그들은 로렉스(Rolex) 손목시계, 필로팩스(Filofax) 수첩, 브룩스 브러더스(Brooks Brothers) 멜빵을 샀다. 그들의 차량 선택은 '여피자동차'라는 별명을 재빨리 얻은 BMW였다. 이 관계는 너무도 강하고 끈끈해 한 신문의 편집자는 고속도로에서 BMW 차량을 잔뜩 실었던 트럭의 전복사건기사에 '여피 대사고'라는 헤드라인을 달았다.

BMW 차량을 구입하고 독일 회사의 판매실적과 브랜드 이미지를 미국에서 올리는 것은 여피들에게 당연한 일이었다. 그러나 BMW는 1988년 운전을 재미있게 만드는 스포티하고 힘 좋은 자동차라는 브랜드 이미지에서 전략방향을 바꾸며 올바르지 않은 변화를 했다. 갑자기 '최고의 운전기계'는 최고 신분의 상징이 되어버렸다. 이는 성능보다는 고급에 더 가까웠다.

BMW의 광고들은 상류사회의 이미지를 갖고 있는 폴로 랄프로렌(Polo Ralph Lauren) 브랜드와 비슷해져 갔다. 일본자동차 제조업자들은 그들의 아큐라(Acura), 렉서스(Lexus), 인피니티(Infiniti) 브랜드로 고급자동차 시장을 급습하며 BMW와 기타 유럽모델 차량들의 판매실적을 하락시켰다.

사업을 주도했던 문화적이고 소비자 트렌드에 자기 자신을 혼란스럽게 한 기업의 예로 BMW는 완벽한 예를 보여주고 있다. 일시적 유행처럼 보이는 것에 맞추어 성공적인 마케팅 전략을 바꾸는 일은 매우 위험한 일이다. 이 유행이 얼마나 오래 지속될지 누가 알겠는가?

사실 이 여피는 1990년대 초에 없어졌다. BMW는 문제점들을 인식하고 다시 제대로 운영하기 시작했다. 신분에 대한 짧은 망상으로부터 BMW는 어려운 교훈을 배웠고, 다시 브랜드를 변경할 생각은 하지도 않았다. "이 여피 이미지는 우리에게 오점이었고 지금까지도 사람들은 가끔 우리를 여피자동차라고 부른다. 인식은 아주 천천히 없어지지만 BMW는 정말로 운전의 즐거움을 이해하는 사람들을 위한 것이다"라고 커뮤니케이션 팀장인 로버트 미첼은 말한다.

BMW는 현재 가장 일관적인 기업 브랜드 이미지를 자랑하며 경쟁사들보다 훨씬 많은 판매실적을 올리고 있다. 최근 BMW 광고 카피는 '다른 이들이 바늘을 움직이는 데 만족하는 동안 우리는 그것을 완전하게 묻을 수 있을 때까지 절대 만족하지 않는다'와 '튼튼한 24밸브 내부 6기통 엔진의 매력 있는 느낌이 당신의 감각을 최고조로 흥분시킬 것이다. 자리를 잡고 쇼를 시작하라' 이다.

성능에 대한 메시지를 넘어서 BMW는 최첨단 마케팅을 통해 자동차의 혁신이라는 기업 이미지를 추구한다. 이 회사의 최신 모델 스포츠차량은 여러 편의 제임스 본드 영화에 출연했다. 현재 이 회사는 단편영화를 만들어 BMW 인터넷 사이트에서 보여주고 있다.

위대한 기업들의 브랜드 유지 법칙 6

다른 기업의 이미지 전이에 유의

 ## 베네통과 시어즈의 어울리지 않는 제휴

처음부터 그들은 소매상인이라고 하기엔 약간 어색해 보이는 한 쌍으로
여겨졌다. 1999년 시어즈 로벅(Sears Roebuck)이 새롭게 팔기로 한 베네
통(Benetton) 의류를 선보이자 패션계 사람들과 소매상들은 어리둥절하고
당황했다. 손도구와 냉장고를 파는 미국의 유통회사가 쇼킹한 광고 따위
로 사람들을 놀라게 하는 이탈리아 패션 회사와 어울린단 말인가? 수녀가
신부의 입을 맞추고, 흑인이 백인 아이에게 젖을 물리며, 색색 가지의 파
스텔 콘돔과 에이즈환자가 관 속에 누워 있는 광고를 내놓은 회사가 바로
베네통이다.

전략적으로 봤을 때 두 회사의 제휴은 타당했다. 시어즈측은 베네통의 도
움으로 자신들의 기업 이미지가 보완되면서 많은 10대와 젊은 손님을 끌
어들일 것을 기대하고 계약에 대해 떠들썩하게 홍보했다. 베네통측에서는

계약을 통해 '새로운 추진력'을 원했고, 1990년에 몇백 개의 가게 문을 닫아야 했던 자신들의 기업 이미지를 미국 소매상에 새롭게 인식시키고 싶었다. 시어즈는 베네통이 미국의 '메가 브랜드'로서 1년에 1억 달러가량의 판매를 촉진시켜 줄 것이라고 예상했다.

그러나 문화적으로 두 회사는 형편없는 짝이었다. 최근에 퇴직한 이사회의 부총재 론 컬프는 시어즈에 있는 그의 동료들에게 경고했으나 소용없었다. "베네통에 있는 사람들은 열정이 너무 지나쳐서 시어즈와는 너무 상반된다고 나는 조언했었다." 컬프는 자신이 한 말을 상기시켰다. 그의 직감은 맞았다. 의견충돌에 따른 감정의 폭발은 당연했고, 얼마 지나지 않아 두 기업의 분리가 뒤를 이었다. 그러나 그 과정에서 베네통의 신랄한 광고 전략은 110년 동안 이어온 시어즈의 서민적인 평판을 훼손했다. 그 큰 기업은 비로소 가혹한 경험을 통해 한 회사의 기업 이미지가 자신의 신용을 잃고 제휴한 다른 회사의 기업 이미지로 각인될 수 있다는 걸 배웠다.

6개월 만에 강행된 두 기업의 분리는 한 줄로 늘어선 사형수 감방에 살고 있는 죄수들의 모습을 나타낸 광고 캠페인 때문이었다. 베네통측은 광고를 통해 사형처벌에 관한 논쟁거리를 만들고 싶었다. 그러나 그 논쟁은 베네통뿐만 아니라 시어즈에 대한 항의로도 이어졌다. 시어즈는 소비자들이 항의하는 이유를 채 알기도 전에 직원들마저도 피해자의 인권을 위해 싸우는 사람들과 함께 사형수 감방을 보여준 광고에 적대감을 나타냈다. 그 광고들은 유죄판결로 사랑하는 이를 잃을 수밖에 없었던 사람들의 아픈 기억을 상기시켰다. 또한 그 캠페인은 보수적인 미국 중류층의 시어즈 고객들을 대상으로 하기엔 적합하지 않았다. 몇몇은 시어즈가 사형처벌에 관한 호기심 때문에 베네통과 제휴하지 않았을까 하는 의문도 품었다.

시어즈측은 단순히 사람들이 베네통 USA의 마케팅 전략과, 물의를 일으키는 'United Colors of Benetton'의 광고와 구별하리라 기대했다고 변명했다. 그러나 현실적으로 대부분의 사람에게 베네통은 그저 베네통일 뿐이다.

시어즈가 젊은 층의 소비자를 필사적으로 사로잡기 위해 명백히 드러나는 허점들을 무시한 실수는 의문의 여지가 없다. 그러나 그러한 논쟁이 일어난 직후 그나마 베네통 상품을 철수시킬 정도의 센스 정도는 남아 있었다. "우리는 아주 곤란한 처지에 있다. 낭패를 본 쪽은 대부분 시어즈의 고객들이다." 컬프는 그 당시 시어즈의 책임자였던 아서 마르티네즈에게 말했다. "피해자측은 인권을 되찾기 위해 베네통을 무너뜨릴 거라고 경고했고 시어즈도 그다지 이로운 위치에 있지는 않다고 했다."

시어즈는 백화점에 들여올 베네통의 품목을 위해 몇 백만 달러를 들여 광고와 백화점 디자인 개조에 투자했고, 이는 부담 없이 쇼핑몰을 거닐며 돈을 쓰고 다니는 10대의 관심을 끄는 예상 밖의 결과를 가져왔다. 그러나 시어즈가 그 위험에서 벗어나지 못했다면, 그들은 더 큰 손실을 입었을 것이다.

컬프는 베네통이 가져온 혼란이, 기업이 좋은 이미지를 관리하면서 전략적인 선택을 하는 데 몰두할 수 있도록 영감을 주었다고 했다. 강화된 기업 이미지의 중요성은 미래의 사업 파트너를 선택하는 데에도 유용하게 적용되었다. 시어즈는 그 이후 자신과 더 적합하게 어울리는 의류회사와 뜻을 모아 제휴했다. 2002년에는 젊은 유행을 따르는 베네통과는 달리 교양 있는 고객들의 관심을 끄는 랜즈 엔드(Land's End)와 제휴했다. 그들의 마케팅 가이드라인도 시어즈의 전통적인 스타일과 건전한 중서부의 이미지를 보안해 나가도록 했다.

기업 제휴에 따르는 죄책감

개인이 경영하는 기업은 개인 스스로가 기업 이미지에 영향을 미친다. 이는 시어즈가 경험한 것과 같이 기업에서도 마찬가지다. 업무관계에 따라 기업 이미지가 묻어날 수 있는 가능성은 무한하다. 제조업자, 사업 합병이나 공동 사업체의 협력자, 회계사, 공인주류판매인, 광고 모델, 그 누가 되었든 비즈니스는 절대적으로 기업 이미지에 영향을 미친다.

다른 기업에서 묻어나는 기업 이미지는 자신의 기업 이미지에 긍정적일 수 있다. 비자(Visa)는 성공적인 투자를 통해 올림픽이나 토니상(Tony Awards)과 같은 큰 이벤트들과 독점적인 합의를 이뤄냈다. 또한 코카콜라는 어린이 영화 〈해리 포터〉와 결합해 좋은 기업 이미지를 얻는 데 많은 가산점을 얻었다.

그러나 기업 간 관계는 종종 좋지 않은 결과를 가지고 온다. 코카콜라가 미국소아치과학회에 기증한 100만 달러는 당분이 많은 소다수가 치아를 상하게 한다는 소비자의 부정적인 생각을 바꾸기 위한 행위로 여겨져 비난받았다. 나이키, 갭과 같은 의류와 신발회사는 중남미의 개발도상국 공장을 이용해 값싼 노동과 형편없는 작업환경에서 상품을 제조하는 점에 대해 비판받았다. 엔론 스캔들은 관련 있는 많은 기업에 나쁜 영향을 미쳤다. 혜성처럼 등장해서 초단기에 성과를 이룬 에너지 트레이드 기업에 자금을 대출해 준 JP 모건 체이스는 자금 문제와 기업 이미지 훼손으로 큰 손해를 보았다.

기업이 석유, 화학, 제약, 회계와 같은 악성적인 이미지가 있는 산업의 일부분일 때 다른 기업의 안 좋은 기업 이미지가 묻어날 수 있다. 피임이나 낙태를 통해 계획된 가족관계 형성이나, 게이들의 권리를 박탈하는 보이스카우트 같은 단체를 지지하는 자선주의적인 태도도 항의운동을 불러일으키며 기업 이미지에 해가 될 수 있다.

기업 간 연합은 쉽게 결정할 일이 아니다. 상대 기업의 과거 행실은 어땠는지 자세히 살피고, 잘못된 판단이나 의견충돌로 인해 자신의 기업 이미지를 훼손하지는 않을지 충분히 고려해야 한다. 파트너로 유망한 후보자의 자금은 안정적인 상태인가? 그 기업의 문화나 가치관이 자신의 기업과 비슷한가? 직원들과 고객들은 어떻게 생각하는가? 등등을 고려해야 하는 것이다.

아무도 미래를 예언할 수 없으며 유망하다고 믿었던 파트너에게 어떤 재앙이 닥칠지 알 수 없다. 자신에게 주어진 바를 열심히 수행하고, 그 어떤 경고도 무시하지 말라. 면밀한 조사와 항상 반문하는 자세는 실패를 예방할 수 있다.

때로는 불안정한 관계가 더 편리할 수 있으나 안정된 관계는 기업 이미지를 훼손할 수 없다. 엔론 스캔들 이후, 아서 앤더슨을 떠난 고객은 그를 가장 경계했던 사람들이다. 그러나 회계법인을 바꾸는 데에 따르는 비용이나 시간 때문에 많은 고객들이 그 일 이후에도 그의 곁을 지켰다. 앤더슨은 갑자기 신용을 잃고 의심을 받았지만 많은 기업은 그의 생존이 희박하다는 사실을 사법방해로 인해 기소되고서야 알았다. 그러나 기업과 연합하는 회계사는 그 기업과 아주 가깝게 얽혀 있으므로 이 상황에서는 자신의 기업 이미지를 위해 그 회계법인을 더 빨리 떠났어야 했다. 사람들은 회계법인의 양심적인 태도로 인해 그 회사의 재무제표를 믿는다.

앤더슨을 둘러싼 스캔들을 파헤치자 잠시나마 그의 고객 이미지에 안 좋은 영향을 미쳤다. 엔론의 회계법인 사기에 앤더슨이 연루되었음이 밝혀지자 실제로 그의 기업고객의 주가가 떨어졌다.

이것이 바로 반더빌트 대학의 폴 채니와 오하이오 주립대학의 커크 필리피치가 내린 결론이다. 2002년 가을 〈Journal of Accounting Research〉에 발표된 '무너진 기업 이미지 : 회계감사의 실패에 따른 결과'는 아무리 자신의 기업이 티 없이 깨끗해도 스캔들 기업과 제휴하는 데 따르는 심각한 결과를 잘 설명해 주고 있다.

기업 간 거래단절은 어렵다

한번 묶여진 기업들은 서로의 행실을 눈여겨 볼 필요가 있다. 그리고 처음으로 힘든 상황에 부딪혔을 때 관계를 끊을 필요가 있는지 없는지 신중히 고려해야 한다. 아서 앤더슨의 몇몇 고객이 행한 바와 같이, 일반적으로 빠르게 기업을 해산하는 결단력이 기업 이미지 훼손을 최소화할 수 있다.

그러나 오랫동안 지속된 관계를 끊기는 결코 쉬운 일이 아니다. 예를 들어, 앤더슨의 고객이었던 델타 항공은 앤더슨 스캔들 이후 어떻게 할지 고민했다. 앤더슨의 적극적인 CEO 조지프 베라디노는 2002년 1월에 애틀랜타를 방문해서 자신의 회계법인의 가장 큰 고객 기업인 델타 항공을 설득하기 위한 발표회를 마련했다. 그러나 델타는 앤더슨이 점점 더 위기에 몰리는 것을 눈치 채고 새로운 회계감사법인을 찾았다. 법정기소가 있기 약 1주일 전에 델타 항공은 딜로이트&투시(Deloitte&Touche)를 새로운 감사법인으로 선임했다.

또한 델타는 불안정한 항공회사와의 제휴도 중단했다. 잇따른 대한항공 측의 치명적인 사고는 그 항공사의 안 좋은 이미지가 델타 항공의 안전성에 관한 기업 이미지를 훼손시킬 수 있다는 점을 우려해 다른 아시아 항공사들과의 제휴도 중단했다. 개선된 운영관리에 대해 만족감을 느낄 때쯤 델타 항공은 대한항공과 다시 제휴했다.

CIT 그룹은 타이코 인터내셔널의 회계부정과 일부 임원의 비리에 관한 스캔들로 기업 이미지가 위험한 상태에 있었다. 그 중 한 가지 문제점은 CIT의 소매금융회사에 큰 손실을 입혔다는 것이다. 타이코의 전직 관리자가 9억 5,000만 달러로 CIT를 획득하는 데 도움을 주어 2,000만 달러를 챙긴 혐의를 받았다. 타이코는 CIT의 신용도에 악영향을 미쳤고 이는 금융비용을 늘리게 했다.

그러나 2002년 7월, 주식공개제의로 인해 지칠 대로 지친 CIT는 타이코와의 관계를 끊는 데 조금의 시간도 낭비하지 않았다. 이는 자신들이 '파트너'로서 패션계와 항공산업을 도우면서 많은 사업가들의 꿈을 찾는 데 도움을 줄 자신들을 광고 캠페인을 통해 나타냈다.

어떠한 기업들은 빠져나갈 수 없는 장기계약을 맺는 실수를 범한다. 오늘의 믿음직한 파트너가 내일은 언제 터질 줄 모르는 시한폭탄이 될 수도 있다. 예상보다 빨리 좋지 않은 결과를 가져올 수 있는 관계에 절대로 자신을 가두지 말라. 세상은 그 어느 때보다 빨리 돌고 있고 사업이나 사회의 유행은 번개처럼 빨리 왔다 사라진다.

월트 디즈니와 맥도널드는 10년 동안 디즈니 영화와 맥도널드의 어린이 식사를 독점적으로 홍보하기로 한 계약을 체결했다. 그러나 최근 나온 디즈니 영화들이 실패를 거듭하자 맥도널드는 더 이상 그 영화들을 후원하기 어렵다고 느꼈다. 뿐만 아니라 디즈니 놀이공원의 청결하고 깔끔한 서비스는 건강에 해로운 맥도널드의 음식과, 무뚝뚝하고 지저분한 음식점의 이미지와는 상반됐다.

의무적인 계약이 아님에도 불구하고 어떤 기업은 곤경에 처한 파트너와의 제휴를 유지한다. 기업 이미지의 하락 가능성은 어떻게 보면 당연하다. 그러나 관계를 끊는 것은 뛰어난 제조업자를 잃는 일일 수도 있다. 뒤퐁은 동물을 대상으로 유독성 실험을 하는데도 불구하고 '유일무이하게 적격' 하다는 이유로 헌팅던 라이프 사이언스(Huntingdon Life Science)와 계속 제휴했다. 기업 이미지에 중요성을 두는 뒤퐁으로서는 대담한 결정이라고 하지 않을 수가 없다. 왜냐하면 동물학대를 반대하는 단체들이 강력하게 항의하고 때로는 난폭하게 헌팅던 라이프 사이언스의 거래처와 투자자들과 모든 관계자들을 공격했다.

동물학대 반대단체는 헌팅던 라이프 사이언스의 몇몇 거래처와 투자자, 그리고 보험업자마저도 내쫓는 데 성공을 거두었다. 그 단체의 작전 중 하나는 헌팅던 라이프 사이언스의 거래처가 소유한 오일탱크의 생산을 방해하고, 자금을 대주는 투자자들의 집을 찾아가 신용카드를 훔치고, 헌팅던 라이프 사이언스의 한 관계자가 참여하고 있던 골프 토너먼트에 찾아가 골프장을 뒤엎는 등의 일이었다.

뒤퐁도 스무 마리의 명주 원숭이를 죽인 헌팅던의 유독성실험 때문에 동물학대반대운동단체의 웹사이트에서 크게 비난을 받고 있었다. 이 단체는 사이버 시위로 뒤퐁의 인터넷과 이메일을 마비시켰고, '이익을 위해 강아지를 죽인다'고 시위를 벌였다. 기업들은 이러한 협박에 쉽게 굴복하면 안되지만, 이러한 파트너 기업의 이미지 훼손이 그만한 가치가 있는지 생각해 봐야 한다.

제휴를 포기하고 돌아서기로 마음먹으면 최대한 조용하고 타협적으로 일을 해결해야 한다. 깔끔하지 못한 끝맺음은 기업 이미지에 큰 손실을 입힐 수 있다. 지난 몇 해를 거쳐 어떤 사업들은 잘못된 제휴로 비열하고 지저분한 결과를 가져왔다. 사람들은 기업 간 떠들썩한 싸움을 즐길 수도 있지만 결국엔 그 기업들의 부정적인 이미지가 각인된다.

이것은 분명히 얼마 전에 일어난 떠들썩한 법정싸움의 예이다. 몇 해 전, 캘빈클라인은 자신의 청바지와 속옷의 제조회사인 와나코 그룹(Warnaco Group) 때문에 브랜드 이미지가 타락했다고 고소했다. 캘빈클라인은 당시 와나코의 CEO였던 와나코와 린다 와츠너를 '고결한 브랜드의 암적인 존재'라고 고발했다. 와나코 역시 캘빈클라인이 얼마 전에 CNN의 〈래리 킹 라이브(Larry King Live)〉라는 프로그램에 출연해 와나코가 캘빈클라인 청바지나 속옷을 표준 이하로 만든다고 말한 것에 대해 맞대어 고소했다. 방송이 나간 후 와나코의 소매상인들은 자신의 의류주문을 줄였다고 했다. 결국 패션디자이너와 와츠너는 표면적으로 화해했으나 많은 이들은 이 일로 캘빈클라인 브랜드의 품질을 의심했다.

마케팅과 언론의 조화와 부조화

마케팅 세계에서는 좋거나 나쁘게 이미지가 변화될 수 있는 기회가 비일비재하다. 상품을 홍보하는 사람이나 상품이 홍보되는 프로그램에 따라 사람들의 견해에 큰 영향을 미칠 수 있다. 기업의 성격에 따라 적합한 마케팅 파트너를 신중히 선택해야 한다는 것만 잊지 말라.

완벽한 광고 모델을 통해서 얻을 수 있는 이익은 상당하다. 존슨&존슨은 노벨상을 수상한 작가 토니 모리슨을 감동적인 이미지로 나타낸다. 존슨&존슨의 상품을 언급하기는커녕 토니 모리슨은 어렸을 적 부모님이 모든 일에 최선을 다하라고 일러주셨다는 말을 한다. 이러한 광고 효과는 어린아이를 사랑하는 마음으로 제품을 만든다는 존슨&존슨의 기업 이미지를 한층 강화했다.

휴렛팩커드는 드림웍스, BMW 그리고 페덱스와 같은 거래처와 연결되어 있는 컴팩을 획득하기 위해 피나는 노력을 한 이후 자신의 기업 이미지를 갈고 닦고자 노력했다. 그 굉장한 거래처들이 호의적인 기업 이미지를 지니고 있는 이상 자신에게 그 긍정적인 기업 이미지는 강하게 묻어날 수 있다.

연기자 폴 뉴먼은 최근에 자신의 샐러드 드레싱을 패스트푸드 유통점에 팔기 위해 맥도널드와 협력하기로 했다. 폴 뉴먼의 강인한 카리스마와 오스카상 후보자로 선정됨에 이어 드레싱을 판 일부의 이익금을 불우한 이웃을 돕는 데 쓰겠다고 선포한 것은 맥도널드측의 이득이 아닐 수 없다. 그러나 건강에 해로운 햄버거와 튀김 등은 유기농을 추구하는 뉴먼의 이미지에 좋지 않은 영향을 미칠 수 있다.

또 하나의 모험은 가수 셀린 디옹과 다임러 크라이슬러와의 관계다. 셀린 디옹이 크라이슬러도 타볼 만한 가치가 있는 차라는 것을 사람들에게 설득하는 광고전략이었다. 적어도 몇 십억의 투자를 통해 얻을 수 있는 이미지라고 생각했다. 그러나 크라이슬러로 입장에서는 셀린 디옹이 그녀의 크라이슬러 타운&컨트리 미니밴으로 어디서 사고만 일으키지 않기를 원했을 것이다.

이러한 연예인 광고 모델을 통한 홍보전략은 기업 이미지에 긍정적인 영향을 줄 수도 있지만 실질적으로 피해를 입힐 수도 있다. 홍보를 하는 사람이 광고주를 난처하게 하는 경우가 종종 있기 때문이다. 이스트먼 코닥과 펩시코의 광고대행사는 권투선수 마이크 타이슨과 로빈 기븐의 불안정한 결혼생활이 미치는 부정적인 영향을 감추기 위해 애썼다. 연기자 시빌 쉐퍼드는 소고기를 선전하면서 고기 먹기를 피했다고 말했고, 연기자 돈 존슨은 펩시 광고를 하면서 다이어트 코크를 마시는 모습이 카메라에 포착되었다고 했다. 그리고 최근들어 LA 레이커스의 농구선수 코비 브라이언트는 나이키, 맥도널드 그리고 코카콜라광고와 계약이 되어 있는 상태에서 성폭행 혐의를 받았다. 브라이언트는 자신의 혐의를 부인했지만 선풍적인 인기를 끌었던 광고는 이내 골칫거리로 전락했다.

기업의 광고모델만큼 중요한 것이 어떤 TV 프로그램에서 홍보되느냐 하는 것이다. 광고주와 광고대행사는 어떤 미디어로 얼마만큼 광고할지 현명하게 판단해야 한다. 그렇지 않으면 자신도 모르게 도덕적 논쟁거리가 될수도 있다. 1989년, 테리 로콜타라는 미시간의 한 주부가 광고계에 대소동을 일으켰다. 그녀는 〈어린이와 결혼(Married With Children)〉이라는 추잡한 TV 쇼를 통해 광고되는 코카콜라와 다른 기업에 분노를 터뜨렸다. 최근 동성애자 단체와 한 여성단체는 MSNBC가 선보인 케이블 TV의 토크쇼에서 마이클 사비지가 말한 것에 대한 분노를 표했다. 순식간에, P&G, 델, 그리고 제너럴 밀스와 같은 전국적인 광고주가 그의 쇼에 광고를 하지 않기로 했다. 결국 MSNBC는 동성애자들에게 적개심을 표하는 발언을 한 그의 쇼를 바로 중지시켰다.

그러나 성공적인 홍보를 위해 이러한 압력을 가하는 전술 말고도 기업 이미지에 맞지 않는 프로그램을 선택했을 때 부정적인 결과를 초래할 수 있다. 한 가지 문제점은 가족이 다 같이 모여서 볼 수 있는 프로그램이 줄어들어 다양성 있는 쇼를 찾기 힘들다는 점이다.

가장 좋은 보안은 프로그램의 편성을 관리하는 것이다. TV 프로그램의 제작은 확실히 돈이 많이 들어간다. 그러나 이 방법은 기업 이미지의 형성을 위해서는 투자가치가 있는 전략이다. 홀마크 카드(Hallmark Cards)가 좋은 예이다. 뮤지컬 〈양치기소년 아말의 지팡이(Amahl and the Night Visitors)〉가 처음으로 홀마크의 명예의 전당에서 방영되기 시작하면서 인사말 카드는 아주 좋은 이미지를 얻었다. 그건 주로 뮤지컬의 질이나 내용관리를 철저히 했기 때문이다. 홀마크는 타인에게 받은 각본은 인정하지 않는다. 모든 대본은 홀마크가 위임하고 다른 작가들을 통해 여러 번 검토한다. 이 때문에 한 작품에 무려 12년이라는 긴 시간이 걸렸다.

"홀마크의 명예의 전당은 홀마크 이미지에 굉장히 큰 영향을 미친다. 우리의 유통망을 뛰어넘어 고객들에게 홍보하는 데에 있어 가장 큰 기여자다. 홀마크란 이름이 훌륭한 센스 그리고 원만한 관계가 있는 좋은 이미지로 프로그램을 통해 각인시키고 싶다." 홀마크 명예의 전당 책임자 브래드 무어의 말이다. 쇼 도중에 홀마크는 외부의 영향과는 상관없다는 것을 보증하기 위해 자신의 인사말 카드 외에 다른 어떤 것도 홍보하지 않는다.

홀마크와 같이 다른 기업들도 자신만의 전략을 세우고 있다. 존슨&존슨은 모든 연령층을 겨냥한 가족시간대 프로그램이 아주 드물기 때문에 그러한 프로그램을 기획하고 스폰서하면서 기업홍보에 적합한 프로그램을 만드는 데 앞장서고 있다.

서로에게 해로운 협력체

착한 사람은 흥하고 악한 사람은 망한다는 시적 정의로 마사 스튜어트(Martha Stewart)와 K마트에 얽힌 관계는 해석될 수 있다. 그녀와 그 기업은 스스로 자신들의 기업 이미지에 큰 손실을 입힌 것으로 봤을 때 서로에게 필요한 존재일 수도 있었으나 이미 훼손된 이미지는 서로에게 큰 영향을 미치고 있다.

우선 마사 스튜어트와 그녀의 기업은 K마트의 소매업자가 파산을 막기 위한 서류를 신청하자 K마트의 자금난으로 인해 피해를 본 것처럼 인식되었다. K마트는 아주 다양한 물건을 판매해 왔다. 수건과 이불에서부터 정원을 가꾸는 데 필요한 도구들, 크리스마스 장식품 등을 마사 스튜어트의 에브리데이(Everyday) 브랜드로 판매해 왔다.

파산위기를 맞은 지 6개월도 채 안 되어서 K마트는 더 이상 스튜어트의 걱정거리가 아니었다. 스튜어트의 부정적인 행위가 조사되자 스튜어트가 K마트에 미친 책임이 더 큰 듯했다. 임클론 시스템(ImClone System)이 미국 식약청이 유망한 암 치료제를 승인검토 하지 않기로 발표하기 직전에 스튜어트는 그녀의 주식을 그들에게 넘겼다. 시간이 지나 2002년과 2003년 그녀의 기업이 더 극한 상황에 처해지자 정부의 조사를 비난했다.

서로의 기업 이미지를 극도로 훼손시키는 기업 간의 제휴는 보기 힘들다. 그리고 어느 쪽이 어느 기업을 더 훼손시키는지 가려내기도 어렵다. "K마트는 마사 스튜어트를 내버려야 한다." LA에 거주하는 크레이그 베이커는 그의 여자 친구들이 마사 스튜어트의 제품구입을 피하기 위해 새롭게 타깃이나 월 마트로 옮겨 쇼핑한다고 지적했다. "상황이 모순적이다. 왜냐하면 마사 스튜어가 먼저 K마트를 내버리려고 했다. 그러나 파산 위기에 놓인 K마트보다는 그녀가 직접적으로 받는 타격이 더 클 것이다"라고 그녀는 덧붙였다.

그녀의 주식 매각를 둘러싼 조사가 계속되자, K마트는 스튜어트의 웃는 얼굴이 더 이상 판매에 도움을 주지 않는다고 판단하고 조 박서(Joe Boxer)와 같은 새로운 브랜드 마케팅을 시작했다. 소매업자들은 몇백 개가 넘는 유통점의 문을 닫으면서 스튜어트의 상품판매를 중지했다.

드디어 2003년 6월에 연방대배심은 다섯 가지의 사기행위로 스튜어트를 기소했다. 전문가들은 K마트가 결과적으로 그녀의 이름으로 판매되어 오던 가정용품들을 처리할 것이라고 믿었다. "2002년 여름 내내 헤드라인으로 나오는 마사 때문에 걱정이 많았다. 그러나 우리는 마사라는 사람과 브랜드를 뚜렷이 구분하기로 했다. 그리고 시장에서도 제품의 가치를 인정하는 듯하다. 제품의 질이 좋으면 소비자들은 브랜드를 만든 사람보다는 제품으로 판단할 것이라고 믿는다." 앞서 언급했던 당시 K마트의 책임자 제임스 아담슨의 말이다.

제휴사 인식

2002년 해리스 인터랙티브에서 실시한 조사에서 응답자들은 여러 가지 기업항목에 따라 아래의 기업들을 평가했다. 아래의 비율은 호의적으로 생각한 응답자 비율과(7점 만점에 5,6,7점들) 기업 간의 차이다. K마트와 마사 스튜어트는 그들의 제휴에 각각 강점과 약점들이 있었지만, 벤&제리는 명확히 모회사인 유니레버보다 모든 항목에서 뛰어났다.

● 기업에 대한 태도	긍정적 응답률(%)		
	K마트	마사 스튜어트	차이
기업에 대한 좋은 감정을 갖고 있다	47	20	27
기업을 신뢰한다	49	23	26
기업을 칭찬하고 존경한다	45	19	26
가격대비 좋은 가치의 제품과 서비스를 제공한다	60	44	16
높은 질의 제품과 서비스를 제공한다	39	50	-11
높은 수익율을 기록하고 수익이 좋다	15	35	-20
혁신적인 제품과 서비스를 개발한다	20	44	-24
시장 기회를 알아보고 이용한다	20	55	-35

● 기업에 대한 태도	긍정적 응답률(%)		
	벤 & 제리	유니레버	차이
기업을 칭찬하고 존경한다	75	43	32
환경적으로 책임을 다하는 기업이다	51	23	28
일하기 좋은 기업같이 보인다	62	35	27
혁신적인 제품과 서비스를 개발한다	70	44	26
좋은 목적과 의도를 지원한다	45	21	24
높은 질의 제품과 서비스를 제공한다	80	57	23
기업을 신뢰한다	75	53	22
가격대비 좋은 가치의 제품과 서비스를 제공한다	61	54	7

이들 기업의 제휴가 이렇게 서로에게 독이 될 것이라고 누가 상상이나 했을까? 스튜어트는 점점 악화일로에 있던 자산상황을 보고 파산위기에 놓일 K마트를 예상했을 수도 있다. 그와 반대로 K마트는 가정의 완벽함을 추구하는 여성이 그러한 어마어마한 실수를 하리라 생각지도 못했을 것이다.

사이좋은 기업들

모든 기업관계가 기업 이미지를 손상시키는 것은 아니다. 사실 아주 바람직한 기업합병과 제휴도 있다. 때로는 기업이 다른 문화를 갖고 있어도 사이좋게 잘 지낼 수 있게 운영한다. 전통 있는 기업은 일정한 거리를 두고 그들의 새로운 가족 일원의 이미지에 간섭하지 않는다. 이것은 영국과 네덜란드의 소비자제품제조 기업인 유니레버에서 제대로 이루어졌다. 디자이너의 섹시하고 기발한 광고가 기존의 매우 평범한 광고 도브 비누나 립튼 차에 잘 어울리지 않음에도 불구하고 켈빈클라인의 향수 사업은 성공적이었다.

아주 정교한 균형을 이루는 행동이었지만, 유니레버는 또 벤&제리 홈메이드 인수 역시 빈틈없이 잘 다루고 있다. 유니레버는 자신의 진부한 기업 이미지가 맛있는 아이스크림 기업이라는 벤&제리의 사회적 · 환경적인 운동에 대한 헌신적인 활동에 영향을 주지 않도록 했다.

2000년 유니레버가 벤&제리를 인수했을 때 이 아이스크림 제조사의 열성소비자들은 어떻게 회사가 바뀔 것인지 생각하는 것을 두려워했다. 일부 화난 열성소비자들은 그들의 영웅인, 설립자 벤 코헨과 제리 그린필드가 회사를 팔아먹었다며 비난했다. 그러나 크게 걱정할 문제는 아니었다. 유니레버는 벤&제리의 성공이 제품의 품질만큼이나 사회적 · 환경적 책임의 문화에서부터 시작한 것을 현명하게 깨달았다. 벤&제리의 식료품 판매팀과 아이스크림 판매팀을 합병하는 등 비용절약의 시너지 효과를 누리긴 했지만, 유니레버는 회사의 정치적 사항은 간섭하지 않았다. 그로 인해 사회운동과 기업가 정신이라는 벤&제리의 기업 이미지는 유지됐다. '사회적 의무가 최우선'이라는 기업의 이념에 따라 서아프리카를 방문해서 초콜릿산업의 미성년 노동착취의 소지가 있는지를 조사했다. 새로운 맛인 달콤한 빙빙바는 지구온난화에 반대하는 기업 캠페인의 일부분이다. 그리고 이라크를 상대로 한 전쟁이 있을 것이라는 예상과 함께 벤&제리는 피스 팝스 (Peace Pops) 아이스크림 바를 재유행시켰다.

그래도 의심이 완벽히 사라지지는 않았다. 소비자들은 계속 유니레버가 벤&제리 사업에 결정적으로 관여하는지를 물었다. "우리는 유니레버에 대해서 '물어보지도 말고 말하지도 말아라'와 비슷한 방침을 갖고 있다. 만약 사람들이 물어보면 우리는 인수에 대해 말하지만, 우리의 사회적 의무는 아직도 건재하다고 말한다"라고 벤&제리의 홍보실장인 크리스티 헤머트는 지적한다.

Repairing

위기를 기회로 삼는다

PART 3

위대한 기업들의 브랜드 회복 법칙

1. 위기를 정교하게 대처하는 지혜

2. 초기 위기 극복이 중요

3. 고객불만 과소평가는 금물

4. 방어는 최선의 공격

5. 최후의 수단, 기업명 변경

어려움이 클수록, 그 어려움을 극복할 때의 영광도 크다.
숙련된 비행조종사는 폭풍과 폭설로 인해 이미지를 쌓는다.

ー 에피쿠로스(그리스 철학자)

위기를 정교하게 대처하는 지혜

 신뢰가 추락한 **메릴 린치**는 어떻게 회생했나?

메릴 린치의 회장보좌역인 폴 크리츠로우는 그들을 '빅 스리(Big Three)' 라고 부른다.

첫번째는 고객들에게 좋은 상품이라고 추천한 주식들을 비웃은 메릴 린치 분석가들이 보내온 내부 이메일이다. 이 메일을 바탕으로 뉴욕지방검사 엘리어트 스피처는 메릴 린치 리서치와 투자금융부서 사이에서 가능한 이해관계의 충돌을 수사했다. 그는 메릴 린치가 특정 기업들의 투자금융 사업을 맡기 위해 자사주식을 홍보한 책임을 물었다. 2002년 봄, 메릴 린치는 이 수사를 해결하기 위해 1억 달러 상당의 벌금을 냈다.

두번째는 그 얼마 후 엔론의 붕괴에 대한 국회청문회에서 메릴 린치가 엔론의 실제 재무상태를 감추는 계약에 연루됨으로써 집중적으로 주목을 받았다. 그리고 세번째로는 메릴 린치의 브로커와 담당직원 간 내부거래에 대해 정밀한 조사를 받고 있는 마사 스튜어트가 있었다.

어떠한 기업이라도 이러한 연속된 논란을 견뎌낼 수 없을 것이다. 고객의 믿음 때문에 금융 중개업은 번영했다. 그러나 '2002 해리스 인터랙티브 기업 이미지에 대한 조사'에서 사람들은 놀라울 정도로 메릴 린치에게 많은 의심을 갖고 있었다. "메릴 린치는 도덕적으로 라스베이거스나 마피아와 다를 바가 없다"라고 한 응답자는 말했다. 다른 응답자는 "늙은 사람들의 돈을 그만 훔쳐라. 돈만 아는 더러운 돼지가 그만 돼라"고 말했다

이처럼 심한 비난은 이 거대 금융서비스 기업의 정직한 많은 직원을 실망시켰다. 그러나 이 기업은 위기를 뚫고 훼손된 기업 이미지를 개선하기 시작했다. 이러한 연속적인 위기상황에서 서커스의 곡예사와 같은 신기한 능력을 발휘해야만 하는 위치에 있던 크리츠로우는 "이런 시기에는 당신의 능력으로 통제할 수 있는 모든 것을 통제하라"고 말했다. "그러나 솔직히 우리 자신을 방어하기 어려울 정도로 무력하게 느낀 힘든 시간도 있었다"고 그는 덧붙였다.

2003년 7월, 크리츠로우는 메릴 린치의 기업 이미지가 세 개의 연속된 사건으로부터 크게 훼손되었다는 사실을 축소하지 않았다. 가능성 있는 범죄혐의 때문에 불안정과 집단소송이 쇄도할 텐데 어떻게 부도가 나지 않았을까? 크리츠로우는 이 같은 위기로부터 비롯된 기업 이미지의 훼손 때문에 메릴 린치는 주식시장에서 200억 달러가 넘는 손해를 본 적이 있다고 했다. 이들 위기는 1885년에 투자회사로 창립한 메릴 린치의 자랑스러운 문화의 심각한 붕괴를 보여주었다. 일부 메릴 린치 직원은 전 회장이었던 윌리엄 슈레이어가 자주 인용한 "기업 이미지보다 더 중요한 개인적인 일은 없다"라는 의견에 통찰력을 잃어버린 것이다. 이들 위기는 많은 기업의 출판물에 인용되고 사무실 벽에 걸려 있던 메릴 린치의 원칙에도 어긋난다. 그 원칙 리스트에는 '고객중심을 가장 우선으로 두며, 날로 치열한 경쟁 속에서 성공할 수 있는 길은 특정 제품과 서비스를 팔 수 있는 우리의 능력이 아니라 고객들이 메릴 린치를 신뢰하는 조언자로 얼마만큼 여기는가에 달

려 있다' 고 돼 있다.

뉴욕 지방검사와의 창피한 합의 후에 많은 고객은 메릴 린치의 리서치를 신뢰하지 않았다. 누가 메릴 린치에 대해 낙관적인가? 2002년 가을, 39% 의 고객들만이 메릴 린치 리서치가 '청렴결백하다' 고 믿었으며 이 수치는 2002년 5월의 64%에서 심각하게 떨어진 것이었다. 그러나 이 결과는 투자자들이 생각했던 것보다 훨씬 우수한 것이었다. 투자자의 경우, 16%만 이 메릴 린치의 성실함에 높은 점수를 주었다.

다른 기업 같으면 이러한 분위기에 많이 당황했을지도 모른다.

그러나 위기관리의 베테랑이며 베트남 전쟁 당시 전투군인으로 참전한 바 있는 크리츠로우는 굴하지 않았다. 그는 1979년 스리 마일 아일랜드 (Three Mile Island) 핵발전소에서 있었던 사고 때 펜실베이니아 주지사 딕 소론버그의 홍보담당비서로 공적을 쌓았다. 그리고 메릴 린치에서 20년 가까이 보내면서 그는 1987년 주식시장 충돌과, 1990년대 중반의 캘리포니아 오렌지카운티(Orange County)의 부도와 브로커 딜러였던 메릴 린치를 상대로 국가가 제기한 소송 등 다른 위기들을 겪으면서 기업을 이끄는 데 기여해 왔다.

크리츠로우의 행동은 기업 위기라는 지뢰밭에서 조심스레 걷되, 확신 있는 태도의 중요성을 보여줬다. 그는 힘들 때 어떻게 행동하느냐가 사람을 명확히 보여준다는 점을 잘 알고 있었다.

그의 주요 원칙들 중 하나는 미디어에 의견을 내놓기 전에 모든 사실내용을 수집하는 것이다. 초기실수가 신뢰를 망칠 수 있다.

크리츠로우와 그의 팀은 요즘 같은 정보 시대에 대처속도가 가장 중요해졌다는 것을 알고, 기업의 입장을 빠르게 퍼뜨리는 각본을 개발했다. 크리츠로우의 사무실은 전략적으로 법률고문 옆에 자리하고 있으며, CEO 사무실에서도 코너 하나만 돌면 있기 때문에 커뮤니케이션팀 직원들은 신속히 가장 최근의 진행 사항들을 그에게 알릴 수 있다.

이러한 위기상황 동안 메릴 린치 행동의 대부분은 꽤 전략적이었다. 예를 들어, 국회위원 앞에서 엔론에 대해 증언할 대리인을 선정할 때에도 메릴 린치의 경영진은 특별한 반응을 갖고 있지 않았으며, CEO였던 데이비드 코만스키를 보내지 않았다. 그 대신 그들은 해외 중개 사업부장이며 논리적이고 투자금융의 경험이 있는 캘리 마틴을 선정했다. 메릴 린치는 하위직 직원을 보내서 국회의원들을 모욕하고 싶지 않았다. 그렇다고 지나치게 상위직의 직원을 보내면 메릴 린치가 느끼는 것보다 상황을 더 심각하게 보이게 할 것 같았다. CEO의 증언은 분명히 주요 신문의 1면을 장식할 것이기 때문이다.

이러한 위기상황 동안 메릴 린치는 기업광고를 아주 주의 깊게 계획했으며 평소보다 광고량을 줄였다. 부정적인 뉴스가 전개되면서 회사는 주요 기업 이미지 캠페인을 연기했다. 2002년 뉴욕 지방검사와의 합의 후 몇 개의 광고를 내보냈다. 한 광고에서는 회사가 '투자 시장 조사의 새로운 기준'을 만들었으며 메릴 린치가 더 많은 책임을 맡는 단계들을 서술했고, 투자자들에게 더 많은 정보를 알리며 투자금융 부문에서부터 조사분석가들의 보상을 줄인다고 주장했다. 다른 두 페이지 양면광고에서는 코만스키와 그의 후속경영자인 스탠리 오닐을 보여주며 '리더들은 비판에 건설적으로 대응한다. 우리는 비판을 들었고 요구된 것 이상으로 대응했다'고 주장했다.

"이들 광고는 직원들에게 논란이 끝났음을 알리고 동요를 막기 위해 만들어졌다. 더 많은 논란이 생길 것이었기 때문에 더 많은 광고로 사람들을 세게 치는 것은 말이 안 됐다. 회복의 기로 앞에서 대기업의 이미지 광고를 하는 것은 바보처럼 보일 수 있다. 사람들은 귀가 멀어서 듣지 않을 테고 당신의 적들에게 포착할 기회를 주는 것이다"라고 크리츠로우는 말했다. 대부분의 메릴 린치 광고는 기업 이미지를 보여주는 것 대신에 특정한 금융상품이나 서비스에 집중했다.

외부에 광고를 자제하는 동안 회사는 직원과의 커뮤니케이션에 신경을 썼다. 부도덕성에서 탈피하고 더 많은 책임과 더 적은 회사의 보살핌이라는 새로운 문화를 이해하기 위해서 직원들은 정보가 필요했다. 한때 회사는 직원들을 보살피는 '엄마 메릴(Mother Merrill)'로 알려졌었지만 더 이상은 아니었다.

"만약 결과가 기업 이미지를 훼손하는 것이라면 받아들일 수 없다." 오닐은 '시청에서 있었던 회의'에서 메릴 린치의 법무팀에 말했다. 그는 언론에 연루한 메릴 린치를 언급하면서 회사가 분명 어리석었으며 용서받을 수 없는 과오를 범했다고 말했다. 그는 "우리는 더 나은 사업운영을 위해 똑똑해져야 한다. 그리고 우리는 그렇게 할 수 있으며 할 것이다. 왜냐하면 우리는 이러한 이슈가 우리의 이미지를 훼손하게 놓아둘 수는 없기 때문이다"라고 덧붙였다.

메릴 린치는 위기상황 동안에 '중요한 사업'을 잃는 것을 피하기 위해 예방책을 사용한 것에 만족했다. 회사는 주요 고객들에게 여러 가지 논란에 대해 알리는 편지를 보냈고 고객들의 질문에 대답할 수 있게끔 직원들이 '논지를 정확히 이해하도록' 무장시켰다. 주요 메시지는 다음과 같다. '당신의 자산은 안전하며 회사의 자산으로부터 분리됐다.'

만약 큰 고객이 보류의 뜻을 나타냈을 때, 최고위 담당자로 구성된 'SWAT팀'은 즉시 문제의 해결에 나서서 괜찮다고 안심을 시키고 미디어에서 읽고 보는 모든 것을 믿지 말라고 권했다.

메릴 린치는 자신의 경험에만 의존하지 않았다. 회사는 전 뉴욕시장이었던 루돌프 줄리아니의 컨설팅 회사와 같은 외부인들을 고용해서 기업 이미지 전략에 대한 조언을 얻었다. 2001년 9월 11일 대참사 이후, 그의 리더십 때문에 메릴 린치는 내부적으로 줄리아니를 대변인으로 결정했지만 결국 공개적으로 회사를 방어하는 데 외부인을 이용하지 않기로 결정했다.

그리고 메릴 린치는 위기상황이 정치적으로 많은 관련이 있기 때문에 기업과 정치적 이슈의 경험이 있는 시장조사회사인 펜, 쇼엔&버랜드(Penn, Schoen&Berland)를 활용했다. 메릴 린치는 펜, 쇼엔&버랜드의 활동 등을 통해서 다른 이해관계자들이 가지고 있는 기업 이미지를 지속적으로 모니터링했다. 2002년 여름에 40%의 비고객들이 회사에 비판적인 평가를 했을 때 기업 이미지는 최악의 상태까지 곤두박질쳤다.

크리츠로우와 그의 홍보팀에게 가장 힘든 부분은 회사를 좀더 강하게 방어할 수 없는 무능력이었다. 크리츠로우를 비롯한 메릴 린치의 경영진은 일부 직원이 확실히 잘못된 판단과 부도덕한 행동을 했다는 것에는 동의했지만, 마치 그들이 법을 위반한 것처럼 말하는 법률가와 비판가의 의견에는 동의하지 않았다. 처음에 메릴 린치는 활발하게 회사의 입장을 알렸지만 곧 이러한 접근 방법을 다시 생각하게 됐다. 메릴 린치는 엘리어트 스피처의 조사 중에 싸움을 거는 듯한 공격적인 방어가 아서 앤더슨 회계법인을 파멸로 몰고 간 법정기소와 같이 회사를 파국으로 몰고 갈지도 몰라서 걱정하고 있었다.

"우리는 한 손만 뒤에 두고 싸우는 것이 아니라 두 손 모두 뒤에 두고 싸우는 것이다. 일부 이메일이 왜곡된 내용을 담고 있어서 한때 반박할 준비도 했지만 대중을 상대로 싸울 수 없다고 결정했다. 현재의 미디어 환경에서 범죄혐의를 암시하는 위협은 피할 수 없는 것이므로 가장 경제적인 행동은 타협하는 것이다"라고 크리츠로우는 말했다.

엔론에 대한 국회청문회는 예상대로 매우 절망적이었다. 정치적인 문제와 연관된 기사들이 주를 이뤘고, 메릴 린치가 청문회에 나오기 전부터 언론에 새어 나갔다. "이것은 집중 폭격이었다. 이것은 마치 맥카시(McCarthy)와 같은 상황이었고, 감정적으로 압도적이었다. 우리의 기업 이미지 손상에 대해서 아무것도 할 수가 없었다"고 크리츠로우가 말했다.

메릴 린치에게 가장 중요한 일은 매 위기상황을 속속들이 최대한 빨리 꿰뚫어보는 것이었다. 법적문제에 얽혔던 사람들과의 인연을 끊는 일도 전략의 한 부분이었다. 메릴 린치의 경영진은 마사 스튜어트의 주식브로커인 피터 바카노빅과 그의 대리인의 모순된 진술을 찾아내어 그들을 재빨리 징계하고는 결국 해고했다. 이러한 대처는 메릴 린치가 조사에서 좋은 이미지 점수를 얻게 한 요인이었다. 동시에 회사는 엔론 조사에서 협조를 거부한 두 명의 경영진을 해고했다.

메릴 린치의 기업 이미지 등락

메릴 린치는 새로운 사업의 주요 타깃인 비고객 투자자들로부터 75% 정도의 호감도를 정기적으로 받고 있었다. 그러나 최근의 위기상황은 이 수치를 더 아래로 끌어내렸다. 아래는 2002년 봄부터 2003년 여름까지 메릴 린치에 일어난 좋았던 일과 나빴던 일들의 연대순 배열이다.

- 2002년 5월, 뉴욕 지방검사가 메릴 린치에 대한 조사에서 이해갈등에 대한 1억 달러 합의를 발표하기 전 : 호의적이다 70%, 비판적이다 21%

- 2002년 6월, 타협이 이루어진 몇 주 후 : 호의적이다 60%, 비판적이다 30%

- 2002년 7월 말부터 8월 초, 국회청문회에서의 엔론 스캔들에서 메릴 린치의 연루와 마사 스튜어트와 그녀의 메릴 린치 브로커와의 내부자 거래에 대한 초기 발견 : 호의적이다 57%, 비판적이다 37%

- 2002년 가을, 메릴 린치가 세상의 주목을 덜 받았을 때 : 호의적이다 60%, 비판적이다 28%

- 2003년 여름, 14억 달러 상당의 월스트리트 합의 후, 투자자들의 집단소송에서 연방법원 판사인 밀톤 폴라크(Milton Pollack)가 메릴 린치의 편을 들어주었으며, 메릴 린치의 강한 2분기 순익 보고서 : 호의적이다 65%, 비판적이다 25%

그러나 메릴 린치의 전략은 여러 번 실패했다. 예를 들어, 신임 CEO 스탠리 오닐이 기사를 〈월스트리트저널〉의 의견란에 투고한 시기가 문제였다. 오닐은 기업 스캔들, 늘어가는 정부단속과 경영진을 향해 '자본주의 무법자'로 생각하는 대중들의 인식 때문에 회사가 리스크를 감수하는 것에 대해 너무 지나치게 싫어한다며 걱정하는 기고를 했다. 이 기사의 게재는 월스트리트의 회사들이 14억 달러에 합의한 사실을 연방 및 주규제위원회에서 발표하기 며칠 전인 2003년 4월에 게재됐다.

이 의견기사의 논지는 검사인 스피처의 의견과도 어울리지 않았는데, 그는 "스탠리 오닐의 의견을 보면 그들은 뭔가를 잘 이해하지 못한 것 같다. 그들은 나를 의심하게 만든다. 그들은 진짜로 무엇을 배웠는가?"라고 불만을 털어놓았다. 그리고 "정부가 메릴 린치에 대해 선고한 것은 사기행위를 저지른 것이다. 그것은 위험이 아니다"라고 덧붙였다.

메릴 린치는 미디어를 통한 어떠한 언급도 거절했지만, 재빨리 직원들에게 오닐의 의견을 전했다. "나는 이해한다. 그리고 나는 메릴 린치에 있는 우리 모두도 이해한다고 믿는다. 우리는 고객을 최고 우선으로 생각하면서도 우리의 이상에 맞는 생활을 하지 못했다. 우리는 더 잘할 수 있으며, 반드시 그럴 것이다."

오닐은 월스트리트의 '그렇지 않습니다(I don't get it)'라는 포스터의 소년처럼 되고 싶지는 않았다. 미디어는 오닐의 메시지를 직원들에게 전했고, 엘리어트 스피처와의 끝나지 않을 것 않은 싸움의 1라운드를 끝냈다.

2003년 여름은 메릴 린치와 크리스로우에게 최대의 위기상황이었다. 메릴 린치에게 총 2억 달러 상당의 비용을 들게 한 월스트리트의 합의는 다 지나갔다. 그리고 미증권거래소와 엔론과의 거래에 대한 불만을 해결하기 위해 8,000만 달러 상당의 돈을 들여 개별적인 합의를 맺었다. 그리고 가장 중요하며 분위기를 바꿀 수 있는 좋은 소식이 전해졌다.

다름 아닌 연방법원 판사인 밀톤 폴락이 메릴 린치의 스타였던 사이버 애널리스트 헨리 블로제트를 상대로 한 소송에서 메릴 린치의 손을 들어준 것이다. 재판관은 원고를 '고위험 투기꾼'이라고 부르며 그들이 메릴 린치의 주식종목 조사로 인해 어떻게 사기를 당했는지 보여주지 못했다고 말했다. 이 판결은 메릴 린치와 직원들에게 예상치 못한 한 줄기의 빛이었다. 그들은 이 판결을 두고 증권거래소뿐만 아니라 투자자들도 주식시장 손실에 대한 책임이 있다는 사실을 인정하는 것으로 보았다. 그러나 메릴 린치는 계속 겸손한 태도를 취하며 재판관의 판정을 기다렸다. 분위기가 바뀌고 있었다.

몇 주 후, 메릴 린치는 2분기 수익이 61%나 뛰어 10억 2,000만 달러를 기록하면서 두번째로 높은 분기수익을 냈다. 같은 시기의 조사 데이터 결과 호감도가 올라가기 시작하면서 비고객 투자자에게는 65%, 고객에게는 77%의 긍정적 여론을 이끌어냈다.

그러나 아직 샴페인의 마개를 뽑을 만큼은 아니었다. 비고객 투자자들의 이미지 평가에서 목표했던 70~75%의 호감도에는 미치지 못했다. 그리고 2003년 8월, 메릴 린치 경영진 중 서열 2위인 토머스 패트릭의 추방과 다른 경영진의 자리이동 후에 또 다른 부정적이고 비판적인 여론의 파도가 일어나기 시작했다.

이 논란은 메릴 린치가 예상했던 것보다 훨씬 길었다. 회사는 아직도 투자자 사이에서 노여움의 감정이 있다는 것을 잘 알고 있다.

위기는 항상 존재하지만 이미지 훼손은 그렇지 않다

위기는 개인이나 기업에게 발생하게 마련이다. 그렇기 때문에 비즈니스와 기업 이미지를 잘 관리해 위기를 예방할 수 있어야만 한다. 그러나 아무리 주의한다고 해도 위기의 발생을 막기는 어렵다. 개인이나 기업에게 위기상황보다 더 중요한 것은 '어떻게 반응하느냐' 이다. 그 반응의 차이가 기업 이미지의 훼손을 줄이거나 심지어 기업 이미지를 더 호의적으로 만들기도 한다. 위기를 잘 극복하면 기업의 매력을 한층 높일 수 있다.

그러나 기업들은 종종 너무 자만하여 도저히 어쩔 수 없는 상태로 빠져들기 시작한다. 재무성과가 좋다고 안심하다가 위기를 경계하지 못하는 덫에 걸리고 마는 것이다. 그 결과 위기가 발생하면 속수무책이 되고, 기업의 이해관계자들에게 아무런 정보와 도움을 주지 못한다.

모든 기업은 각기 다른 차원에서 약점이 있게 마련이다. 위기의 종류는 모두 다르겠지만 일반적으로 기업의 부도덕한 행위, 제품결함, 대형사고

등이 있다. 화학공장의 폭발, 오염된 쇠고기, 비행기 추락과 같은 대형사고
는 인명피해를 동반하는데, 이는 기업 이미지를 심하게 훼손한다.

기업의 부도덕한 행위는 기업 이미지를 크게 훼손한다. 회계부정, 경영
자들의 탐욕, 월스트리트 스캔들과 같은 많은 사례가 2년 전부터 증가세에
있다. 최근에는 점점 많은 기업이 성차별, 인종차별, 편견과 증오를 적절하
게 통제해야 하는 책임도 느낀다.

위기는 항상 기업을 괴롭혀왔는데, 1970년대 말에서 1980년대 초에 '위기
관리'라는 PR의 한 분야를 태동하게 했다. 기업의 가파른 성장에 따라서 스
리 마일 아일랜드의 핵 시설물 사고, P&G의 유해물질 생리대 사건, 하야트
리전시 호텔(Hyatt Regency Hotel)의 도로붕괴 사고와 그 유명한 타이레놀 독극
물 사건 등 많은 위기에 직면하게 된다. 그리고 비즈니스 스쿨 등에서 위기관
리를 정식과목으로 채택하는 등 갑작스럽게 위기관리 분야가 뜨기 시작했다.

잘못 다루어진 위기는 심각한 상황을 초래한다. 실리콘 가슴에 대한 논
란은 다우 코닝(Dow Corning) 부도상황까지 몰고 갔다. 페리에 워터(Perrier
water)는 벤젠 함유로 인한 제품 리콜 때문에 여태 기업 이미지를 회복하지
못하고 있다.

대부분의 기업은 회복의 가능성이 있는 기업 이미지를 본래대로 만들기
위해 노력한다. 그리고 제대로 된 기업은 위기상황에서 올바르고 도덕적인
행동을 통해 그들의 기업 이미지를 회복하려고 애쓴다. 예컨대 뒤퐁은
2002년 9월에 테네 시에서 황산을 운반하던 기차가 전복됐을 때 즉각적인
대응을 했다. 사고전문가로 구성된 팀이 즉시 현장으로 가서 복구를 도왔
기 때문에 지역 신문에 신뢰를 심어주었고 이는 '황산유출이 아주 잘 처리
됐다'라는 헤드라인으로 결과했다.

뒤퐁처럼 위기가 닥쳤을 때 자신의 강점에서 해결의 실마리를 찾아야 한
다. 기업 이미지가 무엇보다 우선이며 대중은 기업이 항상 옳은 일을 할 것
이라고 믿으려 한다. 만약 기업이 그러한 후광 효과의 혜택을 누리지 못한
다면 신뢰 구축을 최우선 목표로 삼아야 한다. 신뢰를 얻기 위해서는 제품

리콜, 기업의 지배구조개혁 또는 기타 치료와 같은 처방을 통해 문제점의 개선을 시도해야 한다. 기업은 위기상황을 어떻게 알릴 것인가와 재발방지에 대한 특별한 대책을 가지고 있어야 한다. 그리고 그것은 기업의 의견을 반영하고 깊은 반성이 따라야만 한다.

반응을 하지 않는 것은 위기를 배가시킬 뿐이다. 흑인 고객들에 대한 차별 때문에 아담스 마크(Adam's Mark) 호텔 체인은 2년 전에 전미흑인지위향상협회(NAACP)로부터 불매운동이 일어났을 때 그 문제를 빨리 해결하지 않았다. 대신에 자신의 호텔에 대한 불매운동과 피켓 시위를 중단토록 법원에 제소하면서 상황은 더욱 악화됐다. 경찰의 조사에서 플로리다 데이토나(Daytona)에서 있었던 흑인대학연맹의 행사동안 흑인 고객을 구분을 위해서 오렌지색 손목 밴드를 착용하게 한 혐의를 포함해 호텔의 여러 가지 차별적인 행위들에 대해서 소송이 제기됐다.

결국, 애덤스 마크는 고소들을 지속적으로 방어하면서 사태를 진정시켰다. 그러나 몇 개월에 걸친 부정적 기사와 불매운동 때문에 그들의 기업 이미지가 훼손됐다. 특히 소수민족들에게 심했다. 요즘은 그들의 기업이미지를 제고하기 위해서 소수민족에게 장학금을 지급하는 것과 소수민족이 소유한 제품공급자들에 대한 정보를 포함한 '다양성을 주도하는 회사'의 리스트를 웹사이트에 게시하고 있다.

타이밍이 가장 중요하다

위기상황이 닥친 처음 며칠 동안이 이미지 훼손을 최소화하는 데 가장 중요한 시기다. 위기는, 오래될수록 좋은 와인과는 다르다. 위기는 오래될수록 더욱 나빠진다.

위기상황일 때, 커뮤니케이션을 피하는 일은 매우 위험하다. 침묵은 비판가들을 우위에 올려놓고 기업이 죄를 지었다는 대중들의 의심만 키운다.

기업에서 정보를 내놓지 못하면 소문과 오보는 순식간에 퍼진다. 기업 변호사들은 모든 사실을 파악하기 전까지 공개사과를 삼가하라며 조언하겠지만, 기업은 적어도 문제의 사실을 밝히고 사과의 뜻을 전해야 한다.

미디어와의 오랫동안 호의적인 관계를 유지했다면 위기상황에서 기업의 메시지를 전달하는 데에 유용하게 쓰인다. 커뮤니케이션의 통로는 이미 열려 있고 미디어는 기업의 주장을 신뢰한다.

인터넷은 기업이 위기를 겪을 때 유리하기도 하고 불리하기도 하다. 인터넷은 기업과 세상 간의 정보를 더 빠르고 더 완벽하게 전달하는 데 유용하다. 기업은 특별한 위기에 관한 웹사이트도 만들 수 있다. 그러나 인터넷은 정확하지 않은 소문이나 잘못된 정보를 이메일이나 채팅을 통해 전세계에 퍼뜨릴 수도 있다.

기업의 대응은 신속하고 빨라야 하지만 성급하면 안 된다. 만약 사실을 파악할 수 없다면, 기업은 반드시 그렇다고 말을 해야 하며 조사가 끝나는 대로 더 많은 내용을 대중에게 제공하겠다고 공개해야 한다. 기업은 스트레스가 많은 상황 속에서 최대한 주의를 기울여 파악해야 하며, 지킬 수 없거나 지키지 않을 약속은 만들지 않아야 한다. 대중은 거짓 약속에 관대하지 않다.

2001년 9월 11일 세계무역센터 테러공격 이후, 업무 공간을 뺏긴 캔토 피츠제럴드(Cantor Fitzgerald) 증권의 CEO 하워드 루트니크는 TV에 나가 생존자 가족들을 돌보겠다는 뜻을 밝혔다. 그러나 곧바로 직원의 임금을 감축한다는 말이 퍼져나갔으며, 이 움직임은 루트니크의 공개적인 약속과 다른 내용이었다. 그의 약속은 위선적으로 보였으며, 생존한 직원들을 화나게 했다. 나중에 루트니크는 줄어든 임금을 직원들의 가족에게 보상했지만 이 사건은 캔토 피츠제럴드와 루트니크의 이미지에 모두 흠을 남겼다.

놀랍게도 일부 잘 알려진 주요 기업은 침묵을 지키며 나쁜 뉴스가 지나가기를 바라는 것이 최상의 방법이라고 생각한다. 2003년 7월, 타깃의 웨스트 버지니아 매장에서 열한 살의 소녀가 성추행을 당한 후, 타깃은 쇼핑하기 안전한 곳이라는 이미지에 심각한 위협을 느꼈다. 전국의 부모들은 경찰이 범인을 찾아내어 추행범을 체포하는 저녁 뉴스를 생생히 지켜봤다. 부모들은 타깃은 물론 다른 업체의 안전까지도 의심했다.

그러나 타깃은 어떠한 공개적 입장도 밝히지 않았다. 회사는 이 성추행 사건이 일어난 매장의 직원들에게 커뮤니케이션을 맡겼다. 그러나 직원들은 미디어를 다루는 데에 익숙하지 않았고 이러한 무경험은 여지없이 드러났다. "고객과 직원의 안전은 항상 우리의 관심사이다. 우리는 경찰이 범인을 잡아줘서 기쁘다. 우리는 경찰과 이 사태의 빠른 해결을 가져다 준 모든 사람에게 감사함을 전한다"라고 웨스트 버지니아 지점 팀장은 미디어에서 말하고 더 이상의 언급을 회피했다. 〈월스트리트저널〉 기자에게 질문을 받은 타깃은 같은 발언을 반복했다.

타깃은 잠재적인 기업 이미지의 훼손을 피하지 못했을 뿐만 아니라 고객들에게 그러한 사건을 예방하기 위해 어떤 안전장치를 마련하고 있는지를 알림으로써 기업 이미지를 회복할 수 있는 기회를 읽었다. 타깃의 경영진은 위기관리의 교과서라고 할 수 있는 타이레놀의 경우에서 그 어떠한 교훈도 배우지 못했다.

최고의 성공사례

1980년대의 타이레놀 독극물 사건에 대해 존슨&존슨의 침착한 처리를 빼놓고 위기경영에 대해 논할 수는 없다. 타이레놀 병에는 맥닐(McNeil Consumer Product)이라는 자회사가 제조사로 붙어 있었기 때문에 소비자들은 존슨&존슨이 타이레놀의 제조사인지 몰랐다. 그러나 뉴스 미디어들은 재빨리 존슨&존슨과 연관을 지었고, 일류 기업의 이미지는 갑자기 큰 위협에 놓였다.

우습게도, 1982년 독극물 사건이 일어나기 몇 주 전, 당시 존슨&존슨 CEO 제임스 버크는 연례전략계획보고 때 타이레놀 브랜드의 손상가능성에 대해 언급했다. 그는 이렇게 수익이 많은 브랜드를 갖고 있는 회사가 얼마나 행운이냐며 지나가는 말로 "타이레놀과 같은 브랜드에 무슨 일이 일어나면 어떡하지?"라고 언급했다.

실제로 그 무슨 일이 터지자 버크를 비롯한 존슨&존슨 경영진은 정직하고 신속한 대처로 기업 이미지를 지키는 데 성공했다. 청산염이 들어간 타이레놀 캡슐을 먹고 시카고에서 사망한 일곱 사람에 대한 뉴스를 들은 며칠 후, 존슨&존슨은 1억 달러 상당의 3,000만 병의 타이레놀을 리콜하기로 결정했다. 이 결정은 현재까지도 위기경영의 최고 성공사례로 남아 있으며, 비즈니스 사례연구와 기업 이미지 컨퍼런스의 주제로 회자된다.

타이레놀의 위기는 대중들의 기억에 아직 남아 있다. 왜냐하면 9·11 테러처럼, 이 사건은 미국인의 안전에 위협을 주었기 때문이다. 사람들은 더 이상 포장된 음식물이나 약물을 사는 것을 안전하게 생각하지 않는다. 존슨&존슨의 적극적인 대처는 사람들에게 신뢰를 심어주기에 충분했다. "우리가 유리했던 점은 오히려 우리가 피해당사자처럼 보였다는 것이다"라고 부사장이며 법률고문인 로저 파인은 증언한다. 실제로 이 독극물 사건 이후 실시된 조사에서 90%에 가까운 대중은 존슨&존슨이 사건의 책임을 갖고 있지 않다고 말했다. 이 결과는 존슨&존슨의 위기대응 전략이 효과적임을 다시 한번 확인해 주었다.

존슨&존슨의 대처는 어려운 상황에서 더 건강한 이미지를 갖고 있는 기업으로 거듭날 수 있는 능력을 보여주고 있다. 존슨&존슨은 회사의 비즈니스 철학과 가치관을 나타내는 기업의 신조 중 첫번째 문장인 '고객들을 진심으로 생각한다'를 실천했다.

위기시 존슨&존슨의 강한 기업 이미지에 대한 가장 좋은 반증은 시장에 타이레놀 브랜드로 복귀한 것이었다. 밀봉포장을 한 진통제를 대규모 마케팅캠페인과 함께 다시 런칭한 후 위기 전 시장점유율 37%의 3분의 2 수준을 상회하는 빠른 회복세를 보였다.

하지만 불행히도 이것으로 타이레놀과 존슨&존슨의 고통이 끝난 것은 아니었다. 1986년 뉴욕의 피크스킬에 사는 한 여성이 청산염이 담긴 타이

타이레놀의 위기 극복

존슨&존슨은 타이레놀 이야기가 케네디(John F. Kenney) 대통령 암살 이후 가장 폭넓게 보도된 뉴스 사건이라고 말했다. 미디어의 기사는 2,500 종류를 넘었고, 타이레놀 독극물에 관한 기사를 12만 5,000건 넘게 만들었다. 존슨&존슨은 신속하게 그러나 신중하게 짜여진 전략을 갖고 고난을 헤쳐나갔다. 아래는 1982년 10월과 11월 사이 위기상황에서 존슨&존슨이 취한 많은 단계 중 일부다.

- 타이레놀의 안전성을 문의하는 3만 개가 넘는 전화에 응답하는 무료 소비자 전화를 만들었다.
- 타이레놀 캡슐들을 알약으로 바꿀 수 있는 기회를 소비자들에게 제공한다는 한 장짜리 광고를 주요 신문에 실었다.
- 직원들과 퇴직자들에게 두 개의 편지와 네 개의 비디오 테이프 보고서들을 보내서 이 사건에 대해 알려주고 그들의 지지에 대해 감사했다.
- 홍보담당 직원들은 워싱턴의 160개가 넘는 사무실을 방문해서 포장제품에 대한 연방법률의 지지를 포함한 여러 가지 이슈에 관해 토론했다.
- 존슨&존슨의 경영진은 주요 미디어에 직접 출연하고 인터뷰했다.
- 타이레놀의 밀봉포장을 소개하는 60초 짜리 광고를 만들어서 85%의 가정의 TV에 일 주일에 2.5회 광고를 했다.
- 뉴스방송시 사용할 수 있도록 방송국을 위한 새로운 포장에 대한 4분짜리 비디오를 만들었다. 또한 소비자들에게 2달러 50센트 할인 쿠폰을 주는 무료전화 번호도 만들었다.

레놀 캡슐을 복용한 후 사망하는 사건이 벌어졌다. 이 시점에서 존슨&존슨은 캡슐을 그만 만들기로 결정했다. 소비자들은 회사가 캡슐의 대안으로 만든 알약을 구입해야 했다.

존슨&존슨의 위기전략이 대중들에게 아무 문제없이 보였지만 사실 회사의 내부에서는 불확실성과 의견불일치를 겪었다. 즉 전량 리콜이 국가 전체에 공포를 불러올 수 있으며 모방 회사들이 경쟁우의를 점할 수 있다는 논쟁이 있었다.

존슨&존슨의 경영진은 미디어의 노출에 대해서도 의견차이가 있었다. 가장 최근의 결정 중 하나는 불안한 소비자들에게 사실을 전해주기 위해 뉴스 미디어와 완전한 협조를 이루는 것이었다. 그러나 존슨&존슨과 같이 저자세의 기업이 미디어와 깊은 관계를 맺는 것은 익숙하지 않은 방법이었다. 홍보담당 부사장 로렌스 포스터는 1982년 타이레놀 사건 6주 후에 인터뷰 프로그램인 〈60 Minutes〉의 촬영을 허가하는 데 반대했다. 그는 "존슨&존슨은 대중과 미디어의 지지를 받고 있으며 만약 〈60 Minutes〉가 우리를 난처하게 만든다' 면 우리는 얻는 것보다 잃는 것이 더 많을 것이다"라고 주장했다. 그러나 CEO인 제임스 버크는 타이레놀의 안전한 포장 캡슐을 다시 소개한다면 이 프로그램의 많은 시청자가 잠재적인 고객들이 될 것이라고 생각했다. 논쟁의 결론은 방송을 하는 쪽으로 기울었다.

위기는 처리할 수 있으나 통제할 수는 없다

위기상황에서 통제가 불가능한 것은 가장 나쁜 경우다. 위기상황을 어느 정도 수습할 수는 있지만 완벽하게 통제할 수는 없다. 성공적인 위기대책은 겸손과 인내심을 필요로 한다. 논란을 간단하게 마친다고 말하거나 무시함으로써 모든 것을 통제할 수 있다고 생각하는 오만한 태도는 위기상황을 심각하게 몰아갈 뿐이다.

솔직하고 용감하게 위기상황에 맞서야 한다. 만약 오만하고 방어적이며 최악으로 사람을 속이면서 문제를 해결하려 든다면 손상된 기업 이미지를 회복하는 데 더 오랜 시간이 걸릴 뿐이다.

예를 들어 인텔(Intel)은 1994년 펜티엄(Pentium)칩에 결함이 발견되자 고객들의 기대치를 잘못 파악해서 뻣뻣하고 비우호적인 태도를 보여왔다. 인텔은 고객들이 받아들이는 것을 조정할 수 있으며, 이 위기상황을 회사에 유리한 쪽으로 끝낼 수 있다고 생각했다. 회사는 90억 개 중 무작위의 수학적 계산 중에 한 번꼴로 마이크로칩의 버그가 발생하는 제품의 교환을 거절했다.

그러나 인텔의 고객, 특히 IBM은 인텔이 인식했던 것보다 훨씬 심각하게 이 사태를 받아들였다. 인텔 마이크로프로세서의 주요 구매자인 IBM은 펜티엄칩이 들어간 컴퓨터의 배송을 멈추고, 인텔은 이 실수의 잠재력을 과소평가했다고 말했다. 결국 인텔은 '아무런 조건 없이' 교환해 주는 방침을 세웠다.

혼이 나고서야 인텔의 회장인 앤드류 그로브는 "우리는 우리의 사고방식 속에 갇혀 있었다. 우리의 사고방식은 사실만을 바탕으로 하고 엔지니어의 분석적인 사고와 고객의 사고만을 갖고 있어서 감정적이지 않고 우리들만의 결정을 내리는 데 익숙하다. 우리가 놓친 문제의 핵심은 우리가 다른 사람이 걱정해야 하는 것과 걱정하지 말아야 할 것, 해야 할 것과 하지 말아야 할 것을 추정하고 말한 것이었다"고 자인했다.

펜티엄을 잘 알려진 소비자 제품으로 만들기 위해 '인텔 인사이드(Intel inside)'라는 마케팅 캠페인에 몇 백만 달러를 사용한 후 펜티엄칩 문제를 가볍게 넘어가려는 인텔의 시도는 기업 이미지를 손상시켰다.

마사 스튜어트도 그녀의 모든 요리에서부터 크게 성공한 마사 스튜어트 리빙 옴니미디어의 기업 문화까지 모든 것에 만능여성이라는 이미지를 만드는 데에 수백만 달러를 썼다. 하지만 그녀가 통제할 수 없었던 것은 2001년 12월 발암약물에 대한 부정적인 뉴스가 보도되기 바로 직전에 그녀의 '임클론 시스템(ImClone System)' 주식매각에 대한 스캔들이었다. 이 논란은 그녀와 그녀의 회사를 소용돌이로 던졌고, 이 위기를 처리하는 대신에 그녀는 오만하게 공개적으로 피하거나 최소화하기 위해 노력했다. 그녀는 샐러드를 만들러다니면서 그녀의 적들과 정부수사기관들과 미디어가 이 논란에 대해 퍼뜨리도록 내버려두었다. 그녀는 마치 논란을 무시하는 것이 위기를 없앨 수 있는 것이라고 믿는 것처럼 보였다.

"어느 시점에서 나는 그녀가 겸손하고 자기를 내세우지 않으며 올바른 행동을 하고 실수도 저지르는 사람이었다면 오히려 사람들이 그녀를 용서했을 것이다. 마사는 '정말 죄송합니다. 나는 그것이 내부자 정보인지 몰랐습니다'라고 말할 수 있었다. 그러나 대신 그녀는 닉소니언(Nixonian) 때처럼 감추려고만 했다"라고 노트르담 대학 경영학부에서 기업커뮤니케이션을 가르치는 짐 오루크는 말한다.

스튜어트가 금융거래 위반과 음모에 대한 혐의를 받고 2003년 6월 정부기관에 위증을 하기 전까지 그녀는 심각하게 위기상황에 대해서 언급하지 않았다. 이것은 그녀의 거래내역에 대한 정부수사가 공개적으로 알려진 지 1년 뒤였다. 기소 후, 마사 스튜어트는 법률공방이 전개되자 거기에 맞춰 신문에 전면광고를 냈다. '우리는 당신에 대한 우리의 노력, 우리에게 소중한 고객들, 비즈니스 파트너들을 다시 확인하고 싶다.' 웹사이트 'www.marthastewart.com'은 그녀의 결백을 주장하는 포럼과 '오명을 씻겠다'는 그녀의 계획과 그녀의 지지자들의 감정적인 이메일을 올릴 수 있는 장소였다.

그러나 이 위기 대책은 어처구니없게도 너무 늦었다. 그 시점에서는 그녀에게 열성적인 팬들만이 그러한 뻔뻔한 이미지를 가꾸려는 노력을 받아들였다. 그 전략은 그녀의 개인적인 이미지와 비즈니스를 흐리게 하는 위기를 진정시키는 데에 아무런 도움이 되지 않았다. 그리고 CEO에게 책임을 전가하려는 그녀의 결정도 타격을 받았다. 스튜어트는 그녀의 직함이 크리에이티브 담당임원으로 바뀌었어도 회사를 대표하는 사람이었다. 그녀의 이미지와 회사의 이미지는 절대 풀릴 수 없이 얽혀 있고, 위기를 통제하지 못하는 스튜어트는 현명하게 이 위기를 풀기도 어려워 보인다.

최악의 상태에 대비하라

최고의 마케터이며 미국의 상징인 코카콜라는 언제 다가올지 모르는 위기에 확실히 대비한다. 정말 그런지 다시 생각해 보자. 1999년 코크는 주로 벨기에 쪽의 유럽 소비자들이 불쾌한 맛, 유해한 냄새, 그리고 콜라를 마신 뒤 느끼는 거북함에 대해서 불만을 제기했을 때 잘못된 대처로 부정적인 결과를 얻었다. 타이레놀 독극물 사건과 페리에의 벤젠사건 후, 포장된 제품을 판매하는 회사에 일어날 수 있는 위생문제에 대해 방어할 준비가 안 돼 있다는 것은 받아들이기가 힘들었다.

코크의 가장 큰 잘못은 결국 청량음료에 거품을 만드는 이산화탄소의 낮은 품질과 캔을 받치고 있는 나무 주걱에 뿌려진 살균제가 원인인 비위생 상태에 대한 늦은 대처였다. 처음에 회사는 유럽인들의 건강공포를 심각한 위기로 인식하지 않았다. 그리고 현기증, 두통, 메스꺼움이 늘어나고, 더 많은 어린이들이 입원하며, 일부 유럽 나라가 코크의 판매를 금지하자 놀라서 어찌할 바를 모르는 것처럼 보였다. 코크의 경영진이 아닌, 정부관료들은 대중을 지키기 위해 앞장서면서 코크의 매우 잘못된 판단착오를 보여주었다. 위기상황이 발생한 지 한참 후, 코크는 벨기에 신문에 문제가 있는 품질관리 시스템에 대해 책임을 진다는 광고를 내며 헝클어진 기업 이미지를 서툴게 고치려고 했다.

유럽에서 불거진 비위생 논란은 본사와 떨어진 곳에는 위기에 대처할 준비가 돼 있지 않은 국제적인 마케터의 허점을 보여주고 있다. 이 위기는 유럽 소비자들과 단속관료들이 갖고 있는 코크의 기업 이미지를 손상시켰다. 그리고 이것은 CEO 더글라스 이베스터가 갑작스럽게 사임하는 데 한 몫을 했다.

코크와 다른 기업들도 정기적인 모의훈련을 통해 이러한 위기에 대비해야 한다. 이러한 역할분담 훈련은 매우 믿을 만하고, 실제 위기가 닥쳤을 때 기업의 담당자들이 그들의 책임을 다할 수 있도록 도와준다. 예를 들어 뒤퐁은 생물공학에 반대하는 활동가들이 프랑스 지역의 최고경영자를 납치하는 사고를 흉내 낸 연극을 만들었다. 그리고 알트리아 그룹은 배우들을 고용해서 크라프트 경영진이 멕시코에서 실종되는 시나리오와 비슷한 것을 만들 수 있게 했다. 시민운동가들에게 전하는 연설은 시위와 크라프트 공장의 폭발 때문에 중간 중간에 끊겼다. 사실성을 추가하기 위해 알트리아 직원들은 멕시코 위기에 대해 말하는 뉴스 아나운서의 비디오테이프도 보았다.

많은 기업들은 언제 일어날지 모르는 위기상황에 대한 계획을 세우고, 고위경영진과 커뮤니케이션 전문가, 변호사, 정보통신기술자 그리고 실무 담당자들로 위기대책팀을 만들었다. 일부 기업들은 홍보부서나 컨설팅 회사에 있는 위기대책 전문가에게 도움을 청하기도 한다.

위기대책본부를 세우고, 여러 가지 사태에 대비해서 계획적으로 위기대책 매뉴얼을 만드는 것도 도움이 된다. 이름, 이메일 주소, 주요 임직원의 전화번호, 언론사 연락처, 특정한 종류의 응급상황에 대한 업무대안 등을 명시해 놓는다.

모든 위기는 보통 CEO가 솔선수범하는 전체적인 리더와 최고위 커뮤니케이션 임원이 맡게 되는 커뮤니케이션 리더가 필요하다. 위기상황일 경우 기업의 얼굴이 될 CEO를 위한 미디어 훈련은 물론 중요하다. 그러나 일부 기업은 다른 경영진을 최전선으로 보내기를 원할지도 모른다.

타이레놀의 위기상황에서 CEO 제임스 버크는 TV에 출연하면서까지 훌륭하게 위기를 모면했다. 반면, 포드 익스플로러/파이어스톤의 타이어 논란 당시 포드의 CEO 자크 나세르는 자연스럽지 못했고 TV 시청자들에게 다가가지 못했다.

하지만 절대로 완벽하게 대비할 수는 없다

위기는 흔히 생각하지 못한 곳에서부터 온다. 면도 크림 캔에 대해 걱정할 일이 있을 것이라고 상상이나 했겠는가? 사실 질레트는 1990년대 면도크림이 광우병과 연관 있다는 것을 발견했다. 면도 크림과 젤에서 수분과 거품을 제공하는 지방질의 산성제와 글리세린이 동물에서 채취됐기 때문이다. 광우병에 대한 웹사이트가 소의 부산물 목록에 화장품·위생품과 함께 면도 크림을 포함했을 때 기자들과 놀란 소비자들은 질레트에 문의하기 시작했다.

크게 놀랐지만 질레트는 일어날 수 있는 위기를 진압하기 위해 재빨리 대처했다. 회사는 제조과정, 화학 트리트먼트, 원료의 위험을 제거하기 위한 높은 온도를 설명했고, 이런 과정을 통해 잠재적 위험성을 갖고 있는 것들은 제거된다고 밝혔다. 회사는 '질레트 제품은 제품안전성의 모든 법적인 규제기준을 통과했다' 라고 입장을 밝혔다. 광우병 공포는 금세 사그라졌지만, 질레트 직원들은 면도 크림이 또 의심을 받을 때를 대비해 지속적으로 '방어논리(stand by statement)' 를 펴고 있다.

더 심각한 위기는 사람들의 우편물 속에 탄저균 박테리아가 검출되기 시작했을 때인 2001년 가을 바이엘(Bayer)에게 닥쳤다. 탄저균을 치료하는 시프로(Cipro)라는 항생물질를 생산하는 바이엘은 갑자기 주문이 쇄도했으나 소극적인 입장을 취했다. 왜냐하면 판매를 올리기 위해 테러 행위와 싸우는 것처럼 보이고 싶지 않았기 때문이라고 했다.

그러나 회사는 이처럼 매우 예민하고 정치적인 이슈를 대하면서 지나치게 조용했고 지나치게 준비돼 있지 않았다. 회사는 곧 시프로를 충분히 생산할 수 있는지의 여부와 정부가 다른 회사에 같은 약품의 생산을 허락해야 한다는 여론에 휩싸였다. 우선, 바이엘은 시프로의 생산량을 세 배로 늘려서 바이오 테러리즘 위협에 맞서겠다는 신문전면 광고를 통해 대중과의 손상된 관계를 회복하려고 했다. 그러나 탄저균 공포는 사람들이 바이엘에 대해 가지고 있는 신뢰를 흔들어 놓았고 이 독일 기업은 기업 이미지를 재정립하려는 동안 대중들의 의심스런 눈초리를 발견할 수 있었다.

메릴 린치의 회장보좌역인 폴 크리츠로우는 2001년 9월 11일 세계무역센터 공격은 절대로 대비할 수 없을 정도의 위기라고 했다. 다행스럽게도, 메릴 린치는 두 달 전에 맨해튼 하부에서 일어난 허리케인의 시나리오에 대한 긴급대비 훈련을 했다. 이것이 위기대책본부, 만약에 대비한 다른 업무 공간, 주요 담당자들과의 긴급회의를 위한 전화통화, 위기 대책의 다른 요소들을 이루는 체제의 중요성을 입증했다. 더불어 크리츠로우는 이 사고가 일어나기 전까지, 사용하지 못하는 사무실 전화, 이메일, 인트라넷과 자주 끊기는 휴대 전화 등 이러한 사고가 초래할 커뮤니케이션의 단절에 대해서 상상해 보지도 못했다고 말했다. "준비되지 않았을 때를 위해 준비해라. 즉석에서 즉흥적으로 행동할 때를 대비해라. 상황이 닥치면 있는 모든 것들을 사용하며 지내야 한다. 한 번도 사용할 것이라고 생각하지 못했던 것들도 쓰면서 말이다"라고 그는 충고했다.

세계무역센터 대참사에서 직접적으로 영향을 받은 많은 기업처럼, 메릴 린치는 전략이 풍부하고 적응력이 있다는 것을 입증했다. 가스 누출의 위험 때문에 기업 담당자들이 9·11 테러 현장 근처에 있는 데이터 센터를 보호할 수 없을 때, 사람들은 그리니치빌리지 쪽으로 0.5마일 정도 더 걸어 크리츠로우의 집으로 일하기 위해 갔다. "나는 문을 열었다. 그리고 부인에게 '여보, 나 집에 왔소. 친구들 몇 명도 데리고 왔소'라고 말했다." 크리츠로우는 기억을 떠올렸다. 정확히 말하자면 100명 가까이였다. 크리츠로우의 아이들이 동네 빵집에서 빵과 음료를 사오는 동안 메릴 린치 경영진은 다섯 개의 전화선을 집에 두고 다국적 회사를 운영하고 있었다. 9·11 테러 이후 어느 날 크리츠로우는 집 밖에서 그 동네를 지나치던 CBS 뉴스 리포터 레슬리 스탈과 인터뷰를 했다. "우리는 본능적으로 우선 우리의 모든 직원을 생각했고, 둘째로 고객들에게 우리의 비즈니스가 작동하도록 하기 위해 일했다고 자신 있게 말했다"고 그는 기억을 더듬었다.

위기가 자연스럽게 소멸되도록 내버려 두어라

위기대책은 많은 설명과 방어를 필요로 한다. 손상된 기업 이미지를 고치기 위해 공격태세로 바꾸고 적극적으로 움직여야할 때는 언제인가? 그렇게 빨리는 아니다. 위기를 먼저 극복해야만 한다.

위기상황에 빠진 기업은 기업 이미지를 지켜보고 개선되는 것을 찾기 위해 이해관계자들을 자주 조사해야 한다. 호의적인 평가가 지속적으로 향상될 때까지 기업의 장점을 분명하게 알려줄 필요는 없다. 가장 중요한 것은, 기업이 수백만 달러의 돈을 기업 이미지 광고와 경영진이 회복을 기대하는 연설에 낭비되기 전에 위기상황이 지나갔는지 분명히 아는 것이다. 기업의 밝은 미래에 대한 광고가 법정소송과 규정위반에 대한 뉴스와 동시에 보도되는 날이라면 이보다 더 최악의 일은 없다.

만약 긍정적인 메시지가 몇 달 간 상승된다면 그 메시지는 가장 믿을 만하다. 루슨트 테크놀로지는 기업 이미지를 재건하는 캠페인을 연기했다. "광고적 성공을 만들기 전에 연속되는 좋은 뉴스의 북소리가 필요하다. 우리는 자숙해야 할 필요가 있었다. 큰 거래를 만들고, 우리의 궁극적인 목표에 다다르고, 모든 법정문제가 극복돼야 했다. 규모가 큰 기업 이미지 캠페인으로 우리의 존재를 알리기 전에 말이다"라고 전 광고홍보담당 부사장 캐서린 피츠제럴드는 말했다. 불행하게도 루슨트에는 좋은 뉴스의 북소리는 매우 천천히 왔다. 2003년 회계년도까지 수익성을 유지하겠다는 약속은 지켜지지 않았다.

그러나 일부 기업은 위기상황이 계속 전개되는 동안에도 앞으로 계속 전진해 가면서 그들의 나팔을 울렸다. 아직까지도 부도절차를 밟고 있는 유나이티드 에어라인은 광고에서 조급한 모습을 보였다. 광고의 톤은 지나치게 밝았고 신뢰도가 부족했다. '항공산업에서 우리가 발표한 모든 것들 중 하나, 낙관주의는 예상치 않았다' 라고 유나이티드 에어라인의 광고는 말했다.

동시에 월드콤(현 MCI)은 2002년 가을 전면광고를 시작해서 경쟁사가 고객들을 빼앗아가는 시도에 맞서 싸웠다. 그러나 계속 진행되는 회계비리와 부당행위에 대한 나쁜 뉴스는 광고의 상승되는 분위기와 신뢰도를 떨어뜨렸다. '우리 고객의 충성심은 여느 때처럼 높다' 와 '우리의 재무적인 발전은 기대치를 넘는다' 는 주장은 공염불과 같았다. 분명히 기억하라. 기업이 위기상황에 있는 동안에는 겸손이 최고의 미덕이다.

위대한 기업들의 브랜드 회복 법칙 2

초기 위기 극복이 중요

 기업 이미지 개선에 실패해 파산에 이른 **K마트**의 교훈

K마트를 모르는 사람은 드물다. 그러나 K마트가 무엇을 의미하는지 아는 사람은 더 드물다. K마트에 대한 지식을 테스트해 보자. 기업의 아이덴터티를 가장 잘 설명하고 있는 것은 무엇인가?

저렴한 가격의 리더, 박리다매의 대형 마켓, 다른 곳에서 팔지 않는 '디자이너' 브랜드의 유통업, 소수 그룹을 위한 특정 시장 등등 이 중에 아무거나 또는 다 골라도 맞는 답이다. 사실 다 죽어가는 기업 이미지를 되살리기 위해서 K마트가 추구해 온 모든 전략을 알기란 어렵다.

K마트는 기업 이미지를 개선하는 데 피해야 할 것들의 예를 보여주고 있다. 이미지를 구축하기란 아주 힘든 일이지만 가능한 처음에 바로잡는 것이 중요하다. K마트는 어떠한 시도에서도 이를 바로잡지 못했다.

1990년에 시작해서 약 5년 간 회사의 대대적인 정비를 시작했다. 그 중 첫

번째로 실시한 것이 35억 달러를 투여하여 현대화된 새 매장을 개장하고 기업 로고를 새롭게 디자인하는 것이었다. 이 새로운 로고는 '변화 추구'의 기업 이미지를 뜻했다. 그러나 K마트가 알지 못했던 것은 이런 대대적 정비가 과연 얼마만큼의 변화를 가져올 수 있을까 하는 것이었다.

2002년 초 부도가 나기 전에 이 할인 매장은 기업 이미지를 개선하기 위해 식료품을 파는 K마트 슈퍼센터부터 스튜어트의 가정용품과 트레이드마크인 파란색 조명까지 여러 가지 시도를 했지만 이러한 변화들은 180도 전환을 주기에는 충분하지 못했다. 예를 들어 2001년 K마트가 '항상 파란 불'이라는 마케팅 캠페인으로 필사적인 가격 할인을 했을 때, 이 프로모션은 경쟁사들이 더 가격을 깎게 만들고 독특한 이미지를 이루거나 기업 이미지를 개선하는 데 아무것도 일조하지 못했다. K마트의 전 사장 제임스 아담슨은, "우리는 우리의 약속을 지키지 못해서 고객 · 직원 · 투자자들과의 신뢰를 너무 많이 잃었다. K마트의 기업 이미지를 다시 구축하기 위해서는 대중의 생각이 '나에게 말해 달라'가 아닌 '나에게 보여 달라'라는 것을 알아야 한다"고 말한다

물론 그의 말은 옳다. 신뢰를 잃은 많은 고객은 지저분하고 어두운 매장, 신문에 광고는 됐지만 재고가 없는 물건들, 버릇없는 판매직원들에게 여러 번 실망했다. 기업 이미지 조사에서 응답자들은 K마트를 굉장히 가혹하게 평가했다. 한 응답자는 K마트에 제안을 하기도 했다. "가격을 상상 이하로 낮게 할인해 기부한 옷들을 아주 싸게 파는 자선단체와 경쟁해라." 다른 응답자는 이 유통점에 대해 "K마트? 그들은 끝났다"라고 말했다.

저렴한 가격대의 월 마트와 저렴한 매장 업계의 타깃과 같은 대표적인 업체들과 함께 K마트는 아직도 부도 후의 독특한 이미지를 찾고 있는 중이다. 우선 그 시작의 일환으로 매장의 새로운 로고와 칼라 체계를 만들었다. 붉은 벽돌의 빨간색을 성장과 자연을 뜻하는 연두색으로 대체했다.

K마트는 제품 구색을 갖추고 핵심적인 타깃을 인구통계적으로 구분했다.

또한 마케팅 프로그램을 만들어서 경쟁사들과의 가격전쟁을 피하려 했다. 아담슨은, 과거 플로리다에 있는 K마트 매장에서는 얼음낚시 도구들을 진열했었는데 미네소타 매장에는 전혀 없었다고 말했다.

중요하지만 분명하지 않은 전술은 K마트의 전체 고객 중 36%나 차지하는 미국의 늘어가는 소수인종의 인구에 관한 것이었다. 회사의 새로운 다문화적 마케팅은 스페인어의 주간 광고, 캘리포니아에 있는 아시아계 미국인들을 위한 다도 문화를 홍보하고, 멕시코 출신 가수 탈리아라는 이름의 의류 콜렉션을 포함했다. 그러나 이 회사가 소수인종들을 겨냥한 특별 전략을 확장해 가도 과거 구식 상점들처럼 '여기의 할인이 더 좋다' 라는 프로모션의 싼 가격 전략에 의지했다.

남아 있는 질문은, 마음이 떠난 고객들이 K마트에 또다시 기회를 줄 것이냐였다. 회사가 부도 상태인 동안 일부 직원과 고객은 '영원한 K마트' 라는 웹사이트로 그들의 충성도를 보여주었다. 이 사이트는 '영원한 K마트' 라고 새겨진 티셔츠를 팔며 K마트에 대한 감정을 나누었다. 그러나 K마트에 관한 대부분의 의견은 서브마린 샌드위치의 향, 연어나 여성들의 속옷을 사는 기억 같은 과거의 모습이었지, 현재 K마트에 대한 내용은 아니었다.

매장 폐업에 대한 온라인 게시판 글 중 일부는 노골적으로 애도의 뜻과 슬픔을 표현했다. 폴 글리슨은 지역 사회 게시판에 다음과 같은 글을 썼다. '나는 어렸을 때 엄마와 함께 K마트에 가곤 했다. 우리는 빵집에서 먹을 것을 사곤 했다. 이제 우리 동네에 K마트가 없어져 내가 가졌던 추억을 자식들에게 경험하게 해줄 수 없어 슬프다. 나에게 이런 추억들을 갖게 해준 K마트에게 감사한다.'

전 직원이었던 헨리 버질은 "나는 항상 사람들에게 내가 K마트 사람이라는 것을 자랑스럽게 말하곤 했다. 이제 우리 매장이 문을 닫으면 사람들에게 나는 K마트 순교자라고 말하고 다닐 것이다"라고 말했다.

K마트 연보

아래는 K마트의 역사와, 회사의 사업과 이미지를 개선하기 위한 노력을 연대순으로 나열한 것이다.

1977   S.S. Kresge Company는 이름을 Kmart Corporation으로 바꿈

1981   2,000번째 K마트 매장 오픈

1985   K마트만의 '디자이너' 브랜드를 만들기 위한 전략으로 재클린 스미스(Jaclyn Smith) 스포츠웨어 라인 판매 시작함

1987   마사 스튜어트를 '엔터테인먼트와 라이프스타일 대변인 겸 컨설턴트'로 고용

1990   35억 달러의 새로운 매장 오픈과 현대화 5개년 프로그램 발표. '변화 추구'의 뜻하기 위해 기업 로고를 새로 디자인

1991   식료품과 생활용품을 모두 취급하는 첫 24시간 K마트 슈퍼센터 개장

1996   일부 매장은 빅 K마트로 이름을 새로 바꾸고 더 청결하고 밝고 고객들이 쇼핑하기 편리하게 리모델링됨

1997   마사 스튜어트 에브리데이의 새로운 페인트 제품과 침구류 용품들을 런칭하고 새 Sesame Street 아동복 제품에 집중

1999   소프트뱅크 벤처 캐피털(Softbank Venture Capital)과 야후와 함께 e-commerce회사인 Bluelight.com을 만듦

2001   월 마트와 낮은 가격대 경쟁을 하기 위해 10년 만에 'blue light special'을 매장에 다시 들여놓음. 가정용 인테리어제품과 재고용품들을 포함한 마사 스튜어트 리빙 옴니미디어(Stewart Living Omnimedia)와 장기 매매계약을 맺음

2002   미파산 법원에 구조조정을 신청했고, 마사 스튜어트가 생명공학 회사인 임클론 시스템(ImClone Systems)의 주식거래에 내부자 정보를 갖고 있었는지 여부에 관한 정부 수사

2003   K마트는 계속 매장을 폐장해 총 1,500여 개의 매장만이 남았고, 소수인종계를 타깃으로 한 새로운 마케팅 전략에 집중하고 있음. 5월, 회사는 부도 보호에서 되살아 났고, 6월 연방대심원은 마사 스튜어트의 주식사기, 불법공모, 정부 기관에게 거짓 증언 등 5개 혐의를 인정함

스트라이크 세 개면 아웃!

기업 이미지를 개선할 수 있는 기회는 항상 있는 것이 아니기 때문에 처음에 바로잡는 것이 중요하다. 많은 기업은 마치 십대들이 수시로 패션스타일을 바꾸듯 기업 이미지 전략을 바꾸곤 한다. 그러나 기업 이미지를 개선하기 위한 시도를 무제한으로 할 수 없다.

개혁과 회복에 대한 지켜지지 않은 약속들은 고객과 투자자들, 그리고 다른 이해관계자들의 인내심을 빨리 사라지게 한다. 소비자운동 그룹과 정부규제기구들은 높은 이자율, 불공평한 벌칙과 다른 항목들로 가난한 소수인종 소비자들을 이용한 하우스홀드(Household)를 계속 비난하고 있다. 그리고 하우스홀드는 계속 고리대금업자처럼 자신들이 약탈자라는 점을 부인하고 있다. 2002년 초 이 회사는 광고에서까지 이렇게 주장했다. '우리는 124년 동안 신뢰할 수 있는 대출을 제공하고 있다. 그리고 지금도 우리는 계속 하고 있다.'

이 광고를 통해 이 소비금융 회사는 차용자들이 모든 계약 조건과 항목을 빠짐없이 이해할 수 있도록 확인하고 제시간에 납부하는 사람들에게는 좋은 보상을 제공한다고 말했다. 이는 소비자들에게 오해를 사는 악착같은 이미지를 개선하기 위해 하우스홀드가 취한 시도 중의 하나다.

그러나 신뢰할 수 있는 대출업자 이미지로 광고한 7개월 후, 하우스홀드는 대부조건의 정확한 비용에 대해 차용자들을 속인 대가로 4억 8,400만 달러 상당의 벌금을 지불했다. 대부업계 소송 중 가장 큰 합의에서 회사는 주정부 당국이 주장대로 고객들을 현혹해서 취한 부당이익의 많은 악습들을 개선하기로 동의했다. 분명히 그 광고는 시기상조였고 엄청난 액수의 벌금 때문에 하우스홀드의 기업 이미지도 가라앉았다.

이미지 개선 전략은 리더십의 약화, 비전의 일관성 부족, 마케팅과 새로운 제품개발의 인색한 지출, 또는 단순한 시행착오 등과 같은 많은 이유 때문에 빗나갈 수 있다. 원인이 무엇이든 간에 기업 이미지 회복 단계에 오래 있으면 있을수록 완치하기가 어렵다. 시간이 지날수록 강건한 기업 이미지를 다시 얻을 수 있는 기회는 적어진다.

시어즈 로벅은 마치 그런 고정관념에 빠져 있는 것 같다. 많은 소비자는 K마트와 마찬가지로 이 유통회사의 정체성을 모르겠다고 털어놓았다. 시어즈의 이미지가 K마트의 기업 이미지보다 훨씬 더 강하긴 해도 어쨌거나 시어즈의 기업 이미지 또한 분명하지 않다. 인수와 분사를 통해 내구제에서 양말이나 스타킹을 파는 기업이 됐고 회사의 믿을 만한 켄모어 제품뿐 아니라 큰 브랜드의 용품들을 파는 '더 부드러운 시어즈' 광고에서처럼 대형 의류전문점이 되었다. 최근에 회사는 신용카드 사업 부문을 시티 그룹에 팔았으며 쇼핑 고객들을 더 편리하게 만드는 조치들을 축소했다. 지난 몇 년 동안 시어즈 광고는 유머와 마음을 따뜻하게 하는 전통에 관한 테마까지 변덕을 일삼았다.

볼티모어에 살고 있는 마크 앨스하우스는, 시어즈가 아직까지 영업하고 있다는 게 믿어지지 않는다며, 급하게 물건을 살 때만 사용하기 위해 시어즈 신용카드를 소지한다고 말했다. 그러고는 "시어즈는 자신의 정체성을 잃어버려 3일에 한 번씩 매장을 리모델링하는 것처럼 보인다. 그들은 어떤 스타일의 매장으로 만들 것인지 빨리 결정해야 한다"고 덧붙였다. 시어즈는 기업 이미지의 단점을 극복하고 계속해서 이미지 개선에 힘쓰고 있는 중이다.

제너럴 모터스의 올즈모빌(Oldsmobile) 경우, 100년이 넘은 자동차제조사임에도 불구 최신 유행의 이미지를 구축하려는 시도와, 다른 고급 수입차와 경쟁하기 위해 제조 라인의 품질을 개선하려는 여러 번의 시도 후, 생산을 중지하기로 결정했다. 가장 인상적인 광고는 '이것은 아버지의 올즈모빌이 아니다' 라며 연예인들과 그들의 아이들이 나오는 1980년대 후반의 캠페인이었다. 그러나 정작 타깃인 베이비붐 세대는 설득되지 않았다. 판매실적은 계속 떨어지고 있었다. 몇 년 후, 올즈모빌의 광고는 수건을 던지며 '항복하지는 않는다' 와 소비자들에게 '미래를 믿어라' 라는 광고를 내보냈다. 그리고 올즈모빌 이름을 외관에 넣지 않은 채 1994년 고급 자동차인 오로라(Aurora) 모델을 선보였다. 대신 그 이름은 대시보드에 넣었다.

회사는 기술개발 및 새로운 차량과 마케팅에 지속적으로 투자했다. 그러나 2000년 올즈모빌은 결국 이러한 노력은 가망이 없다고 결정했고 단계적으로 생산을 철수했다. GM의 회장이며 CEO인 릭 와고너는 이 결정을 내리기까지 무척이나 고통스러웠다며 "올즈모빌은 미국에서 가장 오래 된 자동차 브랜드다. 그리고 지난 수년 간 GM의 보석이었다"고 말했다. 그러나 결국 올즈모빌은 과거로 사라져버렸다.

두 IT 회사의 비교

많은 기업들은 기업 이미지가 더욱 개선되기를 바란다. 그들은 구조조정 등을 통해 신선한 기업 이미지 구축을 목표로 한다. 소수의 기업들은 이 첫번째 시도에 성공을 거두었다. 그러나 여기서 예로 들 두 개의 IT 회사는 이러한 전략의 다른 운명을 보이면서 역동적인 리더의 중요성을 일깨우고 있다.

1990년대 IBM은 회사의 주요 이미지를 단순한 대형 컴퓨터 제조사에서 강한 e-비즈니스와 컨설팅을 겸비한 서비스 제공자로 탈바꿈해 성공했다. 1993년 루이스 가스너가 IBM의 CEO가 됐을 때, 회사는 쇠퇴의 단계였으며 적자상태였다. 한때 미국의 상징이었던 회사가 존폐의 위기에 놓인 것이다. IBM 사람들은 회사가 독립적인 소회사들로 나눠질 것이라고 예상했지만, 가스너는 그대로 유지했다. 그의 놀랄 만한 리더십 때문에 그는 가장 성공적인 기업부활의 신화를 이루어냈다. 물론 거기에는 행운도 따라주었다. 인터넷의 눈부신 성장은 회사의 e-비즈니스와 서비스 전략을 발전시키는 데 도움을 줬다.

"1990년대 초 우리는 35살 이하의 사람들에게는 더 이상 신경을 쓰지 않는 오만한 컴퓨터 제조회사로 보였다. 우리를 계속적으로 좋아하는 사람들은 노년의 쇠퇴하는 세대일 뿐이다. 그러나 현재 우리는 더 이상 오만한 세계적 리더로 여겨지지 않는다. 우리는 훨씬 더 폭넓은 제품과 서비스를 갖추고 있으며, 우리는 IBM을 성공적인 미래가 있는 역동적인 기업으로 보는 젊은 세대에게 사랑받고 있다"라고 IBM의 부사장 모린 맥과이어는 말한다.

IBM의 경영진은 확실히 그들의 성과에 대해서 오만해 보이지 않는다. IBM의 재무적 성과와 이미지는 1990년대 이후 훌륭하게 재기했지만, 아직도 진전하는 중이라고 IBM측은 기술제조 부문 부사장 니콜라스 도노프리오는 "예전에 우리는 위대한 기업이었다. 그리고 우리는 다시 위대한 기업이 될 것이다"라고 말한다.

IBM이 고통스러운 변화를 겪고 있는 같은 시기에 왕 리버래토리스(Wang Laboratories)는 비슷한 위협에 대비하려고 노력 중이었다. 과거 세계 일류의 소형 컴퓨터 제조사였던 왕은 1980년대 개인용 컴퓨터에 적응하지 못했고 1992년 파산보호신청을 하고 말았다.

그리고 1년 후, 컴퓨터서비스 업계의 경쟁력 있는 회사라는 새로운 이미지를 준비하고 더 작은 조직으로 거듭났다. 그러나 열심히 노력했는데도 1993년 부도 후 광고 캠페인에서 약속한 것을 지킬 수 없었다. 왕은 TV 광고에서 회사 사무실 하나가 폭파되고 파편들 속에 남아 있는 한줄기의 빛을 보여주었다. 이 빛은 왕의 소프트웨어와 네트워크의 통합 등, 새로운 사업을 자막처리로 보여주면서 비디오 모니터가 된다. 광고는 '새로운 왕이 태어났다. 진정한 혁신은 절대로 죽지 않는다. 그들은 자신을 재개발한다'고 말한다. 광고 인쇄물은 왕의 '상상력의 힘'을 크게 선전했다.

그러나 왕의 상상력은 기술 부문의 훌륭한 솜씨라는 이미지를 복구하기엔 역부족이었다. 회사는 여러 차례의 인수합병을 했지만 이 회사의 서비스 사업은 IBM과 같은 경쟁사 때문에 성장의 한계가 있었다. 미래의 고객들은 더 이상 왕을 기술의 리더로 인식하지 않았다.

그 후 회사는 해외에서 성장의 동력을 찾았고 국제적인 이미지를 갖기 위해 이름도 '왕 글로벌(Wang Global)'로 바꾸었다. 그러나 회사의 주가는

1990년대 기술주의 상승 동안에도 부진을 면치 못했다. 결국 1999년 왕은 네덜란드의 IT 회사인 게트로닉스(Getronics)에 인수되었다.

물론 왕은 IBM의 규모와 자원을 따르기엔 턱없이 부족했으며 루이스 가스너와 같은 책임 있는 리더도 없었다. 맥과이어는 "가장 힘든 시기에도 IBM의 조사에서는 아직도 회사에 대한 존경의 후광이 있음을 찾아내었다. 사람들은 언제나 IBM을 신뢰한다. 그리고 그들은 IBM이 계속 국제적 능력을 갖추고서 고객 서비스를 중요하게 생각함을 믿는다"고 하였다.

표면적인 개조

레블론(Revlon)은 세계에서 가장 긴 구조조정 단계를 겪고 있으나 지지부진할 뿐이다.

화장품 대량생산의 가장 큰 이름이었던 레블론은 지난 20년 간 자신의 개선을 부르짖으며 로레알, P&G, 에이번 등의 기업과 맞서 강력한 경쟁자가 되기 위해 노력했다. 그러나 이미지를 돋보이게 하려는 그들의 노력은 늘 표면적으로 머물렀다.

레블론은 지킬 수 없는 약속으로 비현실적인 기대치를 만드는 실수를 범했다. 그 결과 계속되는 분기손실을 기록했고 신제품 개발과 마케팅은 주요 라이벌보다 뒤지며 투자자, 금융 분석가, 소매상, 소비자, 그리고 직원들을 실망시켰다. 겉만 번지르르한 립스틱과 매니큐어로는 계속 변화하는 여성들의 스타일을 따라갈 수 없었다. 실제로 이 회사는 1970년대 편의점에서 팔던 향수를 아직도 주요 브랜드 중 하나로 삼고 있다.

마케팅과 이미지는 미용사업의 전부라고 해도 과언이 아니다. 레블론의 설립자 중 한 명인 찰스 레브슨은, 그저 화장품을 파는 것이 아니라 '병에 든 희망'을 파는 것이라는 유명한 말을 남겼다. 그는 자신의 산업을 꽤 잘 이해했지만 최근의 레블론은 마케팅 전략을 올바르게 세우지 못하고 있다.

레블론은 화려함을 멀리하며 오랫동안 모델이며 대변인이었던 신디 크로포드를 더 이상 모델로 내세우지 않았다. 그러고는 오랫동안 해오던 아카데미 상의 TV 방송 광고도 끝을 냈다. 2001년 광고에서는 '여자라서 굉장히 멋지다'고 말하는 무명의 영향력 없는 광고 모델을 기용해 증권거래소 바닥, 슈퍼마켓, 공공 화장실 등에 노출시켰다. 레블론은 1980년대에 갇혀 있는 회사에 변화를 주는 새로운 시도를 했다.

그리고 레블론은 1년도 안 돼서 그 광고를 그만 두고 실패의 원인을 9·11 테러 탓으로 돌렸다. 레블론은 '굉장히 멋진'이라는 아이디어를 미는 것이 9·11 테러 이후 미국의 감정에 어울리지 않는다고 생각했다. 회사는 또 완전히 다른 변화를 갖고 줄리안 무어와 할 베리와 같은 유명 모델을 쓰기 시작했다. 새로운 광고에서는 '새로운 레블론'이라고 말했으나 그들은 1980년대의 옛 슬로건을 다시 사용하면서 '잊히지 않게 하라'는 낡은 키워드를 사용했다. 그들은 스스로를 다시 1980년대에 가두어버렸다.

레블론은 재무적 투자가치를 떠나 충분한 비전, 독창력, 일관성 있는 개혁 등을 확실히 실천하지 못했다. 마법을 잃어버린 후 미용 사업에서 인상을 남기기 위해서는 화려함과 돈이 필요하다. 현재 레블론의 CEO 잭 스탈은 구조조정의 단서를 달고 1억 5,000만 달러 상당의 대출과 주식교환을 통해 자금을 투입할 계획을 발표했다.

변하지 않는 이미지

일부 기업은 시대와 발맞추지 않음에 따라 기업 이미지 향상에 번번이 실패를 맛본다. 게다가 그들의 과거 기업 이미지는 너무 강해서 사람들에게 다른 인식을 심어주기가 무척 어렵다.

폴라로이드(Polaroid)의 경우도 그런 식으로 기억되고 있다. 사람들은 아직도 이 회사를 즉석사진을 개발해 낸 혁신자로 기억한다. 그러나 그러한 기업 이미지는 1시간이면 가능한 사진 현상과 불과 몇 초면 전세계에 이메일로 보낼 수 있는 디지털 사진의 시대에 어울리지 않는다. 폴라로이드의 기업 이미지는 마치 시간 속에 얼어버린 듯하다.

폴라로이드는 기업 이미지를 바꾸기 위해 셀 수 없을 정도로 많은 시도를 했지만 과거의 영화를 회복하기엔 아직 턱없이 부족하다. 그들은 우수한 후속 제품이 회사를 구해주길 바라지만 이 구세주는 아직 오지 않고 있다.

폴라로이드는 1990년대 후반 대형 매장에서 비교적 저렴한 디지털 카메라의 선두주자이긴 했지만 소니나 올림푸스(Olympus) 같은 회사들이 받았던 기술적인 격찬을 받아본 경험이 아직 없다. 폴로라이드를 찾는 대부분의 고객이 요람보다는 무덤에 더 가깝다는 현실을 직면하고 난 회사는 젊은이들을 타깃으로 하는 시장을 공략했다. 그러나 저렴한 가격의 제품은 눈길을 끌기 위한 속임수처럼 보였다. '아이 존'이라는 주머니 크기의 카메라는 어린이가 공책에 붙일 수 있는 미니 스티커 사진을 만들어냈다. 바비 포켓카메라에는 콤팩트, 거울, 액자가 장착되어 있었다. 이러한 장난감 같은 카메라들은 사업을 재건할 수 있는 종류의 제품이 되지 못했다.

예전에 폴라로이드는 완벽에 가까운 기업 이미지를 갖고 있었다. 1947년 하버드 대학 중퇴자이며 폴라로이드의 창립자인 에드윈 랜드는, 뉴욕에서 열린 미광학협회 회의에서 즉석사진을 선보였다. 89.5달러 가격의 폴라로이드 랜드 카메라는 1분 안에 사진을 인화했다. 1년 뒤, 폴라로이드 마케터가 보스톤 시내에 있는 조단 마쉬 백화점에서 카메라 작동 시범을 보였을 때, 이 카메라는 소비자들에게 즐거움을 주는 놀라운 기술의 물건이었다. 그 날 사람들은 매장에 남아 있던 56개의 카메라를 사기 위해 야단법석을 떨었다. 폴라로이드의 기업 이미지는 계속 성장했고 사진가 안셀 애덤스를 컨설턴트로 계약했다. 1972년 랜드와 그의 새로운 모델인 SX-70은 '천재적인 마술 카메라'라는 헤드라인과 함께 〈라이프(Life)〉지의 커버를 장식했다. 로렌스 올리버 경마저 이 카메라를 광고에서 홍보할 정도였으니, 이때가 폴라로이드의 전성기라 하겠다.

반세기 후 폴라로이드는 생사의 기로에 놓이고 만다. 폴라로이드 하락 원인의 대부분은 디지털 기술의 성장과 한 시간 사진 현상에 적응하지 못한 탓이었다.

2001년 폴라로이드는 파산보호신청을 했고 많은 이해관계자들에게 기업 이미지를 손상시켰다. "우리는 월스트리트와 우리가 많이 지지해 주지 못한 퇴직자들과 자선단체에게 체면을 잃었다"고 홍보팀장이었던 스킵 콜코드는 전한다.

2002년 뱅크 원의 OEP 이미지 사업은 폴라로이드의 자산 대부분을 인수했다. 이제 도전은 재무건전성을 회복하고 새로운 기업 이미지를 만들 수 있는 장기간의 사업전략을 개발하는 것이다. 폴라로이드는 조사를 통해 사람들의 호감도가 1996년 75%에서 2002년에는 62%로 떨어진 사실을 알아냈다. 그러나 기업 이미지를 개선하는 데에 있어 유리한 점도 없지는 않았다. 19%의 사람들만이 회사의 부도에 대해 알고 있었으며 70%의 사람들은 회사 제품이 그들의 라이프스타일에 맞는다고 대답했다. 이것은 그들이 폴라로이드 카메라를 살 것이라는 보장은 아니지만, 적어도 그들은 폴라로이드를 배제하진 않았다. 마테팅과 제품개발담당 임원인 버니스 크라머는 "일부 사람들은 아직도 폴라로이드를 좋아한다. 우리는 그들을 공유자라고 부른다. 왜냐하면 그들은 사진을 찍고 다른 사람에게 공유의 증거로 사진을 주기 때문이다"라고 말한다.

폴라로이드는 기업 이미지 재건을 돕기 위해 새로운 관리팀을 채용했다. 포드의 CEO였다가 방출된 자크 나세르를 회장으로, 휴렛팩커드와 합병하기 전 컴팩에서 전략담당 부사장으로 근무한 마이클 포콕을 사장 겸 CEO로 고용했다. 그러나 재무 분석가들은 기업회생의 책임자로 포드에서 불안정한 시간을 보낸 경력의 나세르를 고른 것에 대해 회의적인 반응을 보인다.

지금까지 폴라로이드는 과거의 전술을 그대로 지니고 있는 듯하다. 만졌을 때 색깔이 변하는 어린이용 저가 즉석 카메라와 원스텝 모델의 더 작은

폴라로이드의 예측

2002년, 고객들의 인식에 재무적인 문제가 주는 영향을 이해하기 위해 폴라로이드는 1,000명의 미국인을 대상으로 조사했다. 이 조사는 비교를 위해 다른 두 개의 회사–건장한 이미지를 갖고 있는 월트 디즈니와 이미지가 너무 약한 나머지 폐업에 가까워진 GM의 올즈모빌–를 포함했다.

아래의 주장에 동의한 사람들의 비율

- 오랫동안 남아 있을 것이다
  디즈니: 96%
  폴라로이드: 74%
  올즈모빌: 65%
- 지금의 경제적인 침체를 헤쳐나갈 수 있을 만큼 충분히 튼튼하다
  디즈니: 91%
  폴라로이드: 67%
  올즈모빌: 60%
- 친구에게 이 회사의 제품을 추천하겠다
  디즈니: 82%
  폴라로이드: 76%
  올즈모빌: 54%
- 나의 라이프스타일에 맞는 제품들을 만든다
  디즈니: 65%
  폴라로이드: 70%
  옴즈모빌: 55%

버전인 즉석 카메라를 개발했다. 더 나은 미래를 위해서 회사는 디지털 카메라로 사진을 인화할 수 있는 새로운 셀프서비스 키오스크와 함께 디지털 이미지 사업의 성장을 일구어 이익을 얻기 바란다.

위대한 기업들의 브랜드 회복 법칙 3
고객불만 과소평가는 금물

 ## 게이들의 **쿠어스** 맥주 불매운동

아돌프 쿠어스(Adolph Coors Company)는 친(親)동성애자 기업처럼 보인다. 이 기업은 동성애자에 대한 차별을 금하고, 게이 커플에게 내국인 대우의 복지혜택을 주고, 인류의 권리와 같은 정치적인 단체에서부터 콜로라도 클라이맥스 아이스하키 팀에 이르기까지 여러 개의 게이 단체들을 후원하고 있다.

회사는 게이 커뮤니티와 그들의 구매력에 많은 가치를 두고 더 강한 인연을 맺기 위해 특별한 '사절단'을 임명했다. 처음에는 리처드 체니 부사장의 딸이면서 레즈비언인 마리 체니가 있었다. 좀더 최근에는 스코트 쿠어스가 기업 치어리더로 활동하고 있다. 그는 회사의 전 회장이자 창립자 아돌프 쿠어스의 증손자이며, 윌리엄 쿠어스의 아들임과 동시에 게이라고 공개적으로 밝혔다.

그런데 왜 많은 게이와 레즈비언들이 쿠어스 맥주 마시기를 거부하는가? 이는 소비자들의 불만 때문이라고 한다. 나쁜 기업 이미지는 언제나 끝까지 남아 있으며, 쿠어스의 게이 커뮤니티를 상대로 한 끝나지 않는 싸움은 한번 잃은 신뢰를 다시 찾기가 얼마나 힘든지 보여주고 있다.

쿠어스는 직장에서의 평등과 박애주의에 대해 진심일 수도 있으나 많은 사람은 아직도 회사의 게이 지원 움직임을 가식적으로 보고 있다. 그들에게 이 회사의 동기는 매우 단순하게 인식된다. 맥주 산업의 주요 타깃 중 하나인 게이들에게 더 많은 맥주를 팔기 위함일 뿐이라고 여기는 것이다. 사실을 좀더 깊이 캐보면, 왜 게이들이 25년 넘게 불매운동을 전개하고 있는지 알게 될 것이다. 쿠어스 가문은 보수적인 단체의 기부금과 멤버십을 통해 게이 커뮤니티가 그들의 적이라고 생각하는 활동을 벌였다. 이 회사의 전 사장이었던 조셉 쿠어스는 보수파를 지속적으로 지원하면서 극우적 단체인 헤리티지 재단을 설립하도록 도움을 주었다. 회사는 이러한 단체로부터 거리를 두려고 노력했지만 시민운동가들은 대부분의 기부자금은 이 가문이 록키 마운틴 맥주를 판매해서 얻은 성공에서부터 나온 것이라고 주장했다.

"재단은 그저 연막일 뿐이다. 우리의 커뮤니티에 동참하려는 쿠어스의 노력은 게이의 권리를 반격하는 단체들에 자금을 대주기 위해서다"라고 전국 동성애 및 성전환자 모임의 회장은 말한다.

쿠어스에 대한 게이의 항의는 쿠어스 직원들이 노동조합대표에 반대했을 때인 1970년대 후반부터다. 당시 노동조합주도 하에 전개된 불매운동의 한 부분이었다. 그리고 게이를 상대로 차별적인 채용도 했다. 회사는 1978년 성적 취향에 대해 말하는 편견규정 반대를 추가하면서 이러한 차별대우의 걱정을 초기부터 해소하려 했다. 그러나 동성애 혐오단체와 가문의 관계는 계속되었다.

여러 해 동안의 불신은 불만을 확산시켰다. 이러한 불매운동은 너무 오래 전부터 시작돼 그 연유를 잘 모르는 젊은 게이나 레즈비언들은 왜 쿠어스 맥주를 마시지 않는지 이해하지 못한다. 그러나 많은 게이들은 아직도 자신들의 단결을 위해 이 맥주를 불매하고 있다.

요즘 쿠어스에 대한 독설은 어느 정도일까? 명확히 측정할 수 있는 기준이나 도구는 없지만, 이 이슈에 대해 게이들은 상반된 의견을 갖고 있다. 게이잡지 중 가장 영향력 있는 〈The Advocate〉는 2001년 가을 온라인 투표를 실시했는데, 48%의 응답자가 쿠어스 불매를 지키고 있으며, 44%는 지키지 않고 있고, 8%는 결정하지 않았다고 대답했다. 어떤 응답자는 게이들이 쿠어스 맥주를 마시는 것은 "유대인들이 히틀러에게 맥주를 사는 것"과 똑같다고 대답했다.

정확하게 말해 쿠어스의 기업 이미지는 아주 천천히 나아지고 있다. 회사는 게이에게 호의적인 직원채용 방침을 선전하며, 맥주 불매의 요새였던 뉴욕과 캘리포니아에 있는 게이&레즈비언 전용 술집에서도 맥주 판매를 하나둘씩 늘려가고 있다. 그러나 대부분 크고 유명한 게이바에서는 버드와이저와 밀러, 그리고 수입 맥주만을 팔고 있다.

이것은 쿠어스가 극복해야 하는 무거운 짐이다. 그러나 게이 사회의 모든 사람이 쿠어스 상표가 붙은 맥주를 마시게 할 수 없다는 사실을 회사가 받아드려야 한다고 일부 직원이 주장한다. 또한 회사에 가족의 일원이나 재단들에 대해 더 숨기지 말고 공개하라고 조언했지만, 투명해지는 건 쿠어스에게 정말 어려운 일이다. 지금은 '투명'에 저항할 때가 아니다. 이 단어는 엔론 이후 가장 많이 쓰이는 단어이기도 하다. 사람들은 회사가 의심에 대한 해명의 기회를 갖기도 전에 투명하고 개선된 태도를 요구하고 있다.

쿠어스는 계속되고 있는 불매운동과 반발에 대해 언급하기를 거부했다. 그러나 몇 년 전 마리 체니는 회사의 게이, 레즈비언과 교섭할 때 이 문제와 쿠어스의 대처에 대해 토론했다. "게이 사회는 훨씬 정치적인 의식을 갖고 있고 다른 특정 시장보다 게이의 문제에 관해 배려하고 지지하는 브랜드에 더 충성하는 경향이 있다. 이것이 바로 쿠어스에게 어려움을 주는 것이다"라고 그녀는 말했다. 또 긍정적인 측면에서 쿠어스는 레즈비언과 게이들의 부모, 가족, 친구들과 게이와 레즈비언 비방반대 모임과 같은 재단에 기부금을 전달하고, 지역 사회의 게이 소프트볼팀과 볼링 대회를 후원한다고 그녀는 말했다. 그러나 이러한 단체에 쿠어스가 자금을 대주는 것은 오히려 게이 사회에 적개심을 만들었다. 반대자들은 '쿠어스의 정부'라는 비방반대 그룹을 부르는 포스터를 만들어 팔기까지 했다.

쿠어스 기업 이미지의 흠을 완전히 없애는 것은 어쩌면 전체 세대의 죽음 후에나 가능할지도 모를 일이다. 체니조차 일부 사람들은 죽는 날까지 불매운동을 멈추지 않을 것이라고 인정했다.

냉소적인 새로운 세기

많은 비난을 받고 있는 기업이 어떻게 기업의 낡은 이미지를 고칠 수 있을까. 쉽지 않은 일이다. 우리가 매우 냉소적인 시대에 살고 있다는 것은 분명하다. 사람들은 기업은 물론 정치가, 교회조차 진심이 아닌 다른 의도가 있을 것이라고 생각한다. 이러한 냉소적인 정서는 대부분의 사람이 엔론에 대해 듣기 전부터 미국 대중에 스며들었다. 그러나 지난 2년 동안의 갖가지 기업 스캔들은 확실히 냉소를 확인시켜주었고, 많은 비관주의자를 양성했다.

냉소는 여러 가지 행동의 유형으로부터 생긴다. 또는 사업의 기본적인 특성에서부터 생기기도 한다. 석유·주류·화학·담배 등 일부 산업은 오랫동안 많은 비난과 의심을 받았다. 이제 엔론, 타이코, MCI, 회계산업, 월스트리트는 나쁜 기업의 명단에 추가되었고, 이들은 오랫동안 의심과 노골적인 적대를 당할 것이다. 회계비리, 경영진의 탐욕, 그릇된 경영관리는 대중을 화나게 했고, 퇴직 후를 위해 투자한 많은 사람의 돈과 수천 명의 생계를 빼앗았다. '투명하게 처리하라'는 새로운 요구가 생겨나고 진실이 진실로 받아들여지는 것이 매우 힘들게 되었다. 2002년에 있었던 갤럽 조사에 따르면, 자동차 딜러들은 HMO 매니저, 대기업의 CEO, 주식브로커보다 낮은 신뢰를 받고 있었다. 놀랍게도 아서 앤더슨의 불명예와 회계비리 후에도 회계사들은 절반 이상 응답자들의 신뢰를 받았다.

그러나 많은 회사는 이러한 조사결과에 주의를 기울이지 않는다. 2002년 침체된 주식시장과 금융산업에서 수천 명의 정리해고에도 불구하고 많은 월스트리트 CEO들은 1,000만 달러가 넘는 연봉을 챙기는 뻔뻔스러움을 드러냈다.

제약회사 또한 불만과 냉소를 키워가고 있는데 담배산업과 함께 가장 많은 반감을 갖고 있는 사업이다. 논리적으로 생각한다면 약품 제조자들은 사람들의 목숨을 구하는 물건을 만들기 때문에 최고의 기업 이미지를 가지고 있어야 한다. 그러나 비싼 약값, 공격적이고 불법적이기까지 한 마케팅 행위들은 제약산업의 이미지를 바닥으로 떨어뜨리고 있다.

기업 이미지 손상은 매일 늘어만 간다. 예컨대 '수사관들은 제약광고에 계속되는 사기행위를 찾아냈다', '약물 소송이 투자자들을 놀라게 하며, 바이엘(Bayer) 주식은 하락세', '브리스톨 마이어 특허법 위반 배상', '쉐링 미증권위원회 내부 정보 이용 혐의' 등의 헤드라인이 매일 머릿기사로 자리한다. 고령자대표 시민단체들은 '글락소는 처방전을 감당할 수 있는 비용에 살 수 있는 권리를 빼앗아 가고 있다' 라는 광고를 하며 미국인들에게 싼 처방전을 파는 캐나다 약국에서의 약품 공급을 금지하겠다는 글락소의 결정에 항의하고 있다. 로슈(Roche)가 새로운 AIDS 약의 1년 분량을 많은 사람이 부담할 수 없는 2만 달러의 엄청난 가격에 팔 것이라는 발표는 뉴저지의 너틀리 공장에서 많은 시위를 불러일으켰다. 그들은 공장 문에다 'AIDS로 사망했다. 로슈의 욕심이 죽였다' 라는 비문이 적힌 여러 개의 비석과 무덤을 세웠다.

이러한 불만은 오랫동안 제약산업의 오명을 피하고 있던 존슨&존슨에게도 다가갔다. 존슨&존슨은 갓난아이들을 위한 부드러운 제품을 만든다는

얼마나 믿을 만한가?

2002년 갤럽이 실시한 조사에서 나타난 직업별 신뢰도

- 교사: 84%
- 작은 사업을 하고 있는 사람들: 75%
- 군인: 73%
- 청소년 운동팀의 코치: 71%
- 개신교 목사: 68%
- 의사: 66%
- 회계사: 51%
- 전문 운동선수: 48%
- 천주교의 신부: 45%
- 언론인: 38%
- 정부 관료: 26%
- 변호사: 25%
- 주식브로커: 23%
- 대기업 CEO: 23%
- 민간의료보험 관리기구 관리자: 20%
- 자동차 딜러: 15%

이미지를 방패로 삼고 있었지만 요즘엔 이 이미지도 충분한 보호가 되지 못한다. 존슨&존슨의 CEO 윌리엄 웰던은, 제약회사는 약품판매를 줄일 것이기 때문에 심각하게 병의 치료제를 찾지 않는다고 믿는 소비자의 반응에 크게 놀란 일을 기억하고 있다. "비즈니스 세계에서의 신뢰 감소는 상황을 역전시키기에 충분하다. 지금의 상황은 무죄를 증명받기 전까지 유죄인 것과 같다"라고 웰던은 말했다.

불만이 깊이 배어들었을 때 일부 기업과 산업이 부정적인 이미지를 바꾸

기란 매우 어렵다. 씨그램(Seagram Company), 안호이저 부쉬(Anheuser-Busch)와 같은 주류회사들이 음주운전을 하지 말라는 광고를 만들었을 때 많은 의심을 받았던 것처럼, 일부 기업은 아무리 열심히 노력해도 이미 만회할 수 없는 시기에 놓여있기도 하다.

이는 바로 지지자 수만큼이나 많은 적을 갖고 있는 마이크로소프트의 경우가 그렇다. 이 회사의 지지자들에게 마이크로소프트는 혁신적인 제품과 서비스를 제공하는 의욕적인 기업이다. 그러나 반대 입장에 있는 사람들은 이 소프트웨어 회사를, 경쟁을 억제하고 소비자들이 자기 제품만을 쓰도록 강요하는 교묘한 폭군으로 간주한다.

마이크로소프트는 박애주의를 이용해 기업 이미지를 고취하고자 했지만 의심 많은 사람들은 마이크로소프트와 회장인 빌 게이츠의 많은 기부액을 곱게 보지 않고 나쁜 이미지를 상쇄하려는 시도라고 생각했다. 마이크로소프트를 상대로 한 국가의 반독점소송 중에 빌&멜린다 게이츠 재단(Bill & Melinda Gates Foundation)이 세워졌고, 이것은 비평가들에게 더 많은 비난거리를 제공했다. 이 재단은 합계 250억 달러 상당의 기부금을 주었지만 이 많은 액수도 게이츠에 반대하는 비판가들에게는 절대로 충분하지 않았다.

"마이크로소프트의 기부금에 대해서 듣게 될 때마다 나는 이 거대 기업이 저지른 일에 대해 긍정적 이미지를 심어주기 위한 속임수라고 생각한다. 그리고 빌 게이츠는 억만장자임에도 불구하고 자신이 낼 수 있는 것보다 훨씬 적은 양의 기부를 했다"고 어느 비평가가 얘기한다. 마이크로소프트는 이러한 불만에 대해서 들어본 적이 있지만 잘못된 내용이라고 말한다. 홍보책임자인 브루스 브룩스는, 마이크로소프트가 주식을 공개하기 전부터 최근의 공중관계와 같은 어려움을 겪기까지 사람들에게 베풀었던 역사를 그들은 모르고 있다고 주장한다. "우리는 공중관계에 대한 일 때문이 아니라 사회의 요구에 대답하고 있다"고 주장한다.

이보다 더 좋을 순 없다?

마이크로소프트사나 다른 기업에 대한 불만처럼 이러한 태도를 바꾸는 것이 아예 불가능한 일은 아니다. 사람들이 얼마나 기업을 경멸하느냐와 상관없이 시간이 흐르면 이러한 감정들은 어느 정도 수그러진다. 기업이 깨달아야 하는 중요한 사실은, 기업에 불만을 갖고 있는 모든 사람을 변화시킬 수 없다는 사실이다.

비판가들을 직면하는 것이 비난이 악화되도록 방치하는 것보다는 낫다. 비판가들은 절대로 좋은 친구가 될 수 없지만 적대심의 정도는 줄일 수 있으며, 또 오해도 풀 수 있다. 적대관계를 진정시키기 위한 커뮤니케이션 방법은 개선돼야 한다. 그러나 일은 항상 악화될 수도 있다는 점을 명심해야 한다. 불만을 약화시키기 위한 대처가 마련되지 않으면 불만은 더욱 심해지고 널리 퍼져간다. 최악의 행동은 패배주의자적인 태도로 토론에 참여하는 것이다.

민간의료보호협회(HMOs)를 포함한 보호 기업들은 믿어지지 않을 정도의 적개심에 직면해 있다. 워싱턴의 정치가들과 할리우드의 영화제작자들은 폭발하기 직전으로 보이는 표현과 적절한 치료를 거부당하는 환자에 대한 영화를 만들면서 HMOs에 대한 반감을 표현하고 있다. 건강관리기업의 직원들은 몇 년 전 〈이보다 더 좋을 수는 없다〉라는 영화를 보고 깜짝 놀랐다. 배우 헬렌 헌트가 그녀 아들의 천식치료 비용을 보상해 주지 않는 HMOs를 상대로 폭언하는 장면에서 미국의 관객들은 환호와 박수를 보냈다.

그리고 미디어와 인터넷에 떠도는 내장이 뒤틀린 환자의 얘기를 사라지게 하는 것은 어려운 일이다. 납세자와 소비자주권을 위한 재단의 웹사이트에는 이러한 참사에 대한 얘기가 있다.

'HMOs는 골수암 환자를 저버렸다', 'HMOs는 사지가 마비된 어린이에게 중요한 치료를 거부하고 걸을 수 있는 기회를 주지 않았다', 'HMOs는 가족에게 발작을 일으킨 환자를 직접 옮기라고 했다' 등등.

미디어가 이런 무서운 얘기를 올릴 때 민간으료보험협회들은 그 사실 여부를 조사했고 그 중 일부는 사실이 아님을 밝혀냈다. 그들은 괴기얘기의 분석이라는 케이스 파일을 만들고 기자들에게 보냈다. 곧 미심쩍은 얘기들은 신문이나 TV에서 자취를 감췄다.

할리우드가 무정한 HMOs에 대한 스토리라인을 즐겨 만들 것을 알고 있는 굿인과 협회는 윌리엄 모리스 연예협회를 찾았다. 그들은 건강관리에 대한 영화나 TV 방송의 조기 경보시스템을 만들기 원했다. 이상적으로 이 민간의료보호협회는 영화나 TV 쇼에 자기의 입장을 넣을 수 있었다. 적어도 이것은 부정적인 HMOs를 그려내는 데에 대응할 준비를 가능하게 해준다.

덴젤 워싱턴이 출연한 영화 〈존 큐〉가 2002년 개봉됐을 때 협회는, 한 남자가 그의 보험이 아들의 심장이식수술에 적용되지 않는 것을 알고 절망하여 총을 갖고 병원을 습격한 내용에 항의하지 않았다. 그 대신 영화제작자가 아닌 국회의원들을 비난하며 광고에서 이렇게 주장했다. "〈존 큐〉는 그저 영화가 아니다. 건강관리를 부담할 수 없는 4,000만 명의 공통적 위기다." 이 광고는 보험에 들지 않거나 영화 인물인 존 큐와 같이 실제 가치 이하의 보험을 들고 있는 사람들을 도와주지 않고 있는 정부를 탓했다.

테이블의 자리

때때로 기업은 산업의 다른 나머지와 떨어져야 하고 동료들과 헤어지기도 한다. 당신의 산업 동료들은 아마도 기분이 상하겠지만 당신의 비판가들은 당신을 용감하다고 생각할 것이다. 아무리 욕을 먹고 경멸을 당해도 당신은 경쟁사들보다 높이 올라갈 수 있다. 예를 들어 BP와 로열 더치/쉘(Royal Dutch/Shell)은 나머지 대부분의 석유회사보다 환경적인 책임을 다하고 있다는 강한 기업 이미지를 갖고 있다.

알트리아 그룹 역시 다른 담배산업에서 떨어져 나왔다. '대형 담배회사'의 일원으로 여겨지는 것을 더 이상 바라지 않으며, 동일한 태도를 원하는 '친구들'의 기분을 상하게 하는 것을 더 이상 피하지 않는다. 느리지만 끊임없는 진보는 필립 모리스의 이미지 관리 전략이 되었다.

아마 알트리아의 담배사업만큼 공격을 받은 회사도 찾아보기 힘들 것이다. 사람들은 이 담배회사를 날카롭게 비판하기를 즐긴다. 얼마 전, 코메디언 제이 레노는 필립 모리스의 선전지에 냉소적인 개그를 구사했다. 신문 삽입 광고는 흡연이 주는 심각한 건강의 해로움부터 습관을 고치는 내용까지 여러 가지 주제를 담고 있는 회사의 웹사이트를 안내하고 있었다.

레노는 NBC의 〈투나잇 쇼(Tonight Show)〉 오프닝 멘트로 실제 광고지의 커버 내용을 예의 바르게 보여주고 있었다. "담배를 만드는 사람들이 우리를 돕고 싶어 한다. 이제 담배를 끊을 수 없다면 이것을 펼쳐보라." 그는 무표정하게 말했다. 안에는 장례식장을 고르는 방법, 비문을 쓰는 방법, 비석을 고르는 방법 등 실제의 삽입지처럼 만든 가짜 삽입지가 끼여 있었다.

많은 사람은 선행을 대폭 선전하는 필립 모리스의 너무 많은 광고 캠페인을 비웃는다.

비판가들은 필립 모리스가 2억 5,000만 달러에 이르는 '기업봉사활동' 예산을 선전이 아닌 박애주의 활동에 더 많이 썼어야 했다고 말한다. 그리고 일부 비판가는 담배사업에서 시선을 다른 곳으로 옮기려는 수작이라고 주장한다.

알트리아는 확실히 힘든 싸움을 진행하고 있다. 그러나 회사는 최소한 옳은 방향으로 향하고 있다고 믿는다. 방어적이고 비밀스러운 회사였던 알트리아는 회사의 소극적 사고방식을 버리고 '테이블의 자리'를 찾아 나섰다. "우리는 '우리 대 그들'이라는 사고방식을 버려야 하고 우리가 사업을 하는 근본적인 방법을 바꿔야 한다는 것을 깨달았다"라고 알트리아의 전략부문 수석부사장 스티븐 패리쉬는 말했다. 회사의 임원들 중 한 명은 이사회석상에서 회사가 '사회에 존재하는 이유를 망각하는' 위험에 처해 있다는 것을 발견할 수 있었다.

예전에 회사는 많은 반대자와 뉴스미디어를 상대로 오만하고 대립되는 태도를 보였다. 그러나 필립 모리스는 이러한 계속되는 '노코멘트'는 생각했던 것보다 더 강력한 영향을 주고 있었다. "사람들은 우리가 모든 것에 유죄라고 생각했다. 우리는 누구도 아닌, 사실을 말하지 않은 우리 자신을 탓할 수밖에 없었다"라고 패리쉬는 말했다.

계속되는 날카로운 비판을 견디기 위해서는 꿋꿋함이 필요하다. 패리쉬는 자신의 부인이 그가 집에 왔을 때 '총에 맞은 듯한 충격'을 받은 사람처럼 보였다고 한 말을 기억해 냈다. 적대감이 너무도 심해져서 포커스 그룹 인터뷰에서 일부 필립 모리스 경영진은 유리창 뒤에 앉아서 사람들의 독설을 듣는 것을 겁냈다.

알트리아가 존경받는 기업 이미지를 얻기 위해서는 아직 갈 길이 멀다. 1998년 담배산업이 46개 주에게 2,060억 달러 상당을 배상해야 한다는 결정은 소송을 잠재웠다. 그러나 개인 흡연자의 소송은 아직도 공판에 부쳐지고 있으며, 담배회사들은 청소년 때부터 흡연에 중독된 3,300만 명의 사람에게 1971년부터 벌어들인 2,890억 달러 상당을 환급해야 한다는 민사소송을 미연방법원이 제기했다. 알트리아의 PR 부서는 앞으로 수년 간 연봉을 받는 것보다 훨씬 많은 일을 해야 할 것이다.

"우리가 흡연자와의 소송 때문에 받은 형벌의 양을 줄이려는 것이 아니라는 것을 아직도 입증해 보여야 한다. 우리는 은신처 밖으로 나왔다. 그러나 사람들은 아직도 우리를 향해 총을 쏜다"라고 패리쉬는 말했다.

자기 자신을 공격하지 마라

훼손된 이미지를 갖고 있는 기업들은 감정을 억제하지 못하고 실수를 연발하며 비판가들을 즐겁게 한다. 그들의 부정적인 태도를 반박하려는 시도는

기업 신뢰도의 차이

해리스 인터랙티브의 2002년 기업 이미지 조사에서 대중들은 아래의 20개 기업에게 '기업의 정직성'에 대한 항목에서 가장 낮은 점수를 줬다. 아래의 기업들 중 많은 기업이 최근의 금융 스캔들로 기업 이미지가 훼손되었다.

1. 엔론
2. 글로벌 크로싱(Global Crossing)
3. 월드콤(현 MCI)
4. 앤더슨 월드와이드(Anderson Worldwide)
5. 아델피아 커뮤니케이션(Adelphia Communications)
6. 필립 모리스(현 알트리아 그룹)
7. 퀘스트 커뮤니케이션(Qwest Communications)
8. 브릿지스톤/파이어스톤
9. 타임 워너
10. 스프린트(Sprint)
11. 엑슨 모빌(Exxon Mobil)
12. AT&T
13. 쉐브론 텍사코(Chevron Texaco)
14. 시티그룹(Citi Group)
15. SBC Communications
16. 메릴 린치
17. 마이크로소프트
18. 포드
19. K마트
20. 나이키

잘못된 일이며 이는 오히려 냉소자들을 즐겁게 할 뿐이다.

알트리아의 필립 모리스 사업은 특히 스스로를 공격하기 쉽다. 수치스러운 연구인 '체코에서 흡연이 국가재정에 미치는 연구'의 경우만 해도 그렇다. 회사는 세금인상을 막기 위해 흡연자들이 갑자기 사망할 경우, 체코 정부는 건강관리, 연금, 노후 주택에 돈을 아끼게 된다는 경제적 분석을 발표했다. 이 연구에 따르면 이러한 요소와 담배 관련 세금 때문에, 체코는 1999년에 1억 4,700만 달러에 달하는 순수익을 거두었다고 했다. 이러한 연구결과에 대해 〈월스트리트저널〉에서부터 ABC의 〈Politically Incorrect〉 방송 프로그램까지 필립 모리스를 향해 냉혈적이며 계산적이라는 비난을 퍼부었다.

필립 모리스는 이러한 피해를 통제하기 위해 노력했다. 다른 동유럽 국가에서 실시되고 있던 비슷한 연구들은 모두 중지되었다. 회사는 전적으로 모든 책임이 뉴욕 본부의 임원들에게 있다고 하면서 공개적으로 사과했다. "우리는 이것이 엄청난 실수일 뿐만 아니라 올바르지 않았다는 것을 깨달았다. 이것이 너무나 부적절했다는 것은 자명한 사실이다"라고 패리쉬는 말했다. 이 강한 뜻의 사과는 분명히 도움이 됐지만, 기업 이미지는 아직도 그 큰 실수에서 벗어나지 못하고 있다.

냉소에 대한 냉소

일부 기업은 대중들의 불만에 오만한 태도를 취한다. 그들은 비록 재무적으로는 성공했지만 더 좋은 기업 이미지를 이루는 장기간의 가치를 인식하지 못하고 있다. 이러한 예는 커뮤니케이션을 거의 하지 않는 엑슨 모빌이 좋은 예다. 만약 엑슨 모빌이 또 다른 환경문제를 가져온다면 회사는 대중의 지지를 얻을 축적된 '이미지 자본'이 충분치 않을 것이다.

이 회사는 이라크 전쟁서부터 악명 높은 알라스카 석유유출과 지구온난화 방지를 위한 쿄토 협약 불이행 등 때문에 환경운동가와 소비자들의 타깃이 되었다. 사람들은 특히 1,100만 갤런의 원유를 알래스카 프린스 윌리엄 사운드의 깨끗한 바다에 버린 1989년의 '엑슨 발데즈(Exxon Valdez) 사고' 때문에 엑슨 모빌을 용서하지 않는다. 이 사고는 15년 전이 아닌 어제 일어난 것처럼 기억이 생생하다.

"내가 생각하기에 엑슨 모빌의 회복 시간은 또 다른 세대까지 이어질 것이다. 죽어가는 새들의 그림을 내 머릿속에서 지울 수 없다"고 하와이 코나에 사는 진 빈슨은 말했다. 이 노여움의 뿌리는 깊고 깊다. "방법을 바꾸고 책임을 다하는 기업으로 변화하는 모습을 나에게 한 번도 보여준 적이 없다"고 주장하는 리치몬드에 사는 크리스틴 패스코트는 그녀의 남자 친구가 엑슨 모빌 주유소에 들러 '껌 한 통을 사거나 화장실을 쓰는 것'조차 못하게 한다.

이러한 말들은 엑슨 모빌 경영진을 좌절시키지만 회사는 이러한 의견에 일일이 대응하지 않는다. 결국 이 회사는 냉소적인 사람들을 냉소적으로 대하는 것이다. 엑슨 모빌의 대변인 톰 크리글리아노는 회사가 친환경적인 활동을 선전하는 광고 캠페인이 실패할까봐 걱정하고 있다. 그들이 걷기로 결정한 길은 PR보다는 실천이라고 크리글리아노는 말했다. 문제는 대부분의 사람이 모범적인 사례를 못 보았다는 것이다.

그러나 크리글리아노는 설득력 있는 주장을 제기했다. "비평가들과 진척이 있으려면 기업은 매우 일관되고 신뢰를 주는 메시지를 전달해야 한다. 엑슨 모빌은 석유와 가스 개발 관련 기술적 진보에 대한 광고 캠페인을 만들었고, 스탠포드 대학의 세계 에너지와 기후연구에도 10년 동안 1억 달러 상당의 지원을 약속했다."

그러나 회사의 이러한 행동은 칭찬과 함께 더 많은 냉소주의를 불러일으켰다. 앞으로 10년 동안 엑슨 모빌은 1,000억 달러 이상의 많은 돈을 지구온난화의 원인인 석유와 가스개발, 생산에 지불할 것이라고 환경운동가들은 전한다.

방어는 최선의 공격

책임 떠넘기기로 화를 자초한
포드와 파이어스톤의 타이어 리콜 사건

포드의 전세계 커뮤니케이션 담당자 존 하몬은 포드 익스플로러 파이어스톤 타이어 리콜 문제가 원만히 해결되기를 원했다. 그는 포드 와 브릿지스톤/파이어스톤 사업 부문 경영진을 회의실에 모으고 대중들을 만족시킬 수 있는 사태해결 협상의 결론을 얻을 때까지 그들을 보내지 않았다. "고객을 우선으로 하는 결정을 하기 전까지는 방에서 나오지 말아야 한다. 그렇게 하면 우리는 비난받는 일이 없을 것이다"라고 그는 주문했다.

그러나 큰 효과는 없었다. 그와 포드, 브릿지스톤/파이어스톤의 임원들은 기업 이미지 관리에 관한 교훈을 배웠을지라도 그는 경영학 교수들과 위기를 담당하는 컨설턴트들도 마찬가지로 월요일 아침부터 그들 기업의 잘못을 지휘하는 데는 학생수준일 것이라고 생각했다. "우리는 전화와 호출기가 쉴새없이 울리면서 실시간으로 일을 처리해야만 했다. 시간이 흐르면서 정보가 개발되고, 더 많은 자료들이 들어오면서 우리는 타이어에 관한 문제점을 폭넓게 이해했다"라며 그는 덧붙였다.

이를 전제로, 포드와 브릿지스톤/파이어스톤은 방어적인 것이 대중의 감정을 상하게 하고 기업 이미지를 위태롭게 한다는 교훈을 제공한다. 그냥 방어적인 것보다 더 나쁜 것은 주어진 비난과 책임을 밀어내는 것이다. 익스플로러 사건은 그 하나만으로 기업 이미지에 손상을 주었지만 책임을 피해가는 것은 그 손해를 더욱 악화시켰다. 공개적으로 서로에게 심한 비난을 퍼붓는 행동들은 두 기업 모두를 대중들의 마음에 실패자로 남게 했다.

많은 사람이 헨리 포드와 하베이 파이어스톤이 1세기 동안 서로 협력한 사업 파트너이자 가까운 친구사이였음을 모르고 있다. 그들의 가족들까지도 그들의 손주인 윌리엄 글레이 포드와 마사 파크 파이어스톤의 결혼으로 결합되었다. 그러나 그들의 로맨스와 우정은 포드와 브릿지스톤/파이어스톤이 포드의 익스플로러 SUV와 파이어스톤의 타이어와 관련된 심각한 사고로 사람들이 죽고 다치는 일에 연관되자 거의 그 흔적을 찾아볼 수 없었다.

포드와 브릿지스톤/파이어스톤의 서로를 향한 공격은 대중에게 큰 구경거리를 제공했다. 미국의 가장 오래 된 두 제조회사가 어린아이들처럼 서로에게 비난하는 행동은 많은 사람을 불편하게 만들었다. 두 회사가 관련되어 있었기 때문에 사건의 해결은 더욱 복잡했다. 존 하몬이 말하길 포드는 대중에게 되도록 많은 것을 알려주고 뒤에서 회수하는 방법이 옳다고 믿었지만, 브릿지스톤/파이어스톤은 소송을 피하기 위해 좀더 과묵할 필요가 있다고 생각했다.

브릿지스톤/파이어스톤이 650만 개의 타이어를 회수하겠다고 발표한 지 9개월 후인 2001년 5월에 갈등은 극대화됐다. 5월 21일, 브릿지스톤/파이어스톤은 포드가 익스플로러의 안전 문제를 거부했다고 불평하며 포드와의 1세기 가까이 지켜온 사업관계를 끝낸다고 말했다. "사업관계는 개인적인 관계와 마찬가지로 서로에 대한 신뢰와 존경을 바탕으로 형성된다. 우리는 그 관계의 근본적인 요소를 잃었기 때문에 더 이상 포드에 타이어를 공급하지 않겠다는 결론을 내렸다"고 브릿지스톤/파이어스톤의 CEO인 존 램프가 말했다.

그러자 포드는 자신의 차량 1,000만~1,300만 대에 장착할 파이어스톤 와일더니스 AT 타이어를 30억 달러의 비용을 들여 모두 대체한다는 계획을 발표했다. 이는 포드가 안전을 중요시하는 기업으로 보이게 했고, 또다시 파이어스톤의 타이어로 초점이 돌려졌다. "우리는 가장 최근 분석된 파이어스톤 와일더니스 AT 타이어에 큰 실망을 했다. 파이어스톤은 두 회사의 무엇보다 중요한 고객의 안전을 위해 우리와 함께 일하지 않기로 결정했다"라고 당시 포드의 사장인 자크 나세르가 말했다.

다음은 브릿지스톤/파이어스톤이 공격할 차례였다. 램프는 "우리의 타이어로 운전하는 고객의 안전을 우리보다 더 걱정하는 사람은 없다. 여기서의 결정적인 문제는 익스플로러의 안전이다"라고 맞섰다. 그리고 그는 고속도로 교통안전부에 익스플로러 모델의 안전에 관한 조사를 부탁했다.

파이어스톤은 계속 방어적인 자세를 유지했다. 그는 350만 개나 되는 두 번째 회수에 저항했으나 2001년 10월 정부의 압력으로 17개월 간의 조사를 정리했다.

고객들은 여전히 두 회사에 불쾌한 감정을 표현했다. 포드는 2002년 60개 회사를 순위별로 나열하는 해리스 인터랙티브 이미지 조사결과에서 자동차 회사 중 최저의 자리를 차지했다. 브릿지스톤/파이어스톤은 2년 연속 차지했던 꼴찌 자리를 2002년에는 엔론에게 넘겨주었다. 그리고 브릿지스톤/파이어스톤은 60개 기업 중 55위라는 결코 부럽지 않은 위치로 자리를 옮겼다.

그러나 두 회사는 아직 회복의 길에 있다고 믿는다. 포드는 2002 해리스 인터랙티브 조사에서 엔론, 월드콤, 글로벌 크로징의 부진과 스캔들에 힘입어 아홉 단계나 오른 43위를 차지했다.

브릿지스톤/파이어스톤은 변함없이 저조한 이미지 조사결과에도 불구하고 파이어스톤 브랜드 판매가 다시 활발해지고 있다고 밝혔다. 파이어스톤의 홍보담당자들은 포드의 경영자들에 비해 리콜의 위기가 서툴게 처리되었다는 사실을 인정하려 들지 않았다. "우리의 의사를 전달하는 데 좀더 단정적일 필요가 있었다. 그러나 늘어나는 접지면 분리에 대한 불만의 원인을 알지 못한 것을 감안할 때, 우리는 빠르게 대응했다고 생각한다"라고 미국 브릿지스톤 홍보부사장 크리스틴 카보와크는 말했다.

사람들은 리콜 과정에서 파이어스톤 브랜드의 멸망을 예측했다. 카보와크는 그런 사람들을 무시하고 파이어스톤이 아직 '미국의 아이콘'이라고 주장했다. 그녀는 파이어스톤의 충성스러운 고객들과 네트워크, 그리고 '올바르게 브릿지스톤식으로 만든다'는 프로그램으로 개선된 품질보증과 타이어 제작과정 때문에 브랜드는 계속될 것이라고 말했다. 파이어스톤은 살아남을 수 있겠지만 기업 이미지가 회복되기까지는 아직도 먼 길이 남아 있다.

솔직한 얘기

방어는 곧 공격이다. 그러나 기업은 흔히 거만하게 그들 기업의 자존심과 법률적인 방어를 우선으로 한다. 사람들은 포드와 브릿지스톤/파이어스톤 같은 기업들을 보며, 왜 그들이 처음부터 좀더 솔직하고 회유적인 교섭을 하지 않았는지 궁금해한다. 방어적인 전술은 대부분 언제나 손해를 불러온다. 사과하는 태도와 책임을 지는 행동이 훨씬 이롭다. 회사는 대중들에게 문제가 신속하게 처리·개선되고 있다는 확신을 심어주는 행동을 취해야 한다. 포드와 브릿지스톤/파이어스톤도 사건 직후, 서로가 협력해 문제를 해결했다면 좀더 많은 신용과 존경을 얻었을 것이다.

그러나 그들은 방어에 있어 결코 혼자가 아니었다.

아기 이유식을 만드는 비치너트(Beech-Nut Nutrition)는 진짜 사과주스 대신 사과향 설탕물을 판 것이 적발되자 전체 판매와 기업 이미지가 급락했다. 네슬레 지사와 그의 경영자들은 1986년 처음에는 책임을 부인했다. 비치너트는 1년 간의 언론공방 끝에 자신의 유죄를 인정하고 200만 달러의 벌금을 내기로 합의했다. 그러나 비치너트의 전 사장이 대중을 속였다고 인정하기까지는 3년이나 걸렸다. 사과주스 스캔들에 따른 기업 이미지 손상은 너무나 컸다. 네슬레는 곧바로 손상 입은 브랜드를 랄스톤 퓨리나(Ralston Purina)에 팔았다. 오늘날 비치너트는 캔 우유와 칠리를 판매하는 작은 회사 밀노트(Milnot Holding)의 소유가 되었다.

대중은 기업이 자신의 행동에 완전한 책임을 지고 뉘우칠줄 아는 자세를 좋아한다. 가장 좋은 방법은 있는 그대로를 솔직히 말해야 하는 것이다. 문제를 축소하거나 책임을 피하지 말고 '우리가 실수했다. 미안하다. 그리고 우리는 이렇게 문제를 해결하고, 보상하려 한다'고 말하는 자세가 현명하다. 어쩌면 이를 계기로 호감을 얻고 기업 이미지를 강화할 수도 있을 테니 말이다.

GM의 세턴(Saturn) 사업 부문이 제조 및 최초 생산된 차량 때문에 이미지가 손상될 수 있는 몇 가지 문제가 있었다. 하지만 그들은 서둘러서 문제가 있는 차들을 리콜함으로써 오히려 기업 이미지를 높였다. 1991년 5월 냉각제의 문제가 드러났을 때에도 GM은 수리는 물론 1,836대의 불량 부동액 차량들을 모두 교체하기로 결정했다. 2년 후 35만 대의 차량 리콜 또한 고객의 칭찬을 받았다. 전기 시스템의 결함으로 인한 차량화재에도 고객들은 GM이 고객의 이익을 우선으로 하고 이를 실천한다고 믿었기에 이를 너그럽게 받아들였다. 어떤 세턴 딜러는 수리뿐만 아니라 무료휘발유 제공, 세차, 심지어 수리를 기다리는 사람들에게 커피까지 제공하겠다고 선포했다.

기업들은 문제가 저절로 사라지길 바라며 말을 아끼고 방어적으로 대응한다. 그러나 이런 발상은 착각이다. 뉴스 미디어들이 좀더 적극적으로 진실을 찾으려고 할수록 세부적인 모든 것까지 다 드러나게 돼 있다. 소문은 인터넷을 떠돌 것이고 직원들은 뒤에서 속닥거리며 자기 회사의 미래를 걱정할 것이다. 게다가 시민운동가들은 회사나 공장에서 항의시위를 벌일 것이다.

많은 기업이 곤란에 처할 때마다 언론을 비난하고 싶어 한다. 그러나 언론이 한 기업의 문제를 크게 과장해서 표현했더라도 메신저를 공격하는 것은 자신의 책임을 회피하려는 것처럼 보일 뿐이다.

거버(Gerber)도 그런 함정에 빠졌었다. 1980년대에 경쟁 회사인 비치너트와 마찬가지로 거버는 심각한 이미지 문제를 현명하게 해결하지 못했다. 고객들이 거버 이유식 병 안에서 유리를 발견했다고 불평하자 회사측은 매우 강력하게 방어자세를 취했다. 리콜은 무의미하며 언론이 사람들을 더욱 혼란스럽게 했다고 주장했다. 회사측은 그들이 '미디어의 집단 폭행'에 희생자가 된 기분이라고 말했다. 그런 태도는 회사에 14%의 시장점유율 하락을 가져왔다.

거버의 CEO 로버트 존스톤은 나중에서야 회사의 방어가 기업 이미지 손상에 큰 영향을 미칠 수 있음을 인정했다. "우리 이유식이 선반에서 사라지는 모습을 목격하고 우리가 책임 있는 회사가 아니라는 사실을 알 수 있었다"고 그는 말했다.

모든 사실을 제대로 정리한 후에 뉴스 미디어에 공개하는 것이 좋다. '노코멘트'라는 말은 사람들의 생각을 더욱 나쁜 쪽으로 악화시킨다. 대중들은 기업이 무엇인가를 숨기고 있다고 생각한다. 그러나 미디어에 공개하는 모습은 문제에 대한 책임을 지고 가능한 많은 정보를 제공하는 자세를 보이는 것이다.

이미 심각한 재정문제와 몇천 명의 직원을 해고한 루슨트 테크놀로지가 2002년 가을 인력구조조정과 더불어 나쁜 소식이 있다고 발표했다. 그 통신회사는 벨 연구소(Bell Labs)의 유능한 직원 헨드릭 숀이 새로운 종류의 반도체와 트랜지스터 관련 연구결과를 위조했다고 발표했다. 숀은 부인했지만 배심원들이 그의 연구결과를 위조라고 결론짓자 곧 해고됐다. 루슨트는 그 이상의 부정적 보도를 필요로 하지 않았다. 그러나 회사는 그 사건이 저명한 잡지인 〈사이언스(Science)〉에 실릴 만큼 방어는 스캔들을 더욱 길게 끌고간다는 점을 깨달았다.

어떤 과학자들은 연구원들에 대한 루슨트의 통제와 지휘가 너무 느슨한 것이 아니냐고 지적했지만 회사측은 즉시 주어진 사건에 충실했을 뿐이라고 답했다. "우리의 전략은 방어적인 태도보다는 신속하게 사건에 관련된 과학자들을 해고하는 것이었다"라고 당시 광고 · 홍보담당 수석부사장이던 캐슬린 피츠제럴드는 말했다. 루슨트는 시스템상 아무 문제가 없음을 알고 있었다. 그리고 이 위조사건은 몇 주 안에 언론에서 조용히 사라졌다.

반성의 힘

진심에서 우러난 사과는 기업정신과 이미지에 도움을 준다. 사업적인 문제와 위기를 진정시키는 방법으로는 그보다 더 좋은 것이 없다. 그렇다고 해서 그에 따른 기업 이미지 손상이 전혀 없는 것은 아니다. 하지만 올바르게 처리된다면 사과는 부정적인 효과를 최소화하고 나아가 기업 이미지를 제고시킬 수 있다.

사과는 빨리 할수록 효과적이다. 말투는 진실하고 꾸밈이 없어야 한다. 만약 사과가 지나치게 형식적이고 법률상의 손해를 줄여보려는 변명이라면, 그 목적을 상실할 수도 있다. 기업의 CEO나 고위 임원이 사과하는 것이 유리하다. 솔직하게 잘못을 뉘우친다면 대중은 용서해 줄 것이다. 이는 곧 데니스 체인을 소유하고 있는 음식업체가 흑인 고객을 차별했다는 이유로 고소된 제임스 아담슨의 신념이었다. 그는 회사가 넓게 퍼진 인종차별

문제를 상대로 방어적인 자세를 취하는 대신 즉시 사과를 했어야 한다고 주장한다. "만약 경영자측에서 흑인들에게 미안하다고 사과하고 직원을 해고하든지, 그에 따른 훈련을 시켰다면 연방대법원의 조사를 피할 수도 있었을 것이다. 가끔은 소송의 위험을 무릅쓰고 미안하다고 말함으로써 고객과의 좋은 관계를 유지해야 한다. 사과에 인색했던 결과 그 대가는 고비용 부담으로 되돌아왔다. 즉 흑인 사회와 다시 좋은 관계를 회복하기까지 5,400만 달러의 타협 비용과 오랜 시간 동안의 힘든 노력을 필요로 했다"고 아담슨은 들려주었다.

당연히 변호사들과 홍보전문가들이 사과 여부와 그에 따른 용어와 형식에 관련된 결정에 참여해야 한다. 그러다 보니 기업의 신임과 이미지를 중요시하는 사람들과 일반적으로 좁고 제한된 견해를 가지고 있는 법인 변호사들 사이에 마찰이 생기게 마련이다. 변호사들은 나중에 소송에서 불리한 증거로 사용될 수 있다는 이유로 흔히 사과 자체를 말린다. 그러나 대중의 신임을 다시 얻는 데 드는 비용은 법률적인 지출보다 크다.

"가해자는 인간적으로 행동하기 힘들다. 사과보다는 자신을 방어하려는 상당한 부담감이 존재하게 마련이다." 존슨&존슨의 부사장 겸 고문인 로저 파인의 말이다.

존슨&존슨은 1997년 뉴욕의 한 병원에서 일상적인 수술과정 중 여자 환자가 사망하는 일이 생겼지만 빨리 사과하지 않았다. 회사의 의학장치 중 하나가 수술하는 데 사용됐고 판매사원이 수술에 참석했었다. 존슨&존슨은 숨진 30세 여자의 가족에게 애도의 뜻을 전하는 모습을 보였으나 때는 이미 사고가 있은 지 1년이 넘은 후였다. 회사측은 사고자 남편의 소송도 감춘 채 뒤에서 조용히 처리했다. 그 주에서는 판매사원에게 의학기계의 사용을 도와주도록 허락해 주어야 했다며 병원측에 벌금을 물었다. 그러나 결국 그 주의 배심원들은 그 사람은 여자의 죽음과 아무런 관련이 없다는 판결을 내렸다.

기업들은 사과 자체를 두려워한다. 조지타운 대학의 커뮤니케이션 관리 분야 교수 라머 레인크는 "사과는 일반적으로 죄의 증거로 사용되기보다는 오히려 사람들을 진정시키고 법적 손실을 줄일 수 있다"고 주장한다. 사람들은 회사가 진심으로 뉘우치는 것을 보면 적당한 선에서 합의해 주게 마련이다. 사과는 피고측을 가혹한 손해로부터 보호하는 효과가 있다고 레인크는 말한다.

진실한 사과는 극히 드물다. 잘못을 인정하고 비난을 받아들이는 기업은 좀처럼 찾기 힘들다. 하지만 기업이 잘못된 행동을 인정하지 않더라도 약간의 후회와 슬픔의 표현을 통해서 기업 이미지 손상을 최소화할 수 있다. 동정의 표현은 대중의 환심을 살 수 있기 때문이다. 대중들은 후회와 자책으로 반성하는 모습을 보기 좋아한다. 기업이 잘못을 인정한다면 더 많은 신뢰를 얻을 수 있다.

사과나 동정의 표현을 효과적으로 보이기 위해서 기업의 행동과 말은 일치해야 한다. 1989년 알라스카 원유유출 사건 이후, 엑슨은 한 번도 완벽하게 사과하지 않았다. 광고를 통해 일어난 사고에 대한 미안함과 유감을 표현하긴 했다. 그러나 자기방어 차원에서 환경, 물고기 등에 미치는 영향을 최소화하기 위해 신속히 문제를 처리했다는 점을 강조하기에 급급했다. 하지만 그와 같은 언급은 얄팍한 상술로 보일 뿐이다. 결국 그들은 알라스카에서 강력한 재정적인 부담을 떠안았다.

2002년 이 에너지 회사는 손해를 50억 달러에서 40억 달러로 줄이는 데 성공했다. 그러나 오늘날의 엑슨 모빌은 그 이상의 감소 부분이 있다는 사실을 알고 있는 것으로 알려졌다.

기업 이미지 손상은 쉽게 사라지지 않는다. 방어는 오래 된 상처를 치료할 수 없다. 최근 조사에서 한 응답자가 엑슨 모빌을 나무랐다. "그들은 고작 몇 백만 달러를 지불함으로써 원유유출 사건에 관한 경제적 책임을 줄이려 한다. 다른 PR 전략은 그만둬라. 돈으로 피해를 보상하려는 모습은 환경을 정말로 생각한다는 것을 설득시킬 수 있는 첫번째 절차다."

'사과하는 것'은 지난 2년 동안 회계 및 월스트리트와 관련된 기업들 사

기업의 잘못 인정하기

각 기업이 성명서 등을 통해 자신의 잘못을 밝힌 사례들을 정리했다.

"이 사고가 일어난 것에 대한 깊은 사죄를 드립니다. 우리 엑슨은 특별히 알라스카 사람들과 발데즈 거주자들에게 유감을 표합니다. 물론 우리가 일어난 일을 되돌릴 수는 없습니다. 그러나 한 가지 약속 드릴 수 있는 것은 3월 24일부터 이 사건의 해결을 위해 최선을 다할 것이며, 이는 계속될 것입니다."── 1989년 4월, 엑슨의 원유유출 사건에 관한 엑슨의 회장 로렌스 라울이 서명한 광고

"저는 이 성명서를 통해 감정이 상한 동료 직원들에게 사죄드리고 싶습니다. 모든 남성과 여성, 이 나라의 신들과 종교들, 그리고 미국뿐만 아닌 전세계의 모든 사람에게 사죄드립니다. 저는 이 사건에 대해 대단히 죄송하게 생각합니다. 저는 관련된 사람들의 무모한 행동이 여러분에게 가져다 준 아픈 상처를 치유하기 위해 제가 가진 모든 권한으로 최선을 다할 것을 약속 드립니다." ── 1996년 11월 6일, 당시 텍사코의 회장 피터 비주가 관련 직원들이 동료 직원들에게 한 인종 차별적, 종교적인 말에 관한 성명서

"작년 뉴욕의 베스 이스라엘 병원에서 수술 도중 사망한 리사 스마트의 명복을 빕니다. 그녀의 죽음은 그녀의 남편은 물론 가족들, 또 그녀를 알고 사랑한 모든 이에게 상상조차 할 수 없었던 참사였습니다. 그녀는 굉장히 잘못된 절차의 희생자였고 관련된 모든 사람은 정확한 사건의 내막을 알아야 할 권리가 있습니다. 저희는 그녀의 가족에게 깊은 유감을 표하며 슬픔을 함께 하겠습니다." ── 1998년 11월 17일, 수술실에서 숨진 리사 스마트에 대한 존슨&존슨의 성명서

"이번 여름, 유나이티드 에어라인을 이용할 수천 명 고객의 여행 계획에 차질이 생겼습니다. 만약 당신이 그분들 중 한 분 이라면 제가 회사를 대표해 개인적으로 깊은 사과를 드립니다." ── 2000년 8월, 당시 UAL의 CEO였던 제임스 굿윈의 성명서

"저희는 고객과의 교류를 정책화하기 때문에 고객들이 저희가 제공한 정보가 부족하다고 느끼셨다면 유감입니다. 만약에 혼란스러우셨다면 그 점 사과드립니다." ── 2001년 5월, 감자튀김에 쇠고기 양념을 했다는 사실을 숨긴 맥도널드의 답변

"들어오는 이메일들은 매우 괴롭고 실망적입니다. 그것들은 저희의 전문적인 기준에 도달하지 못하며 어떤 것들은 저희의 정책과 일치하지 않습니다. 우리의 조사 위상에 대해 좋지 않은 영향을 주었습니다. 그리고 우리 전통의 높은 기준에 미치지 못한 것에 대해 이 기회를 통해 저희 고객들과, 주주들, 또한 직원들에게 공개적으로 사과하고 싶습니다." —2002년 4월 26일, 당시 메릴 린치의 CEO 데이비드 코만스키가 뉴욕 주의 조사와 관련된 내부 이메일에 대한 응답

이에서 큰 이슈가 되고 있다. 2002년 메릴 린치의 연간 회의에서 당시 CEO이자 회장인 데이비드 코만스키는 월스트리트 기업의 이익 충돌에 관한 뉴욕 주 검사 엘리어트 스피처의 조사와 관련된 회사의 연구 분석전문가가 쓴 어떤 이메일의 내용을 대신해 사과했다. 스피처는 회사가 투자비용을 획득하기 위해 추천한 주식을 메릴 린치의 분석가들이 남몰래 비웃는 내용의 내부 이메일들을 공개했다.

그러나 메릴 린치의 회장 고문인 폴 크리츌로우는, "미디어가 크로만스키의 말에 너무 집착하고 잘못된 행동에 대한 사과를 곡해한 것 같다. 만약 잘못된 행동을 사과한다면 기업을 위기에 몰아넣을 수도 있다. 그래서 사과를 신중히 하는 것이 필요한데 이는 주주들에게도 이익이 된다"고 말한다.

몇 주 후, 메릴 린치는 잘못과 책임을 인정하지 않은 채 1억 달러에 주와 합의를 보았다.

대규모의 회계 사기사건 후, 월드콤은 광고를 통해서 기업 이미지를 회복하려고 노력했다. "소수의 잘못된 행동이 많은 사람들에게 영향을 미친 점에 대해 유감스럽게 생각합니다." 그러나 대중은 좀더 강도높은 사과를 기대한다. 건축가 조엘 카리코도 그 광고에 감동받지 않은 사람 중 하나다. 그는 "월드콤의 고위 관리자들은 과거의 부도덕한 사업활동과 넓게 퍼진 회사의 재정문제에 대해 사과하는 공개서명을 해야 한다. 진심에서 우러나오는 사과여야 한다. 그렇지 않으면 위기를 모면하려는 것으로만 보인다"

고 말했다.

어떤 사람들에겐 사과로도 충분하지 않다. 그들은 기업이 솔직하지 못하고 책임을 지지 않으면 정당한 처벌을 요구한다. 캘리포니아 주의 고등학교 교사 워렌 존스는 "표본이 되는 처벌은 진실한 기업을 만든다"고 말했다.

언제 깨끗하게 항복해야 할지 파악하라

기업은 절대로 반대 의견을 과소평가해서는 안 되고 언제 패배를 인정해야 하는지도 알아야 한다. 그러한 교훈은 위기와 쟁점에 노출돼 있는 감정적이고 완고한 기업에 꼭 필요하다. 만약 그들이 예상 외로 빨리 방어적으로 대응한다면 스스로의 발목을 잡고 쉽게 그 싸움을 포기하기는 어려울 것이다.

월트 디즈니는 1993년과 1994년, 워싱턴 근처 버지니아에 미국 역사와 남북전쟁의 싸움터를 주제로 한 테마파크 설립 개발계획을 갖고 있었다. 그러나 이 사업을 반대하는 사람들과 대립했으며 방어적인 자세를 보였다. 이는 '제3의 불런(Bull Run) 전쟁'으로 알려졌다.

디즈니는 반대론자들의 힘과 단결력에 꼬리를 잡혔다. 그리고 정확한 사태 파악을 하고 깨끗하게 항복하는 대신 저항함으로써 디즈니는 기업 이미지를 훼손시켰다.

얘기의 시작은 1993년 월트 디즈니가 마나사스 전쟁기념지에서 5마일 떨어진 곳에 테마파크를 짓는다고 발표하면서부터다. 회사는 증기 기관차, 뗏목 원정, 남북전쟁의 싸움터 재현, 공장마을을 뚫고 지나는 롤러코스터, 젖소 우유 짜는 법을 가르쳐주는 가족농장 등을 계획했다.

역사가와 저널리스트들은 디즈니가 단순하게 역사를 각색할 것이 분명하다며 불쾌한 심경을 드러냈다. 미키 마우스가 조지 워싱턴 의상을 입은 채 나무를 베며, 도널드 덕이 가발을 쓰고 꽥꽥 거리며 독립선언을 읽는 것을 상상했다. 비평가들은 디즈니가 노예제도와 대공황 같은 중대한 역사를 제대로 그려낼 수 있을지 의심스러웠다.

부유한 지방 토지 소유자, 유명한 역사가, 저명한 작가, 환경보호론자들이 모두 하나로 뭉쳐 디즈니와 싸웠다. 그들은 정부의 고위 공직자들에게 능숙하게 로비하고 미디어를 자신들에게 유리하게 이용할 줄 알았다.

약 3,000명의 사람이 수도 워싱턴으로 진격하며 '디즈니는 물러나라'고 외쳤다. 디즈니가 제작한 영화 〈라이언 킹〉의 시사회장에서 마이클 에스너는 '거짓말 대왕'이라고 외치는 저항자들과 마주쳤다. 버지니아 주 맥린에 사는 주주들은 디즈니의 다음해 주주총회에서 "왜 하필이면 좋은 기업으로 자리잡은 기업 이미지를 지키기는커녕 잃을 게 너무 많은 부적절한 위치를 선택했냐"고 말하며 테마파크의 장소를 반대했다.

감정은 흔히 격해지고 기업으로 하여금 완고하고 방어적인 자세를 취하게 한다. 디즈니의 경우 에스너와 다른 디즈니의 임원들은 공원이 상업상의 가능성과 젊은 사람들에게 역사를 이해시키고 존중할 수 있게 할 가능성이 있다고 믿었다.

그러나 에스너의 방어전략은 상대가 공격할 만한 공간을 제공했다. 그를 불쾌하게 한 기사를 쓴 〈워싱턴 포스트〉의 기자와 인터뷰에서 그는 말했다. "만약 사람들이 우리가 물러날 거라고 생각한다면 그건 착각이다. 공원 개발을 결정할 때 이미 사람들에게 시달릴 것을 예측했다"며 그는 반대하는 사람들에게 많이 놀랐다고 덧붙였다. 그는 그와 싸우고 있는 역사가들에게 가장 심한 말을 남겼다. "난 여러 차례 역사 시간에 앉아서 그들이 쓴 것을 읽었지만 배운 것은 아무것도 없었다. 엄청 따분하고 지루했다."

그는 1994년 6월 인터뷰에서 거만하고 방어적인 자세를 버렸다. 디즈니는 뜻을 굽히지 않았지만, 기업 이미지가 심각하게 손상되고 있음을 깨달았다. 점차 더 많은 사람이 기업이 신성한 싸움터를 더럽히고 미국의 역사를 왜곡하려 한다고 생각했다. 3개월 후 회사는 드디어 항복했다.

공격적인 자세를 취하라

방어적인 자세를 피하는 가장 좋은 방법은 공격이다. 예상하지 않은 위기나 갑자기 일어난 문제는 불가능하지만, 신중한 기업은 문제의 냄새를 맡고 이를 막기 위한 노력은 물론 먼 곳을 볼 줄 아는 현명함까지 갖춘다.

디즈니는 버지니아에서 일어난 비참한 실패로 교훈을 얻었다. 만약 디즈니 아메리카를 발표하기 전에 역사가들과 정치가들의 의견을 물어보았다면 그런 방어적인 자세를 취할 필요가 없었을 수도 있다는 것을 깨달았다. 그들의 다음 테마파크인 올랜도 디즈니 월드의 애니멀 킹덤은, 디즈니 경영자들이 미리 동물학자들과 보존 유지 전문가들로부터 충고와 지지를 구했다.

펩시는 논쟁의 여지가 있는 사건을 공격적으로 처리한다. 기름진 음식이 '제2의 담배'라는 말이 나오기 시작했을 때, 펩시는 영양을 중요하게 생각한다는 이미지를 만들었다. 햄버거 체인점, 포장음식 회사, 탄산음료 회사들이 모두 늘어나는 비만의 원인이라는 비판을 받았다.

맥도널드는 젊은 사람들에게 비만, 당뇨병, 심장병과 다른 건강문제를 일으킨다는 이유로 고소당했다. 소송에서 원고들은 빅맥이나 기름진 음식을 먹는 것이 얼마나 몸에 해로운지 몰랐다고 주장했다. 판사인 로버트 스위트는 이 사례를 두 번이나 기각했지만 그렇다고 홍보적인 문제와 변호사들이 사라지는 것은 아니다. 판사 역시 지방이 많은 치킨 너깃을 '맥프랑켄슈타인(McFrankenstein)이 창조한 집에서는 만들 수 없는 다양한 요소들로 만든 음식'이라고 판결을 통해 언급한 바 있다.

반면 펩시는 강한 기업 이미지를 더욱 유지·강화하고 있다. 물론 펩시도 설탕으로 만든 탄산음료와 건강에 해로운 스낵을 만들지만, 그 외에 퀘이커 오트밀과 트로피카나 주스 등 다양한 제품을 만든다. 펩시는 그들의 제품이 '몸에 해로운 음식'이라는 것보다 '재미있고 즐거운 것'으로 인식되기를 원한다. 그러나 더욱 긍정적인 것은 그들의 웹사이트에 '건강 철학'

이라는 부분을 포함하고 있다는 점이다. 펩시는 어린이 마라톤 달리기와 텍사스의 걷기 프로그램 등의 체력단련 활동을 후원하고 있다. 또 R&D 실험실에서는 브로콜리가 박혀 있는 감자칩처럼 모두가 맛있어 하고 영양도 많이 포함한 식품을 개발하고 있다.

상대적으로 코카콜라는 영양과 비만의 문제점에 훨씬 더 방어적인 태도를 보인다. 웹사이트에 설탕이 상대적으로 해롭지 않다고 설명하며 비만의 근본적 원인은 사람들의 앉아 있는 생활습관 때문이라고 말한다. 물론 부족한 신체 활동이 문제의 원인이기도 하지만 제품의 감미료 문제를 피해가려고 노력하는 것은 불필요한 방어다.

코카콜라는 미국의 뚱뚱한 아이들에 대한 책임을 회피하려는 것처럼 보인다. 코카콜라는 '설탕을 먹는 것이 비만과 관련된다는 결과는 없었다. 탄산음료에 들어 있는 설탕의 양과 칼로리는 과일 주스와 비슷하다' 고 주장한다. 그러나 이 같은 코카콜라의 주장은 영양학자들과 부모들을 불쾌하게 만들 수 있다.

최후의 수단, 기업명 변경

 밸류제트 항공사가 에어트랜으로 이름을 바꾼 사연

1993년 저가격 항공사가 처음 하늘을 날게 되었을 때, 밸류제트(Valujet)는 더할 나위 없는 이름처럼 보였다. 이 항공사는 아주 저렴한 가격을 약속했지만 그렇다고 야간 비행이나 작은 터보 프로펠러 항공기를 운항하는 건 아니었다. 애틀랜타에 기반을 둔 이 항공사는 조금씩 늘어나는 비행기 숫자와 미국의 동남부 지역 이상까지 확장할 계획과 함께 대단한 포부를 갖고 있었다. 밸류제트란 기업명이 이 모든 것을 말하고 있었다.

밸류제트가 새로운 항공로를 추가하면서 회사는 대중들에게 재미있고 친절한 항공사로 자리잡았다. 그리고 수익과 이익이 급상승하면서 회사는 고가의 주식이 되어 월스트리트의 사랑을 듬뿍 받았다.

그러나 1996년 어느날, DC-9 비행기가 플로리다 에버글레이즈에 추락했을 때, 회사의 이미지도 같이 추락했다. 이 사고는 110명의 모든 탑승객과 승무원의 목숨을 앗아갔고 밸류제트의 안전뿐 아니라, 낮은 가격대로 항공 서비스를 제공하는 다른 항공사들의 안전까지도 의심하도록 만들었다. 저렴한 항공 가격을 제공하기 위해 보수와 관리, 그리고 다른 안전 검사를 소홀히 했던 건 아닐까? 곧바로 밸류제트이란 기업명은 큰 부담이 돼버렸다. 이 항공사는 기업 이미지를 개선하기 위해 새로운 이름이 필요했다.

그러나 항공사의 경영진은 부정적인 미디어 노출이 줄기만 하면 다시 기업 이미지를 회복할 수 있으며 기업명을 계속 유지할 수 있다고 믿었다. 수사 당국이 산소발생기가 화재를 일으켜서 비행기 추락사고의 원인이 되었다고 결론을 내렸기 때문에 수리보수업체가 사고의 가장 많은 책임이 있었다. 그러나 수사 당국은 밸류제트와 연방항공국을 비난했다.

3개월 동안의 비행금지가 해제된 1996년 9월, 밸류제트는 항공업무를 재개했다. 그러나 좌석은 추락사고 전보다 훨씬 비어 있었다. 승객들은 밸류제트라는 이름이 새겨진 비행기를 외면했다. 그러나 누굴 탓하겠는가?

기업의 재무상태는 악화되었고 주가도 하락했다. 밸류제트가 견뎌낼 수 있는지에 대해 많은 소문이 돌았다. 그럼에도 불구하고 직원들은 아직도 기업명에 대한 애착이 있었다. 밸류제트 경영진은 그들이 설립한 회사에 대한 자부심을 갖고 있었고, 따라서 기업명으로부터 떨어지는 것을 바라지 않았다. 그들은 타이레놀 독극물 사건과 1985년의 미드웨스트 익스프레스(Midwest Express) 제트기 추락사고와 같이 기업명과 브랜드명이 위기상황을 견뎌낸 사례에서 해결책을 찾으려고 했다.

밸류제트의 마케팅 부서는 공짜 티켓을 주는 직접우편과 이메일을 포함한 모든 것을 시도했다. 그러나 이 항공사는 공짜 항공표를 다 나눠줄 수도 없었다. 마침내 1997년 9월 밸류제트란 이름은 에버글레이즈 사고의 또 하나의 희생양이 되었다.

해결책은 1997년 7월에 있었던 합병이었다. 밸류제트는 에어트랜 에어웨이(AirTran Airways)와 합병했고, 본부를 플로리다의 올랜도로 옮겨 에어트랜이란 기업명을 받아들였다. 회사와 PR 대행사인 크라머 크라셀트는 에어트랜이 밸류제트의 새로운 이름이라는 사실을 밝히며 이 변화를 대규모의 미디어에 노출시켰다. "만약 우리가 에어트랜이 처음 시작하는 새 회사처럼 행동을 한다면 사람들은 우리가 더 많은 나쁜 사실들을 숨기고 있다고 생각할 것이다. 우리는 새로운 이름과 함께 아무것도 숨기는 것이 없다는 것을 보이는 게 중요했다"고 크라머 크라셀트의 사장인 피터 크리코비치는 말했다.

그러나 이름만 달랑 교체한다고 해서 기업을 바꾸고 기업 이미지를 개선할 수 있는 것이 아니었다. 밸류제트는 이 부분을 잘 알고 있었다. 이름을 교체하기 전에 회사는 새로운 관리팀을 만들고, 비행기 안에 비즈니스석을 추가했으며, 승객들에게 지정석을 주기 시작했고, 새로운 보잉 717 비행기를 주문했다. 에어트랜의 광고는 재정비에 초점을 맞춰 '밸류제트가 에어트랜이 되었을 때 우리는 모든 것을 바꾸기로 결정했다' 고 카피를 달았다.

현재 에어트랜은 많은 경쟁사들이 재정적인 어려움을 겪고 있음에도 불구하고 계속 성장하고 있다. 다시 태어난 이 항공사는 2002년 다섯 개의 시장으로 확장했고, 50번째의 새로운 보잉 717 비행기를 인수했으며, 7억 3,340만 달러의 매출에 1,070만 달러의 순이익을 기록했다.

"우리는 새로운 이름과 새로운 관리로 사람들의 인식을 바꾸는 데 성공했다. 사람들이 밸류제트 비행기와 똑같은 비행기를 타는데도 말이다. 현재 우리는 밸류제트와의 어떠한 연관도 짓고 싶지 않지만 때가 되면 밸류제트란 이름과 밸류제트의 항공산업에서의 업적을 자랑스럽게 말할 것이다" 라고 에어트랜의 마케팅 관리자 태드 허치슨은 말한다. 그러나 밸류제트라는 이름의 언급은 역사책에나 맡기는 것이 더 좋을 것 같다.

이름이 전부다

밸류제트-에어트랜 일화의 해피엔딩처럼 때론 이름 교체가 부정적인 기업 이미지를 바꾸는 유일한 방법이기도 하다. 그러나 새로운 이름이 항상 만 병통치약이라고 생각해서는 안 된다. 언뜻 보기에는 썩은 이미지를 없애고 새롭게 시작하는 데 새로운 사명이 쉬운 해결책처럼 보일 수 있으나 너무 성급하지 말라. 새로운 사명은 언제나 최후의 수단으로 고려되어야 한다.

가끔 기업은 형편없는 계획과 너무 많은 기대로 이름을 바꾸며, 때로는 다시 예전의 기업명으로 되돌아가기도 한다. 하지만 여기엔 적지 않은 혼 동과 비용이 따른다. 실제로 이름 교체에 따른 재정적 비용을 과소평가하 지 말라. 새로운 사명을 정착시키는 것은 수백만 달러가 들 수도 있다.

소프트웨어 개발도구 제조사인 볼랜드(Borland International)의 경우를 살 펴보자. 1998년 볼랜드는 새로운 제품 및 서비스와 함께 새로운 이름으로 소프트웨어 업계의 거물인 마이크로소프트와 경쟁하려다 성공하지 못한 후 실패한 이미지를 되살릴 수 있기를 바랐다. 그러나 평범한 이름인 인프 라이즈(Inprise)는 효과가 없었다. 회사 경영진은 어느 정도의 자산을 포기 했는지 깨달았다. 조사에서 아직도 볼랜드는 높은 인지도와 소프트웨어 개 발자들 사이에서 우수한 기술의 기업 이미지를 갖고 있는 것으로 나타났 다. 그래서 2001년 초에 인프라이즈는 자취를 감추고 볼랜드라는 이름은 볼랜드 소프트웨어로 다시 태어났다.

볼랜드는 아주 값비싼 교훈을 배웠다. 이름은 기업의 핵심 중 하나다. 이 름을 바꾸는 일은 새로운 광고 캠페인을 만드는 것이 아니다. 기업명은 굉 장히 중요하다. 기업의 제품과 서비스에 대한 개인적인 경험, 몇 년 동안의 광고 캠페인과 뉴스 미디어 노출과, 여러 가지 기업 이미지를 불러일으키 기 때문이다. 이 이미지의 일부가 부정적일 수 있는 동시에 예전 이름에 대 한 높은 인지도와 좋은 시절의 기업에 대한 기억들을 보여줄 수도 있지 않 을까?

기업은 이러한 전통과 호감도를 기업명이 가지고 있는 부정적인 부분과 비교 · 검토해 봐야 한다. 전통과 친밀함은 잃어버리기에는 너무 중요한 것이다.

아무리 심하게 훼손된 기업명일지라도 어떤 이름들은 끝까지 생존했고 성장하기까지 했다. 기업명은 아니지만 타이레놀은 1982년 시카고에 살고 있는 일곱 사람이 청산염이 첨가된 캡슐을 삼키고 죽은 사건 이후 이미지가 크게 무너졌다. 마케팅 전문가들마저 존슨&존슨이 타이레놀의 이름으로 제품을 다시 팔 수 있을거라 생각하지 않았다. 그러나 비관주의자들은 분명하게 틀렸다.

시오콜이란 이름도 매우 탄력적이라고 증명됐다. 몰튼 시오콜(Morton Thiokol)은 고체연료 추진 모터를 생산하는 회사로 1986년 1월 26일 이륙 73초 만에 무섭게 폭발한 우주비행선 챌린저(Challenger) 호를 만들었기 때문에 심각한 기업 이미지의 훼손을 겪어야 했다. 대부분의 사람에게 몰튼의 식탁용 소금으로만 알려진 몰튼 시오콜은 일곱 비행사들의 목숨을 빼앗아간 챌린저 사고와 동의어가 되어버렸다.

몰튼 시오콜은 적극적인 자세로 사태에 대처했으나 주가와 이익 하락 때문에 결국 회사의 분리가 필요하다고 결정했다. 그래서 1989년 우주항공사업은 시오콜 코퍼레이션(Thiokol Corporation)이란 이름으로, 소금과 특수화학물은 몰튼 인터내셔널이란 이름으로 나누었다.

"우리는 챌린저 사고와 이에 대한 우리의 책임과 NASA의 책임에 슬퍼했다. 그러나 우리는 이름을 바꾸면서 숨으려고 한 적은 없다. 로켓 분야에서 시오콜은 고객들에게 아주 강한 아이덴터티를 갖고 있다. 왜 그러한 이름을 버리겠는가?"라고 사고 당시 PR 담당이었던 질 무어는 말했다.

일부 기업들은 이름을 너무 지나치게 자주 바꾸는 경향이 있다. 그런 기업은 혼돈을 일으키고 깊게 뿌리 내린 기업 이미지 문제의 모든 것을 해결하지 못한다. 예를 들면 1987~2002년 사이에 세 번의 이름 교체를 겪은 레스토랑 체인 데니스의 변천사를 기억하기는 힘들다. 처음에는 TW 서비스의 한 부분이 되었고, 그 다음에는 애드벤티카(Advantica Restaurant Group), 다음은 프래그스타(Flagstar)였다. 그러나 결국 2002년에 데니스는 원래의 이름으로 되돌아왔다.

이러한 변화들은 1990년대 초 일부 데니스 직원들이 흑인 고객을 상대로 주문할 때 음식비를 선불하게 만드는 등의 차별을 했다는 혐의를 받은 사건과 부분적으로 관련이 있다. 일부 불법적인 기밀조사기관까지 관련됐었던 이 차별대우에 대한 불만은 데니스의 기업 이미지에 크게 손해를 입혔고 두 개의 집단 소송에 5,400만 달러의 보상금을 지급하게 했다.

몇 년 동안의 힘든 과정을 거친 데니스는 전미유색인종지위향상협회(NAACP)와 같은 단체에서 인정받은 강한 다양성의 문화를 만드는 데 성공했다. 소수인종들로부터 기업 이미지를 크게 개선하고 재무구조 조정 후, 1998년 플래그스타(Flagstar)에서 '이익(Advantage)'이라는 단어와 '미국(America)'이라는 단어의 복합어인 '어드벤티카(Advantica)'로 바꿨다. 그러나 어드벤티카는 이해하는 데 시간이 많이 걸리는 무의미한 단어에 불과했다. 그래서 결국 회사는 인종차별주의 혐의 때문에 좋진 않지만 아득한 추억인 데니스가 가장 적절한 이름 같이 보였다.

때때로 기업은 단순히 사람들의 주목을 끌기 위해 이름을 교체해야 하는 경우도 있다. 기업은 이미지를 향상시키기 위해 전략적인 결정을 할 수 있지만, 사람들의 인식은 믿기지 않을 정도로 쉽게 변하지 않는다. 일부 기업은 자신들의 기업 이미지를 훼손하는 사업을 매각했음에도 불구하고 이미지 개선에 실패했다.

적절한 사례로 아메리칸 브랜드(American Brands)를 들 수 있다. 아메리칸 토바코(American Tobacco) 계열사, 럭키 스트라이크(Lucky Strike), 폴 몰(Pall Mall)과 같은 담배 브랜드를 판 후, 아메리칸 브랜드는 아무리 열심히 노력해도 미국의 담배산업에서 주목받을 수 없었다. 아메리칸 브랜드의 유일하게 남은 담배사업은 브리티시 시가레트(British cigarette company)였지만, 투자자들과 미디어의 공격을 받고 있는 미국 담배산업과 연관시켰다. 언제든지 모든 흡연자의 승소와 같은 나쁜 뉴스가 산업에 있을 때마다 아메리칸 브랜드의 주가는 필립 모리스와 레이놀즈(R. J. Reynolds)의 주식과 함께 타격을 입었다.

"그들은 갇혔다. 그들의 주식은 아무데도 가지 못했다"라고 아메리칸 브랜드의 컨설턴트인 코어의 CEO 제임스 그레고리는 말했다. 결국 그레고리는 타이틀리스트(Titleist) 골프공 제조사, 모엔(Moen) 수도꼭지 제조사, 짐 빔(Jim Beam) 양주 제조사들에게 기업명을 바꾸도록 설득했다. 그러나 기업은 무엇보다 먼저 담배사업에서 완벽하게 손을 떼야 했다. 1997년 브리티시 토바코(British tobacco) 사업은 분사했고 포천 브랜드(Fortune Brands)는 여러 종류의 생활용품과 스포츠, 주류 브랜드의 모브랜드가 되었다. 실제로 이 회사는 호주에 있는 순수한 정신을 가진 것이라는 데서 이름을 따왔다. 왜냐하면 이 회사는 '행운(fortune)'이라는 단어의 긍정적인 의미를 좋아했기 때문이다.

현재 포천 브랜드 경영진은 회사의 과거 정체성에 대해 언급하는 것을 좋아하지 않는다. "솔직히 오래 전 그만 두었던 사업에 대해서라도 듣기에 좋지는 않다"라고 대변인 클락슨 하인은 말했다.

뛸 수는 있지만 숨을 수는 없다

새로운 이름은 분명 신선한 시작을 의미한다. 훼손된 이미지로부터 멀리 갈 수 있는 기회다. 그러나 과거에서 완전하게 벗어날 수는 없다는 사실을 인정해야 한다. 클락슨 하인의 주장에도 불구하고 포천 브랜드도 여기서 벗어나지 못했다.

만약 당신이 논쟁의 여지가 있는 사업이나 과거의 위기상황과 연관이 있다면 더욱 그럴 것이다. 적어도 포천 브랜드는 담배사업으로부터 깨끗하게 분리됐다. 그러나 필립 모리스는 담배로부터 상당한 이익과 수익을 얻기 때문에 새로운 회사명이 사람들을 속일 수 없다는 사실을 잘 알고 있다. 회사가 이름을 알트리아 그룹으로 바꾼다는 사실을 발표했을 때 금연운동가들은 놀라서 아우성을 쳤다. 비평가들은 이름이 뭐든 간에 담배 마케팅 활동에 대한 감시를 계속 또는 더 많이 받을 것이라고 필립 모리스에 경고했다.

"우리의 이름 교체는 PR을 목적으로 한 것이 아니다. 만약 사람들이 우리가 그들을 속이려 하고 우리의 담배사업을 숨기려 한다고 생각한다면 결과는 이름을 바꾸기 전보다 더 악화될 것이다." 알트리아 기업전략실 수석부사장 스티븐 페리쉬의 말이다.

필립 모리스는 사명과 기업 이미지가 담배와 너무 깊은 관계를 갖고 있기 때문에 사람들에게 이 기업은 크라프트 푸드 사업의 대부분을 소유하고 있는 주요 식료품 제조사이기도 하다는 것을 알리는 것에 절대 진전이 없을 것을 알고 있었다. 사람들이 필립 모리스를 생각할 때 제일 먼저 떠올리는 것은 오레오 과자와 크라프트 마카로니&치즈가 아니라, 말보로 카우보이들과 폐암이다. 사실 필립 모리스는 기업명이 아니라 담배 브랜드명 중 하나였다. 이 회사는 필립 모리스 담배를 해외에서는 아직도 판매하고 있지만 미국에서는 더 이상 판매하지 않는다.

그렇더라도 150년 전부터 써오던 이름을 버리는 일은 결코 쉬운 결정이 아니었다. 짐작하다시피 필립 모리스라는 영국 사람이 1854년 런던의 본드에 작은 가게를 열어서 파이프용 담배와 필터 담배를 팔았다. 모리스가 죽은 뒤 사업은 그의 부인과 동생에 의해 이어졌고 주식을 공개했다. 결국 이 회사는 미국 주주들에게 인수되었고 버지니아에서 주식회사가 되었다. 라디오의 황금시대인 1930~40년대에 미국 대중들은 특히 이 기업과 브랜드명에 친숙해졌다. 회사의 인상적인 광고 캠페인은 '필립 모리~~스~~를 부르세요'라고 외치는 한 호텔의 벨보이를 담고 있다.

소비자들과 마케팅 전문가들을 포함한 많은 사람들은 담배사업에서 손을 떼든가, 아니면 적어도 이름을 바꿀 것을 제안했다. 그러나 회사는 쉽사리 사명을 포기하지 않았다. 필립 모리스 경영진은 1990년대 초 이름 교체에 대해 심각하게 논의하고 고려했지만 계획을 취소했다. 이 아이디어는 1990년대 후반, 회사가 CI 전문회사인 랜도에게 시대에 뒤떨어지는 모양의 로고의 대체를 의뢰했을 때 다시 일어났다. 여러 로고안을 본 필립 모리스 경영진은 서로에게 물었다. "새 이름도 괜찮지 않을까요?"

회사는 과감하게 밀어붙인 2억 5,000만 달러의 이미지 캠페인 결과를 본 후, 손상된 기업 이미지에 새로운 사명이 적절한 처방약이 될 수 있다고 생각했다. 광고는 필립 모리스 직원들이 전쟁으로 파괴된 지역의 난민들에게 음식을 제공하는 것에서부터 가정 내 폭력의 피해자 여성들을 돕는 일까지 마음을 따뜻하게 하는 여러 가지 선행을 보여줬다. 이 광고는, 필립 모리스는 선의의 기업이고 담배회사 이상의 기업이라는 것을 보여주기 위한 것이었다.

회사는 더 많은 광고가 방송될수록 기업 이미지가 조금씩 향상되는 것을 보았으나, 캠페인이 지속될수록 평가의 상승이 둔해짐을 알았다. 조사에 따르면 일부 사람들은 근본적으로 담배에 비호의적이고 필립 모리스에 대한 생각도 쉽게 바꾸지 않을 것이었다.

"만약 우리가 똑같은 이름을 계속해서 고수한다면 많은 사람이 우리의 메시지를 받아드리지 않을 것이라는 사실을 깨달았다. 문제는 우리가 이름 교체 없이 이 회사가 담배회사 이상이라는 것을 알리고 이해시킬 수 있는가 하는 것이었다"라고 패리쉬는 말한다. 회사는 그럴 수 없다고 결론 내렸다. 마침내 2003년 1월 27일 필립 모리스는 회사의 주가와 이미지가 개선될 수 있다는 희망과 함께 알트리아 그룹이라는 새로운 이름으로 태어났다. 하지만 필립 모리스라는 이름은 두 개의 담배사업 부문에 계속 남아 있다.

새로운 이름을 소개하는 광고에서 알트리아는 '어떻게 기업의 뿌리가 성공에 깊게 심어졌는지와, 우수한 계열사가 운영되고 있는 기업'이라는 것을 보여주었다. 이름에 덧붙여서 랜도 어소시에이트(Landor Associates)는 다색의 모자이크를 새로운 기업 로고로 선보였다. 이 디자인은 알트리아의 제품과 직원들의 다양성을 뜻하고 안정된 필립 모리스의 확실한 개선을 보여줬다.

알트리아라는 이름이 싫은가?
그렇다면 엔코두스는 어떠한가?

필립 모리스가 알트리아 그룹을 새로운 사명으로 채택한다고 발표하자 많은 사람은 가우뚱했다. "알트리아가 뭐지?"

다른 새 사명들처럼, 알트리아도 정확한 정의는 없다. 그저 강한 느낌과 의미를 주는 단어 중 하나다. 이 경우에, 알트리아는 라틴어 가운데 '높은' 이라는 뜻의 'altus' 에서 유래했다. 의미는 '알트리아는 최고의 성과를 이루기 위해 이상과 뜻을 높이 하겠다' 는 것이다. 기업 경영진들은 또 장래에 새로운 사업으로도 확장할 수 있게 막연하고 충분히 개괄적인 단어이기를 원했다. 회사는 여러 번의 이름 변경을 겪고 싶지 않았기 때문에, 이것은 중요한 관점이었다.

알트리아는 또 일부 사람들에게 이타주의를 떠오르게 했다. 그러나 회사는 대규모의 기업 박애주의 프로그램을 하고 있음에도 불구하고 이러한 연관성을 만들려던 의도를 부인했다.

그래도 알트리아라는 이름이 싫은가? 그렇다면 필립 모리스 이름을 대신할 다른 이름 후보들을 봤다면 알트리아가 마음에 들고 끌릴 것이다. 회사는 1,000개가 넘는 기업명 후보 중에서 처음 몇 백 개는 다른 트레이드마크들과 언어적인 문제 때문에 제외해야 했다.

최종적으로 4개의 이름을 후보에 올랐다. 알트리아와 함께 회사의 많은 트레이드마크 브랜드들을 지킨다는 뜻의 마케이드(Marcade), 소비자와 트레이드마크를 뜻한다는 콘슈마크(Consumarc), 사람들을 화합시키고 서로에게 귀 기울이고 대화하게 만든다라는 뜻의 엔코두스(Encordus)가 있었다.

알트리아에게 성공적이다. "이 단어는 다른 단어들 보다 개괄적이었고, 기업의 태도들을 겹치게 강조하지 않았다," 라고 국제커뮤니케이션 임원인 자니로슨은 말했다. "알트리아는 재무건전성, 직원들의 다양성, 기업 책임, 청렴, 친절을 뜻한다."

이들 여섯 단어가 뜻하고 있는 뜻을 모두 읽었는가? 필립 모리스, 아니 알트리아 그룹은 분명히 당신이 지금이라도 그러기를 바란다.

그러나 사람들의 기억과 인식은 꽤 오래가는 성향이 있기 때문에 이미지는 천천히 변했다. 모든 것이 행동에 옮겨졌을 때도 미디어는 그들을 '전에는 ○○라고 알려졌던 이 회사는…' 라고 부를 것이라는 것을 회사는 알고 있어야 한다. 예를 들어 〈뉴욕 타임스〉의 한 헤드라인은 '알트리아' 가 아닌 '전 필립 모리스' 라고 칭했다. 그리고 알트리아는 앞으로 수년 간 비슷한 대우를 예상하고 있어야 한다. 밸류제트의 사명이 에어트랜으로 바뀐 지 5년이 지난 후에도 미디어에서는 계속 이 항공사가 밸류제트였다는 사실을 강조하고 난 후, 에버글레이즈의 추락 사고에 대해서도 설명한다.

타이밍을 맞추어라

행운의 타이밍에 대해서 말해보자. 엑센추어(Accenture)는 회사의 운명을 마치 알고 있었다는 듯 계획을 잘 수립했다. 그러나 2000년 앤더슨 월드와이드의 컨설팅사업 부문은 이름 변경이라는 계획에 대해 기뻐하지 않았다. 아서 앤더슨 회계 부문과의 격렬한 싸움 후, 앤더슨 컨설팅은 요구대로 분리됐다. 그러나 분리의 조건으로 중재인은 앤더슨 컨설팅이 147일 안에 새로운 이름을 가져올 것을 지시했다. 앤더슨 컨설팅은 1913년부터 굉장히 존경받던 기업명을 포기하는 것뿐만 아니라, 기록에 가까울 정도로 짧은 시간 안에 기업명을 만들어야 하는 부담도 떠안았다. 2년 후 앤더슨이란 이름이 쓸모없게 될 것이라는 사실을 이 컨설팅 회사는 알 리가 없었다.

"당시 나는 앤더슨 컨설팅이란 이름으로 10년 동안 비즈니스를 한 뒤, 여기에 앉아 새로운 이름으로 시작하는 것이 무척 힘들 줄 알았다. 그러나 우리가 적절한 때에 행동을 취하게 된 것을 하나님께 감사한다. 엔론 스캔들 후 아서 앤더슨으로부터 인식상의 분리는 더 어려웠을 것이다"라고 마케팅과 커뮤니케이션 부문의 해외관리담당 임원이었던 짐 머피는 말한다. 엔론과 아서 앤더슨이 회계비리 때문에 무너졌을 때, 엑센추어는 이름에 대한 높은 인지도로 좋은 기업 이미지를 얻는 데 성공했다.

물론 엑센추어는 100만분의 1의 경우다. 하지만 일반적으로 기업은 그들이 기업명을 바꾸는 가장 이상적인 타이밍을 맞추지 못한다. 제일 큰 위험 중 하나는 너무 성급하게 이름을 바꾸는 것이다. 기업은 이미지 문제가 해결되고 부정적인 보도가 가라앉을 때까지 기다려야 한다. 그렇지 않으면 오점은 새로운 사명에도 악영향을 미칠 것이다.

월드콤은 너무 빨리 낡은 이름을 MCI로 바꿨다. 새롭게 시작하고 싶었던 마음은 이해할 수 있으나 기업의 재무 및 법적인 문제는 이름 변경 후에도 오랫동안 MCI의 이름을 더럽혔다. 실제로 한 월드콤 비판가는 그의 웹사이트 이름을 'www.boycottworldcom.com'에서 'www.boycottmci.com'으로 바꿨다. 이 사이트는 MCI라는 새로운 기업명을 두고 '자신으로부터 거리를 두려는 기업의 서투른 시도'라고 했으며 'MCI는 이름을 바꿀 수는 있으나 사실을 바꿀 수는 없다'고 했다.

아메리칸 홈 프로덕트(American Home Products)도 2002년 너무 빨리 웨이드(Wyeth)라는 이름으로 바꿨고, 현재 진행되고 있는 법정 싸움은 웨이드의 이미지를 손상시킬 것이다. 아메리칸 홈 프로덕트는 건강관리사업에 대한 집중을 더 잘 보여주기 위해 제약사업부인 웨이드 아이어스트(Wyeth-Ayerst Laboratories)를 이름으로 하고 싶었다고 말했다. 이 변화는 분명히 이해할 수 있다. 아메리칸 홈 프로덕트의 이름은 가정용 청소제품을 만드는 회사처럼 들리기 때문이다.

그러나 이 회사는 한때 유행했던 다이어트 약, '펜 펜(fen-phen)'을 둘러싼 지속적인 소송을 겪어야 했다. 아메리칸 홈 프로덕트는 1999년 37억 5,000만 달러 상당의 배상금으로 일부의 소송을 해결했지만 소송은 계속 일어났다. 논란이 되는 약품은 심장혈관질환과 치명적인 폐 이상과의 깊은 연관 때문에 리콜되었으며 웨이드라는 이름을 깨끗하게 만들기보다는 변색시키고 있었던 것이다.

엔론은 새로운 사명을 선택하는 타이밍을 잘 맞추었다. 엔론은 부도신청 이후 자신의 기업명이 분명 미국에서 가장 싫어하는 이름일 것이라는 사실을 깨달았다. 결국 엔론은 사업의 부분을 매각한 뒤, 생존하고 있는 것에 합당한 이름을 찾았다. "우리는 회사의 분할매각 후 어떠한 일이 생길지 사태를 지켜보면서 기다린다. 우리는 기업명을 너무 빨리 바꿈으로써 우물에 독을 풀고 싶지는 않다. 그러나 분명 엔론이라고 불리지는 않을 것이다"라고 엔론의 대변인 마크 팔머는 말했다. 엔론은 2003년 중반까지 회사의 두 개 생존 부분의 이름을 크로스 컨트리 에너지(Cross Country Energy)와 프리즈마 에너지(Prisma Energy International)로 발표했다.

반면, 오랫동안 지속된 기업 이미지 손상을 갖고 있는 일부 기업들은 너무 조심스럽거나 완고해서 그들의 기업명에 지나치게 집착하는 경우가 있다. 브릿지스톤의 파이어스톤 사업 부문은 틀림없이 브랜드명 변경의 주요 후보다. 타이어의 결함 때문에 발생한 심각한 자동차 사고와 인명피해 때문에 이미지는 심각한 손상을 입었다. 그러나 지금까지 이 회사는 브릿지스톤이란 브랜드명으로 변경하는 대신 파이어스톤이란 브랜드명을 지키고 있다. 그것이 옳은 전략이었는지는 시간만이 말해 주겠지만 현재로는 파이어스톤이란 브랜드명은 고통과 죽음의 이미지를 연상시켜 이상적인 것과는 거리가 멀다.

훼손된 기업 이미지와 싸우는 데에 있어 합병은 종종 적절한 방법이 되기도 한다. 기업이 변화를 겪고 있을 때 새로운 이름은 특히 더 적절하다. 엑슨은 모빌과의 합병 후 자기의 이름을 버리고 그냥 모빌이 되었으면 더 나았을 것이다. 1989년 엑슨 발데즈 사고는 자신으로부터 객관적일 수 있는 완벽한 기회였다.

모빌이란 이름을 받아들이는 대신 엑슨 모빌이 되었고 아직까지도 엑슨 발데즈 때 발생한 환경훼손 때문에 사람들로부터 적대심을 받고 있다. 이 회사는 석유유출 때문에 일부 휘발유 고객이 불매운동을 벌여도 엑슨이라는 사명은 강력하다고 여겼다.

필립 모리스는 1980년대 제너럴 푸드와 크라프트 푸드를 인수했을 때 이름을 바꿨더라면 의심을 덜 받았을 것이다. 그러나 당시 새로운 사명은 청소년에게 담배를 판매했다는 비난과 담배에 대한 건강의 유해함과 중독성 인정, 담배산업과 주연방법원과의 2,000억 달러가 넘는 합의금과 같은 떠들썩한 소동 때문에 변색됐을 것이다. 이 모든 것들은 언제 변화를 줘야 하는지의 복잡성을 보여주고 있다.

이름 변경은 아마추어 스포츠가 아니다

새로운 이름이 이미지 문제에 해결책이라고 확신한다면 전문가에게 도움을 요청하라. 아이덴티티 컨설턴트와 광고, PR 대행사, 트레이드마크 분야 법률 전문변호사들이 필요할 것이다. 이름 변경은 종종 같거나 비슷한 트레이드마크를 갖고 있는 기업들과의 법정싸움을 불러일으켜 그 결과 고소하는 상황까지 이어지기도 한다. 마지막으로 언어학자를 잊지 말라. 새로운 이름이 다른 언어나 문화에도 의도된 뜻을 가지고 있는지 알기 위해서 그들이 꼭 필요하다.

이따금 새로운 이름은 CI 전문가가 아닌 기업 내에서 만들어지기도 한다. 이것이 바로 '브랜드스토밍(brandstorming)' 대회를 개최한 앤더슨 컨설팅에서 있었던 일이다. 노르웨이에 있는 한 임원이 '강세(accent)'와 '미래(future)'를 혼합해서 엑센추어라는 단어를 만들었고 포상으로 엑센추어가 후원하는 호주 지역 골프 대회에 1주일 간의 휴가를 받았다. 그러나 앤더슨은 랜도에게 새로운 이름을 개발하도록 했고 새로운 이름이 다른 나라에서 트레이드마크나 언어적인 문제가 없도록 도와주도록 했다. 엑센추어의 직원들과 랜도의 스태프가 제안한 5,000개가 넘는 이름 중에 소수만이 법적·언어적 심사를 통과했다.

그러나 CI 회사를 고용하고 철저한 트레이드마크 조사를 실시하더라도 순조로운 진행을 보장하진 않는다. 필립 모리스와 랜도는 법적 문제를 피할 수 있게 열심히 일했고, 결국 담배와 식료품산업에서 알트리아와 비슷한 이름이 없다는 사실을 확신했다. 그러나 그들은 두 개의 다른 회사들이 야단법석을 떨 것이라고는 예상하지 못했다. 맨 처음에는 알트리아 헬스케어라는 회사가 자신들의 건강관리사업이 담배회사와 관련되고 싶지 않다며 불만을 나타냈다. 그리고 덴버에 있는 벤처캐피털 회사 알티라(Altira)는 이름이 똑같지도 않은데 이에 항의를 했다. 그럼에도 불구하고 알티라는 필립 모리스를 상대로 소송을 제기했다. 결국 이 두 개의 항의는 해결되었다. 알트리아 그룹은 어떠한 금전적인 합의에 대해서도 언급하기를 거부했지만, 벤처캐피털 회사의 소송은 필립 모리스의 이름 변경을 몇 개월 간 연기하게 됐다고 인정했다.

소송과 컨설턴트 비용도 물론 비싸지만, 가장 큰 비용은 이름 변경 후에 발생한다. 새로운 정체성을 커뮤니케이션하는 데에만 1억 달러 이상의 돈이 든다. 부분적으로는 급히 진행된 이름 변경 때문에 엑센추어는 새로운 이름을 광고하는데 1억 7,500만 달러를 썼다. 회사의 정교한 커뮤니케이션 계획은 슈퍼 볼(Super Bowl) 광고에서부터 런던의 택시와 호주의 광고용 비행기에 엑센추어라는 이름을 칠하는 등 47개 나라에 있는 178개의 사무실과 고객들이 모이는 장소를 필요로 했다.

광고를 넘어서 기업은 문구류부터 T셔츠까지 바꿀 수 있는 모든 것에 대한 비용과 인력에 대한 예산을 세워야 한다. 엑센추어의 노력은 700만 개의 명함과, 440개의 내부 서버, 7만 5,000개의 컴퓨터와 지원용품, 12억 개의 홍보물 등을 포함했다. 엑센추어는 앤더슨 컨설팅 로고를 담고 있는 수백만 개의 물건들을 폐기처분해야 했고, 빈민촌의 사람들은 200만 달러어치의 앤더슨 T셔츠와 모자를 감사히 받았다.

알트리아는 명함, 사인류, 포장지, 뉴욕의 파크 애비뉴에 있는 회사 본부 주위에 있는 나무들의 푯말 등과 같이 예상하지도 못한 것까지 포함해서 바꿔야하는 필립 모리스의 이름이 담긴 1,000가지가 넘는 물건의 목록을 작성했다. "이것은 큰 작업이었다. 우리는 세상에서 가장 기운 넘치고 기분 좋은 회사일 것이다"라고 2년이 넘게 개명 프로젝트를 진행해 온 국제 커뮤니케이션 담당 임원인 쟈니 로젠은 말했다. 일하던 도중 그녀는 50개의 다른 버전의 기업 로고와 'Philip Moris Companies, Inc'가 사용된 것들을 알게 됐다. "우리는 운이 좋았다. 페덱스나 UPS처럼 고쳐야 할 차량, 비행기, 유니폼은 갖고 있지 않으니까"라고 그녀는 덧붙였다.

그들은 무슨 생각을 하고 있었던 것일까?

앨레지스(Allegis)를 기억하는가? 만약 그렇다면 당신은 굉장한 기억력을 갖고 있는 것이다. 이 이름은 세상에서 가장 단명한 기업의 이름이다. 1987년 유나이티드 에어라인과 렌터카, 호텔의 모기업이었던 UAL은 새로운 이름이 특히 월스트리트에서의 이미지를 개선하고 여행 서비스 분야에서 거물이 되는 전략을 더 효율적으로 전달할 수 있을 것이라고 생각했다.

그러나 이 전략은 실패했다. 앨레지스는 새로운 기업동력장치보다는 새로운 질병의 이름처럼 들렸다. 1년 뒤 앨레지스는 CEO 리처드 페리스와 호텔 및 렌터카 사업의 이름을 버렸고, UAL이라는 이름은 더 오래 수명이 늘어나게 됐다.

또 하나의 기억력 테스트. 베나토(Venator)라는 이름은 새로운 영웅의 이름이 아니다. 이 이상한 이름은 1998년 5~10센트짜리의 물건을 파는 싸구려 잡화점의 시대가 끝나면서, 미국의 상징이었던 울워드(Woolworth)의 자리를 대신했다. 라틴어 가운데 '사냥꾼(hunter)'이라는 단어에서 유래된 베나토 그룹은 싸구려 잡화점에서 운동복과 운동장비 가게로 바뀐 회사에 알맞은 이름이어야 했다. 그러나 불만을 갖고 있는 주주들이 항의했던 베나토라는 이름은 성공하지 못하고 겨우 3년 뒤 앞선 기업명의 무덤에 합류했다. 값비싼 실수 뒤에 이 기업은 단순하게 일하기로 결정하고 기업의 브랜드명 중 하나인 풋 라커 스포팅(Foot Locker sporting goods stores)에서 이름을 차용해 기업명으로 정했다.

이름은 기업의 가장 중요한 부분이다. 이는 아이들의 이름을 짓는 일처럼 자신의 생각과 선호도가 더 중요한 것이 아니다. 기업명의 경우 그저 CEO와 이사회 임원들뿐만 아니라 직원과 투자자, 일반 대중의 찬성을 얻는 것이 중요하다.

불행한 현실은 이름 변경에 있어 선택권이 좁다는 것이다. 그것이 바로 새로운 이름을 찾기 힘든 이유다. 고유의 뜻을 갖고 있고 기업을 가장 잘 설명하고 있는 매력적인 이름들 중 대부분은 벌써 다른 기업들이 사용하고 있다. 따라서 다이너지(Dynergy)와 베리존(Verizon)과 같은 무의미한 혼성어밖에 남지 않았다.

이미지 향상을 위해 이름이 기업을 설명해 주거나 적어도 긍정적인 의미를 갖고 있다면 도움이 된다. 만약 이것도 아니라면 아예 발음하기 쉽도록 만들어라. 그리고 기업 이미지를 개선하거나 당신이 누구인지 이미지를 만들어낼 가능성이 적은 이니셜 이름은 피하라. IBM이나 AT&T 같은 친밀감을 얻기란 어려운 일이다.

나쁜 이름은 잊히는 지름길이지만 잘못 진행된 이름 변경의 케이스는 생각보다 많다. 기업은 종종 코미디언들의 소재가 되는 터무니없이 나쁜 이름을 짓는다. 2001년 영국에서 우체국 이름을 현대화하고 서비스 지향의 문화를 보여주기 위해 컨시그니아(Consignia)로 바꾼다고 했을 때, 사람들은 황당하고 놀랐다. 그러나 16개월 후 우체국은 로열 메일(Royal Mail)이라는 이름으로 다시 복귀했다.

악명 높은 엔론은 사실상 본의가 아니었지만 가장 불운한 뜻을 갖고 있는 이름으로 구사일생하기도 했다. 엔론은 합병된 휴스턴 내추럴 가스(Houston Natural Gas)와 인터노스(InterNorth)에 붙여진 마지막 이름이었다. 원래 계획은 새로운 기업을 엔터론(Enteron)으로 하는 것이었으나, 이 안이 결정되기 바로 전에 엔터론이 갖고 있는 사전적 의미가 인간의 소화관이라는 것을 찾아냈다. 결국 불만을 갖고 있던 일부 직원은 엔터론이라는 이름이 부도덕적인 에너지 사업자로 더 알맞다고 생각했다.

근래의 기업 스캔들은 어떠한 이해의 상충이라도 피하기 위해 회계법인들이 관리컨설팅 지부의 분사를 계획하면서 새로운 이름들이 생겨났다. 입에 잘 붙지 않는 KPMG Consulting에서 베어링 포인트(Bearing Point)로의 변화도 있었다. 그러나 가장 거슬리는 변화는 먼데이(Monday)로 결정한 PwC 컨설팅이었다. 이 회사는 먼데이라는 단어는 실제 단어이며 기억하기 쉽고 '신선한 시작과 긍정적인 태도와 모든 사람의 삶의 한 부분'을 나타낸다고 설명했다. 그러나 엄밀하게 말해 먼데이는 모든 사람의 삶에 긍정적인 것은 아니다. 어쨌든 사람들은 이 첫번째 요일을 '힘든 월요일(blue Mon-day)'이라고 부르기 때문이다.

결국 먼데이는 기업명으로 어울리지 않았다. 지금과 같은 기업 불신 시대에 누가 컨설팅 회사를 '월요일, 월요일. 그날을 믿을 수 없다(Monday, Monday. Can't trust that day)'라는 옛날 잘 나가던 시절의 노래와 연관 짓고 싶겠는가?

감 | 사 | 의 | 글

<big>많</big>은 사람이 이 책을 만드는 데 공헌했지만, 특히 기업 이미지와 관련해 견해와 경험을 함께 나눈 기업 관리자들의 도움이 컸다. 기업 경영자들을 불신하고 경멸하는 최근의 분위기 때문에 자신들의 기업 이미지에 대해 논하기가 편하지는 않았을 것이다. 그러나 대부분의 기업이 숨김없이 솔직하게 자신들의 단점과 힘든 점들을 얘기해 주었다.

특히 사이몬&슈스터(Simon&Schuster)의 프레드 힐스는 그 인내심과 이 책에 대한 헌신 때문에 메달을 받아야 마땅할 정도다. 힐스는 나에게 현명한 조언자이자 힘이 되어준 최고의 편집장이다.

초기 단계에서 나에게 많은 도움을 준 도우 시스에게도 감사한다. 이 책의 중심 내용과 구성에 대한 그의 제안들은 매우 유익했다. 끊임없는 후원과 이 책에 대한 의욕을 보여준 스티브 애들러와 로 댕겔로에게도 고마움을 전한다.

해리스 인터랙티브와 이미지 협회의 협조적인 관계 역시 유익했다. 이미지 연구의 두 주역인 조이 마리 세버와 찰스 폼브런에게도 감사의 뜻을 표하고 싶다. 마켄 슐츠, 짐 그레고리, 레슬리 게인 로즈 역시 훌륭한 견해를 제공해 주었다.

내가 여러 기업을 돌아다니며 자료를 수집할 때 많은 분이 인터뷰에 도움을 주고 중요한 배경자료를 제공했다. 특히 큰 수고를 아끼지 않은 브라이언 도일, 제프 리바우, 빌 마가리티스, 로라 카스텔라노, 카렌 브로시우스, 클리프튼 웹, 폴 크리츨로우, 로리 브루스 등에게 감사한다.

지난 2년 동안 내게 영감을 주고 격려해 준 나의 가족 메리베스와 매튜에게 각별히 감사하다. 이들은 내가 힘들 때마다 더할 나위 없이 기분 좋게 만들어준 훌륭한 가족이다.

마지막으로 아주 오래 전부터 성실의 가치와 명예로운 이미지를 가르쳐 준 부모님께 감사드린다.

●

위대한 기업들의 브랜드 전쟁

●

지은이 / 로널드 알솝
옮긴이 / 이문석
펴낸이 / 김경태
펴낸곳 / 한국경제신문 한경BP
등록 / 제 2-315(1967. 5. 15)
제1판 1쇄 인쇄 / 2005년 4월 1일
제1판 1쇄 발행 / 2005년 4월 5일
주소 / 서울특별시 중구 중림동 441
홈페이지 / http://bp.hankyung.com
전자우편 / bp@hankyung.com
기획출판팀 / 3604-553~6
영업마케팅팀 / 3604-561~2, 595
FAX / 3604-599

●

ISBN 89-475-2526-X

●

값 13,000원